Martin Schramm

Unterwegs mit Bonhoeffer

Stationen auf dem Weg der Nachfolge

SCM R.Brockhaus

SCM

Stiftung Christliche Medien

Die Edition

A U F A T M E N

erscheint in Zusammenarbeit zwischen
SCM R.Brockhaus im SCM-Verlag, Witten
und dem Bundes-Verlag, Witten.
Herausgeber: Ulrich Eggers

MIX
Papier aus verantwor-
tungsvollen Quellen
FSC® C006701

© 2013 SCM R.Brockhaus im SCM-Verlag GmbH & Co. KG
Bodenborn 43 · 58452 Witten
Internet: www.scm-brockhaus.de; E-Mail: info@scm-brockhaus.de

Die Bibeltexte sind folgender Ausgabe entnommen:
Lutherbibel, revidierter Text 1984, durchgesehene Ausgabe in neuer Rechtschreibung,
© 1999 Deutsche Bibelgesellschaft, Stuttgart

Umschlaggestaltung: Yellow Tree – Agentur für Design und Kommunikation
www.yellowtree.de
Umschlagbild: Hintergrund: www.istockphoto.com/PPAMPicture · Porträt Bonhoeffer:
Christian Gremmels / Renate Bethge (Hrsg.), Dietrich Bonhoeffer – Bilder eines Lebens
© 2005, Gütersloher Verlagshaus, Gütersloh, in der Verlagsgruppe Random House GmbH

Satz: Burkhard Lieverkus, Wuppertal I www.lieverkus.de
Druck und Bindung: CPI – Ebner & Spiegel, Ulm
Gedruckt in Deutschland
ISBN 978-3-417-26549-1
Bestell-Nr. 226.549

»... *ich will in der Welt das Ganze tun, was ich nur immer tun kann.*«

— Witiko am Anfang seiner Reise im gleichnamigen
Roman von Adalbert Stifter

»... *unser Christsein wird heute nur in zweierlei bestehen:*
im Beten und im Tun des Gerechten unter den Menschen.«

— Dietrich Bonhoeffer im Mai 1944
in seinen Gedanken zum Tauftag seines Patenkindes
Dietrich Wilhelm Rüdiger Bethge[1]

Vorwort

»Wenn ich ›Fanö‹ höre …«

»Wenn ich ›Fanö‹ höre, muss ich an Bonhoeffer denken. Es gab da eine berühmte Konferenz, an der Bonhoeffer mitgewirkt hat.«

Dieser Satz eines Freundes lässt mich aufhören. Mein Interesse ist geweckt. Wir stehen kurz vor unserem Urlaub auf der dänischen Nordseeinsel, die nun einen zusätzlichen Reiz auf mich ausübt. Denn ich liebe es, den Besonderheiten der Orte nachzuspüren, an denen ich mich aufhalte. Mich vom »Genius loci« inspirieren zu lassen.

Vor Jahren sitze ich auf Teneriffa in einem Straßencafé. Wohlige Wärme. Keine Verpflichtungen. Keine Pläne. »Un café con leche.« Ein eher zaghafter Versuch, den Kaffee in der Landessprache zu bestellen. Ich spreche kein Spanisch. Die Bedienung versteht mich sowieso. In Callao Salvaje, dem kleinen Ort im Süden der Insel, sind die Touristen in der Mehrheit. Ich habe Zeit, ein Buch und einen Platz im Café, den mir keiner streitig machen kann. Was kann es Schöneres geben?

Das Buch steht schon seit langer Zeit in meinem Regal. Es hat offensichtlich auf den richtigen Zeitpunkt gewartet. *Die Vermessung der Welt* von Daniel Kehlmann. Er beschreibt das Leben von zwei recht hektischen, unruhigen »Wissenssuchern«, die irgendwann aufeinandertreffen: Carl Friedrich Gauß und Alexander von Humboldt. Schon auf den ersten Seiten rutsche ich tief in das Buch hinein. Humboldt verschlägt es auf seiner Entdeckungsreise auch nach Teneriffa. Mehr als 200 Jahre vor mir. Kaum auf der Insel angekommen, hat er schon ein Programm für seinen Aufenthalt. »Dort ist ein Vulkan. Da muss ich rauf. Getrödelt wird nicht.« Der Mann gefällt mir. Er will alles gesehen, erlebt und vermessen haben. Nur für einen Moment kommt er zur Ruhe, als er nach seiner Vulkanbesteigung einen jahrtausendealten Drachenbaum findet. Zärtlich berührt er die Rinde des Baumes und spürt einen Hauch von Unvergänglichkeit und Ewigkeit, seine Sehnsucht nach Tiefe und Beständigkeit.

Die Schilderung ist ein heilsamer Spiegel für mich. Auch ich brauche diese Momente der Ruhe. Auch ich brauche Momente, in denen mir meine Sehnsucht bewusst wird. Zu Hause im Alltag und hier auf der Insel.

»Un café con leche, por favor.«

Diesmal also nicht Teneriffa und Humboldt, sondern Fanö und Bonhoeffer. Aber wieder eine Insel und wieder ein Buch, das lange im Bücherregal auf seinen Einsatz warten musste. »Wenn ich ›Fanö‹ höre, muss ich an Bonhoeffer denken.«

Mit der Bonhoeffer-Biografie von Renate Wind *Dem Rad in die Speichen fallen* und Bonhoeffers Buch *Nachfolge* im Gepäck begebe ich mich auf Spurensuche. Ein Gedenkstein in Fanö Bad. Die Kirche in Nordby, in der die Gottesdienste für die Konferenzteilnehmer stattfanden. Und natürlich die Dünen. Hier traf man sich immer wieder zu Gesprächen.

Ich tauche in ein anderes Leben und eine andere Zeit ein. Fremd und doch seltsam nah. Eine Fülle von einzelnen Begebenheiten fesselt mich. Begeistert mich. Und fügt sich zu einem Bild zusammen. Ein außergewöhnliches, ein außerordentliches Leben. Aber es ist nicht nur das Bild eines außerordentlichen Lebens, das eine tiefe Faszination auslöst. Es ist auch der damit verbundene Anstoß. Es ist der Beginn einer Entdeckungsreise.

»Wir wollen von dem Ruf in die Nachfolge sprechen.« So steht es im Vorwort der *Nachfolge*. Alles, was Bonhoeffer schreibt, ist eine Einladung zum Gespräch. Überhaupt suchte er, wann immer er mit anderen zusammen war, das Gespräch. Mit Freunden. Mit Konfirmanden. Mit Studenten. Mit seinen Weggefährten in der Bekennenden Kirche. Mit Konferenzteilnehmern auf Fanö. Und mit mir.

Diese Gesprächseinladung trifft mich im richtigen Moment. Kurz vor dem 50. Geburtstag mehren sich die Fragen. Bisherige Einstellungen und vertraute Abläufe geraten ins Wanken. Ist das schon alles? Gibt es da nicht noch mehr? Ist mein Leben außerordentlich? Oder doch nur ordentlich?

Ich werde unruhig. Ziehe mich zurück. Setze mich in die Dünen und lese. Sauge auf. Bin dabei, wie Bonhoeffer über Nachfolge spricht. Bin neu berührt von den Gedanken der Bergpredigt. Bonhoeffers Fragen werden zu meinen Fragen. Bonhoeffers Antworten sprechen in meine Situation hinein. Sie sind wie Paukenschläge. Unüberhörbar. Aufrüttelnd. Ich beginne, mich auf den Weg zu machen. Auf einen Weg, der nicht nur hier über die Insel führt, sondern auch zu anderen Stationen des berühmten Theologen – Zingst, New York, Berlin, Friedrichsbrunn, Buchenwald und Flossenbürg.

Einleitung

Stationen auf dem Weg

Dieses Buch beschreibt eine Entdeckungsreise. Sie beginnt in der Abgeschiedenheit einer Insel und führt über die intensive Gemeinschaft auf dem Land in die Vielfalt und Unruhe der großen Stadt.

Die Symbolik der Orte und das, was dort passiert ist, verschmelzen. Sie werden Stationen auf meinem Weg. Die Abgeschiedenheit erlebe ich auf der Insel Fanö. Die Ruhe des ländlichen Raumes begegnet mir in Zingst und in Friedrichsbrunn, dem Ferienort der Familie Bonhoeffer im Harz – eine Landschaft, in die sich Bonhoeffer noch im Gefängnis hineinversetzte, um gedankliche Spaziergänge über Hänge und Waldwiesen zu machen. Die Unruhe der großen Stadt lerne ich in Berlin und New York, dem Studienort Bonhoeffers, kennen. Am Ende meiner Reise besuche ich Buchenwald und Flossenbürg, die letzten Stationen auf dem Weg des großen Theologen. Hier wurde seinem Leben ein Ende gemacht, aber er war sich sicher, dass es gleichzeitig der Beginn war.

Im übertragenen Sinne steht die Abgeschiedenheit der Insel für mein Alleinsein mit Gott. Ich bin getrennt vom Festland meines Lebens. Hier kann ich meiner Sehnsucht nach Gott freien Lauf lassen. Hier kann ich lernen, auf das zu hören, was er mir zu sagen hat. Hier wird meine Nachfolge neu ausgerichtet.

Der ländliche Raum ermöglicht es mir, in aller Ruhe mit meinen Weggefährten Gemeinschaft zu üben und zu leben. Hier bin ich nicht mehr allein mit Gott. Hier bin ich gemeinsam mit anderen unterwegs. Hier wird aus dem Ich ein Wir. Gemeinsame Nachfolge.

Und schließlich lerne ich in der Vielfalt und Unruhe der Stadt, meinen Gott in dieser Zeit und in dieser Welt zu sehen. Mein Leben ist nicht nur Abgeschiedenheit und Gemeinschaftserlebnis. Ich lerne Nachfolge im Hier und Jetzt.

Auf dieser Entdeckungsreise von der Insel über das Land in die Stadt ist Dietrich Bonhoeffer mein Wegbegleiter. Ich bin unterwegs mit Bonhoeffer. Er hat diesen Weg selbst beschritten. Die Frage, die ihn währenddessen immer begleitete, ist auch meine Frage: Wie kann Nachfolge heute gelebt werden?

Er hat den Ruf in die Nachfolge vernommen, weil er auf Gott hörte. Er hat Nachfolge mit anderen zusammen gelebt. Und er hat seine Nachfolge in die Welt getragen und im Spannungsfeld von Widerstand und Ergebung leben müssen.

Nachfolge, Gemeinsames Leben, Widerstand und Ergebung und auch die *Ethik*. Seine Bücher werden meine Reiselektüre. Seine Bücher sind der »rote Faden« meines eigenen Weges zu einem neuen Verständnis von Nachfolge. Da sein Leben nicht von ihren Inhalten zu trennen ist, finden sich in den folgenden Kapiteln auch immer wieder kurze biografische Abrisse.

Es geht in diesem Buch um die Nachfolge des Einzelnen, um gemeinsame Nachfolge und um die Nachfolge mitten im Leben. Es geht um Orte, die Stationen auf diesem Weg sind. Es geht um Bonhoeffers Leben. Es geht um mein Leben. Und es geht um die Sehnsucht, die uns verbindet. Aber vor allem geht es um denjenigen, der

> Ich bin unterwegs mit Bonhoeffer. Er hat diesen Weg selbst beschritten. Die Frage, die ihn währenddessen immer begleitete, ist auch meine Frage: Wie kann Nachfolge heute gelebt werden?

zu uns sagt: »Komm her zu mir, der du eine Sehnsucht spürst und auf der Suche bist. Komm her zu mir, wenn du in dieser Welt das ›Ganze‹ tun möchtest. Komm her zu mir, der du merkst, dass du es allein nicht schaffst. Komm her zu mir, der du Fehler machst; ich sage dir: Das kann passieren. Komm her zu mir, ich will dir Ruhe geben und gemeinsam mit dir die Last deines Lebens tragen. Komm her zu mir und folge mir nach.«

Fanö:
persönliche Nachfolge

Fanö. Eine kleine Insel an der dänischen Nordseeküste. Hier beginnt meine Entdeckungsreise. Für mich ein Ort der Abgeschiedenheit und Ruhe. Ein Ort, an dem ich mir meiner Sehnsucht bewusst werden kann. Ein Ort des Fragens und Hörens.

Meine Entdeckungsreise nimmt ihren Lauf, als ich merke, dass schon einmal jemand auf dieser Insel war, den viele Fragen bewegten und der eine große Sehnsucht danach hatte, Antworten zu finden, indem er intensiv zuhörte.

»Was hat Jesus uns sagen wollen? Was will er heute von uns? Wie hilft er uns dazu, heute treue Christen zu sein?« Diese drei Fragen stellt Bonhoeffer an den Anfang des Vorwortes seines Buches über die Nachfolge. Diese drei Fragen sind auch das Leitmotiv der Diskussionen auf Fanö. Diese drei Fragen haben ihn sein Leben lang bewegt. Diese drei Fragen bewegen auch mich immer wieder. Diese drei Fragen stehen im Zentrum, wenn ich über Nachfolge und den christlichen Glauben nachdenke.

Was sagt Jesus zu mir?

Was wünscht er sich heute von mir?

Wie hilft er mir heute auf dem Weg der Nachfolge?

Bonhoeffer auf Fanö

Vom 22. bis zum 30. August 1934 fand auf der dänischen Nordseeinsel Fanö eine große ökumenische Konferenz zum Thema »Staat und Kirche« statt. Dietrich Bonhoeffer organisierte als Jugendsekretär des Weltbundes für Freundschaftsarbeit der Kirchen eine parallel zur Hauptkonferenz stattfindende Jugendkonferenz zu der gleichen Thematik.

Die Konferenz war stark vom deutschen Kirchenkampf geprägt. Nach der Machtübernahme der Nationalsozialisten im Januar 1933 begannen die Deutschen Christen, in der evangelischen Reichskirche den Ton anzugeben. Der »Arierparagraph« und auch das »Führerprinzip« wurden eingeführt und umgesetzt. In Predigten der Pastoren der Deutschen Christen kam es zu einer unheilvollen Vermengung von nationalsozialistischen Überzeugungen mit christlichen Inhalten. Die Machtübernahme Hitlers wurde als »neues Pfingsten« gefeiert und die Bibel sollte von »jüdischem Gedankengut« gesäubert werden. In dieser Situation formulierte die Bekennende Kirche mit der Barmer Theologischen Erklärung im Mai 1934 eine Gegenposition zu den Deutschen Christen. »Die unantastbare Grundlage der Deutschen Evangelischen Kirche ist das Evangelium von Jesus Christus, wie es in der Heiligen Schrift bezeugt und in den Bekenntnissen der Reformation neu ans Licht getreten ist.« Einige Zeit später sollte bei einer weiteren Synode in Dahlem der organisatorische Rahmen für die sich herausbildende Bekennende Kirche gesteckt werden. Genau in dieser Zeit, zwischen Barmen und Dahlem, fand auf Fanö die von der Weltöffentlichkeit stark beachtete ökumenische Konferenz statt.

Drei Themen waren dort für Bonhoeffer von besonderer Bedeutung. Er wünschte sich von der Konferenz ein klares Signal zur Friedensfrage. Als aufmerksamer Beobachter politischer Entwicklungen hatte er schon bei der Machtübernahme der Nationalsozialisten eine Gefahr für den Frieden gesehen. »Hitler bedeutet Krieg.« Diese einfache, aber richtige Gleichung war feste Überzeugung und Befürchtung im Hause Bonhoeffer. Deshalb setzte der Theologe auf der ökumenischen Konferenz seine Kraft dafür ein, vor der gesamten Weltöffentlichkeit eine klare Stellungnahme der Kirchen auf Basis des Wortes Gottes zur Friedensfrage zu bekommen. Seine berühmt gewordene Friedensrede vom 28. August 1934 beschwört die Kraft, die von einem eindeutigen Plädoyer ausgehen würde – das aber leider nicht erfolgte. Auf der Jugendkonferenz hingegen haben sich die Teilnehmer nach langer, leidenschaftlicher Diskussion zu einer klaren Ablehnung jeder Form des Krieges durchgerungen. Das Gebot Gottes habe absoluten Vorrang vor jeglichen Forderungen des Staates. Es wurde das erhoffte mutige Signal für die Orientierung am Wort Gottes in einer in die Irre geleiteten Zeit.

Das zweite Thema, das Bonhoeffer auf der Konferenz von Fanö bewegte, war der deutsche Kirchenkampf und die Stellung der Bekennenden Kirche auf der ökumenischen Bühne. Die Vertreter der deutschen Reichskirche waren auf der Konferenz in der Mehrheit. Bonhoeffer besaß lediglich als Jugendsekretär Rederecht auf der Hauptkonferenz. Durch die nationalsozialistischen Verirrungen hatte die Reichskirche für Bonhoeffer die Legitimation als Kirche Jesu Christi verloren. Sie hatte den Boden der wahren christlichen Lehre verlassen. Bonhoeffer wünschte sich von der ökumenischen Konferenz ein klares Votum für die Position der Bekennenden Kirche. Zusammen mit dem englischen Bischof Bell bemühte er sich darum, dass die Ökumene die Bekennende Kirche als einzig wahre Vertreterin der Kirche Christi in Deutschland anerkannte und so die Verirrung der offiziellen Reichskirche öffentlich verurteilte.

Als Ergebnis dieser Bemühungen drückte die Konferenz ihre tiefe Beunruhigung über die Entwicklung in Deutschland aus. Auf Intervention von Bonhoeffers Gegenspieler, dem Auslandsbischof der Reichskirche, Theodor Heckel, wurde aber auch beschlossen, »mit allen Gruppen in der Deutschen Evangelischen Kirche in freundschaftlicher Beziehung zu bleiben«. So gab die Ökumenische Konferenz zwar ein deutliches Signal für die Bekennende Kirche, aber sie verzichtete darauf, diese als allein rechtmäßige Deutsche Evangelische Kirche anzuerkennen. Bonhoeffers Einsatz auf dieser Konferenz war somit nur ein Teilerfolg vergönnt. Er sollte in den späteren Jahren leidvoll erfahren, dass die Ökumene sich nicht zu einer eindeutigen Position bewegen ließ.

Neben den großen Themen Krieg und Frieden sowie dem Kirchenkampf in Deutschland ging es Bonhoeffer als Drittes um die Nachfolge des Einzelnen, die sich für ihn aus dem Hören auf das Wort Gottes ergab. Nachfolge war in der letzten Zeit zu seinem persönlichen Thema geworden.

An einen Freund schrieb er am 28. April 1934: »Nachfolge Christi – was das ist, möchte ich wissen – es ist nicht erschöpft in unserem Begriff des Glaubens.«[2] Nachfolge musste mehr sein – diese Ahnung hatte Bonhoeffer zu einem intensiven Hören auf Gottes Wort und einem engagierten Austausch mit seinen Gesprächspartnern motiviert. Immer wieder berührten seine Unterhaltungen mit den Teilnehmern der Jugendkonferenz auf Fanö dieses Thema. Was heißt Nachfolge für jeden Einzelnen – angesichts der Bedrohung des Friedens, des Unrechts gegenüber den Juden und der offensichtlichen Irrlehre, die von der Reichskirche in Deutschland verkündigt wird? Welche persönlichen Konsequenzen müssen gezogen werden? Wo muss man die Stimme erheben? Wann müssen nicht nur die Opfer, die unters Rad gefallen sind, verbunden werden, sondern wann muss dem Rad selbst in die Speichen gefallen werden?

Dem Rad selbst in die Speichen fallen – diesen Aufruf zum Widerstand der Kirche im Zusammenhang mit der Judenfrage hatte Bonhoeffer schon im April 1933 vor einem Kreis von Berliner Pastoren formuliert. Es wurde immer deutlicher, dass die Kirche als Ganzes dazu nicht in der Lage war. Widerstand wurde zur Aufgabe des Einzelnen in seiner persönlichen Nachfolge. In der Abgeschiedenheit der Insel wurden diese existenziellen Fragen in vielen Gesprächsrunden in den Dünen und bei Spaziergängen leidenschaftlich bewegt.

Teil 1

Der Ruf in die Nachfolge

Konferenz von Fanö, August 1934, mit Inge Karding,
Lotte Kühn, Otto Dudzus und einem unbekannten Schweden

Ich sitze in den Dünen und lese. Die Abgeschiedenheit und Ruhe tun
mir gut. Ein idealer Ort, um sich mit Nachfolge zu beschäftigen. Hier
kann ich mich auf Bonhoeffers Gedanken einstellen. Hier ist seine
»schwere Kost« für mich verdaulich. Nach und nach merke ich, wie
das Gelesene ganz persönlich zu mir spricht.

Sehnsucht, Nachfolge, Gnade, Ruf, Gehorsam. Die Begriffe haben
einen besonderen Klang für mich. Sie begeistern mich und setzen sich
bei mir fest. Fragen kommen auf. Welche Sehnsucht treibt mich an?
Wer ruft mich in die Nachfolge? Wie kann ich diesen Ruf hören? Und
schließlich: Wie wirkt sich dieser Ruf bei mir aus?

Kapitel 1

Sehnsucht nach Gott

Eine Reise beginnt mit Sehnsucht. Die Sehnsucht treibt uns an. Fernweh und die Lust auf neue Eindrücke inspirieren uns zum Aufbruch. Auch am Beginn unserer inneren, geistlichen Reise steht eine Sehnsucht.

Die Bibel berichtet an vielen Stellen von Menschen, die von Jesus angesprochen werden und den Ruf in die Nachfolge hören. Einige werden davon überrascht. Es trifft sie wie aus heiterem Himmel. Viele andere sind bereits mit Fragen unterwegs. Sie spüren eine Sehnsucht. Eine Sehnsucht danach, Antworten zu finden. Eine Sehnsucht nach Erfüllung. Eine Sehnsucht nach etwas, das im Ursprung da war, aber in seiner »Ursprünglichkeit« verloren gegangen ist. Eine Sehnsucht nach Gott.

Ich erinnere mich daran, dass das erste christliche Seminar, das ich vor vielen Jahren besuchte, genau so hieß: »Sehnsucht nach Gott«. Diese Sehnsucht trieb mich an. Ich war nicht mehr zufrieden mit dem Status quo. Ich wollte näher ran. Ich hatte Sehnsucht nach Gott. Diese Sehnsucht ist mir seitdem geblieben.

In der Bibel wird das Bild des Menschen, der sich nach Gott sehnt, an vielen Stellen beschrieben. »Wie der Hirsch lechzt nach frischem Wasser, so schreit meine Seele, Gott, zu dir«, heißt es in Psalm 42,2. Dieses Bild hat Bonhoeffer offensichtlich genauso wie mich begeistert. In einer Predigt im Juni 1935 in der Dorfkirche von Zingst fragt er:

> Hast du in einer kalten Herbstnacht im Walde einmal das durchdringende Schreien eines Hirsches gehört? Der ganze Wald erschaudert unter diesem Schrei des Verlangens.
> So schreit hier eine menschliche Seele, nicht nach einem irdischen Gut, sondern nach Gott.... Er kennt den Gott, zu dem er schreit. Er ist nicht der Sucher nach dem unbekannten Gott, der nie etwas finden wird. Er hat Gottes Hilfe und Nähe einst erfahren. Darum braucht er nicht ins Leere zu rufen. Er ruft seinen Gott an. Wir können Gott nur recht suchen, wenn er sich uns schon offenbart hat, wenn wir schon einmal gefunden haben.[3]

Sehnsucht nach Gott. Immer wieder spüre ich diese Sehnsucht. Immer wieder begegnen mir Bilder, die meine Sehnsucht neu entfachen. Immer wieder werde ich berührt. Immer wieder wird mir deutlich, dass Gott sich mir zuerst offenbart und dadurch meiner Sehnsucht neue Nahrung und meinem Suchen ein Ziel vor Augen gibt.

In der Nähe meines Wohnortes befindet sich ein Wildpark. Mitten hindurch schlängelt sich ein kleiner Bach, in dessen Nähe sich die Hirsche aufhalten. Es ist ihre natürliche Umgebung. Gemütlich stehen sie vor der malerischen Kulisse in der Niederung des kleinen Baches. Sie brauchen nicht nach Wasser zu lechzen. Hier ist ihre Sehnsucht gestillt. Sie sind ganz nah dran. Sie sind da, wo sie hingehören und am liebsten sein wollen. Immer, wenn ich diese friedlich genießenden Hirsche sehe, muss ich an den Psalmvers denken. Es ist möglich, dass meine Sehnsucht gestillt wird und ich ganz Gottes Gegenwart genießen kann.

Der Psalmvers sieht die Sehnsucht nach Gott auf einer Stufe mit dem überlebensnotwendigen Durst nach Wasser. Beides gehört zu unserer Grundprogrammierung. Es gehört zu dem, was uns im Zentrum ausmacht. Die Bibel versteht den Menschen als bedürftiges Wesen, das Hunger und Durst hat, das atmen will. »Meine Seele dürstet nach Gott, nach dem lebendigen Gott. Wann werde ich dahin kommen, dass ich Gottes Angesicht schaue?« (Psalm 42,3).

Auch diesem Durst nach Gott versucht sich Bonhoeffer in seiner Predigt zu nähern:

> *Durst nach Gott. Wir kennen den leiblichen Durst, wenn kein Wasser da ist, wir kennen den Durst der Leidenschaft nach Glück und Leben. Kennen wir auch den Durst der Seele nach Gott? ... Nach dem lebendigen Gott, dem Gott und Ursprung allen wahren Lebens, dürstet unsere Seele. Wann wird er unseren Durst stillen? Wenn wir dahin kommen, dass wir sein Angesicht schauen. Gottes Angesicht schauen, das ist das Ziel allen Lebens und das ewige Leben.*

Die Sehnsucht nach dem Ursprung

In der Bibel wird diese menschliche Bedürftigkeit immer wieder geschildert. Wir sehnen uns nach Anerkennung und Liebe. Nach Erfolg und Glück. Wir sehnen uns nach etwas Höherem. Nach etwas, das über uns hinausgeht. Wir sehnen uns nach Gott. Diese Sehnsucht gehört zu uns.

Gott, der Schöpfer, hat sie uns als Erinnerung an ihn, den Ursprung, eingepflanzt. Er möchte, dass wir uns nach ihm sehnen, weil er sich selbst nach uns sehnt. So ist unsere Sehnsucht nach Gott ein Ausdruck des Rufes Gottes nach seinen Geschöpfen.

In den Psalmen begegnet uns diese Sehnsucht nach einem Leben in der Gegenwart Gottes auf unterschiedliche Weise:

- Die Sehnsucht nach Gott zeigt sich in dem Wunsch nach Heimat. In der Nähe Gottes sind wir dort, wo wir hingehören, sind wir zu Hause. (Psalm 27, 42, 63, 84)
- Die Sehnsucht nach Gott zeigt sich in der Bitte nach veränderten Lebensumständen. In der Nähe Gottes erscheinen die Schwierigkeiten unseres Lebens in einem anderen – in seinem – Licht. (Psalm 22, 23, 71, 105)
- Die Sehnsucht nach Gott zeigt sich aber auch in dem Verlangen, Gott als dem Ursprung aller Dinge, als dem Schöpfer und dem Vater persönlich nah zu sein. (Psalm 8, 19, 29, 104)

Auch im Neuen Testament werden immer wieder Menschen voller Sehnsucht beschrieben. Die Frau am Brunnen (Johannes 4, 1-42) sehnt sich danach, den Durst ihrer Seele ein für alle Mal zu stillen. Viel zu lange hat sie an den falschen Orten gesucht. Als sie an einem abgeschiedenen Ort denjenigen kennenlernt, der ihre Sehnsucht und ihren Durst stillen kann, kennt ihre Freude keine Grenzen. Sie läuft los, um es allen zu erzählen. Das Bild dieser mit Freude und Begeisterung loslaufenden Frau hat mich schon immer fasziniert. Denn wenn meine Sehnsucht und Bewegungsfreude zu groß werden, geht es mir wie dieser Frau: Ich laufe los. Ich laufe. Und laufe. Aus reiner Freude und Begeisterung. Auch meine Sehnsucht nach Gott hat dann »freien Lauf«. Der Kopf und das Herz werden dabei durchgeschüttelt. Meine Gedanken und seine Gedanken laufen zusammen. Sie fließen ineinander. Je länger ich laufe, desto intensiver wird das Erleben. Laufen ist für mich spürbares Unterwegssein.

Auch während meines Inselaufenthalts auf Fanö hat mich mein »Lauffeuer« gepackt. Eines Morgens laufe ich los. Einmal um die Insel. Voller Gedanken. Voller Sehnsucht. Voller Leidenschaft.

> Gott möchte, dass wir uns nach ihm sehnen, weil er sich selbst nach uns sehnt. So ist unsere Sehnsucht nach Gott ein Ausdruck des Rufes Gottes nach seinen Geschöpfen.

Der Sehnsucht freien Lauf lassen

Vorsichtig schließe ich die Tür unseres Ferienhauses. Niemand soll aufwachen. Den Schlüssel lege ich unter die Fußmatte. Bei meinem Lauf soll mich nichts unnötig beschweren. Die ersten Meter gehe ich langsam an. Die ausgeruhten Muskeln werden in Schwung gebracht. Ich horche in meinen Körper hinein. Kein Schmerz. Weder im Knie noch in den Waden oder an der Ferse. Alles scheint zu funktionieren. Nichts steht meinem langen Lauf um die Insel im Wege.

Eigentlich hat mein Lauf schon am Vortag begonnen. Ich habe mir die Strecke ausführlich überlegt. Die Heide. Den Wald. Sønderho im Süden der Insel als Wendepunkt und schließlich die lange Etappe am Strand zurück. Vorfreude. Sehnsucht.

Die kleinen Kaninchen, die zwischen den Ferienhäusern herumlaufen, nehmen kaum Notiz von mir. Was kümmert sie ein einsamer Läufer, wenn es so viele aufregende Dinge zu entdecken und beschnuppern gibt. Die übrigen Bewohner der Ferienhaussiedlung liegen noch in den Betten und genießen den Urlaubsschlaf. Auch sie interessieren sich nicht für einsame Läufer. Sie haben keine Sehnsucht. Zumindest nicht die Sehnsucht, die mich antreibt.

Larses Toft, Kirkevejen, Nygårdsvej. Ich habe mir den Weg durch die Ferienhaussiedlung gut eingeprägt. Schon nach einem Kilometer habe ich die Häuser hinter mir gelassen. Ich bin auf der langen Straße zwischen Nordby im Norden und Sønderho im Süden. Der Körper hat sich jetzt voll und ganz auf das Laufen eingestellt. Die Sonne scheint noch zu schlafen. Nur ab und zu schaut sie etwas hinter ihrer Wolkendecke hervor. Sie soll gern noch hinter den Wolken bleiben. Mir ist warm genug. Ich klatsche in die Hände. Einfach, um mich zu hören und meiner Freude Ausdruck zu verleihen. Ich lebe. Ich laufe. Hier wundert sich keiner. Hier stört sich keiner an einem vor Freude klatschenden Läufer. Vielen Dank, Vater.

In der Ferne sehe ich den ersten Parkplatz. Hier startet ein Wanderweg durch die Heide- und Dünenlandschaft. Noch ist niemand zu sehen. Ich bin allein unterwegs. Ein einsamer Läufer. Die Gedanken suchen etwas Greifbares. Etwas, mit dem ich mich beschäftigen kann. Ich versuche, nicht an die Länge des Weges zu denken, der noch vor mir liegt. Ich denke lieber an die Wegstrecke, die ich schon zurückgelegt habe. Apropos Wegstrecke. Bald werde ich fünfzig. Auch in dieser

Hinsicht habe ich schon eine ziemlich lange Wegstrecke hinter mir. Wahrscheinlich mehr als die Hälfte. Die Sehnsucht ist geblieben. Sie wird eher größer, je länger ich unterwegs bin. Sie bekommt immer neue Nahrung.

Ich beginne, meine Schritte zu zählen. Wie weit komme ich mit fünfzig Schritten? Eins, zwei, drei, vier. Am Anfang scheint die Zahl Fünfzig weit entfernt zu sein. Aber ich bin sehr schnell bei Zweiunddreißig, Dreiunddreißig, Vierunddreißig. Und plötzlich liegt die Fünfzig hinter mir. Ich zähle bis Hundert weiter. Es geht alles sehr schnell. Und dann ist alles vorbei. So wie ich den Parkplatz auf dem Weg nach Sönderho passiert habe, werde ich auch bald die Fünfzig hinter mir gelassen haben. Ich sollte langsamer laufen. Dann geht wenigstens dieser Lauf nicht ganz so schnell vorbei.

Weit vor mir kommt mir etwas entgegen. Ich bin doch nicht allein unterwegs. Kein einsamer Jogger oder Wanderer. Es sieht nach einer Gruppe aus. Gespannt schaue ich nach vorne. Was kommt da auf mich zu? Langsam zeichnen sich klarere Konturen ab. Tatsächlich eine Wandergruppe. Sogar mit Gepäck. Sechs Leute marschieren mir entgegen. Pfadfinder. So früh am Morgen? Irgendwo in der Heidelandschaft liegt ein Campingplatz. Die Pfadfinder werden dort gezeltet haben und sind jetzt auf dem Weg zur Fähre in Nordby. Mit Gepäck ist es noch ein ganz schönes Stück. Die jungen Leute sehen alles andere als begeistert aus. Das frühe Aufstehen, der weite Weg und die schwere Last auf dem Rücken. »Was muss, das muss.« Wie oft habe ich mich auch so motiviert? Manche Wegstrecken muss man einfach hinter sich bringen. Es wird mir nicht gelingen, die jungen Pfadfinder aufzuheitern. Selbst das freundlichste »Guten Morgen«, das ich mir beim Laufen entlocken kann, macht den Weg für sie nicht kürzer und die Last nicht leichter. »Was muss, das muss.« Hinterher werden sie sicher allen erzählen, welche abenteuerlich lange Wegstrecke sie schon am frühen Morgen gemeistert haben.

»Was muss, das muss.« In diesem Satz klingen keine Freude und keine Sehnsucht an. Es gibt auch solche Zeiten. Ich habe mich daran gewöhnt, zwischen Pflicht- und Kürprogramm zu unterscheiden. Beim Pflichtprogramm heißt es oft, einfach zu tun, was getan werden muss. Beim Kürprogramm dagegen gibt es kein »muss«. Hier heißt es: »Ich

Ich habe mich daran gewöhnt, zwischen Pflicht- und Kürprogramm zu unterscheiden. Beim Pflichtprogramm heißt es oft, einfach zu tun, was getan werden muss. Beim Kürprogramm dagegen gibt es kein »muss«. Hier heißt es: »Ich darf.«

darf.« Das Laufen ist für mich ein Teil meines Kürprogramms. Laufen ist Freude. Laufen ist Sehnsucht.

Mittlerweile habe ich die Heidelandschaft hinter mir gelassen. Ich laufe durch ein Kiefern- und Fichtenwäldchen. Die Bäume dienen der Bekämpfung des Sandtreibens und der Holzproduktion. So ist mitten auf der Insel eine richtige kleine Plantage entstanden. Ich genieße diesen Teil des Weges. Er bietet nicht nur den Augen eine willkommene Abwechselung zur Heidelandschaft.

Wieder kommt mir jemand entgegen. Er hat in Sönderho die morgendlichen Brötchen für die Familie gekauft. Der Mann auf dem Fahrrad sieht mich freundlich an. Anerkennend zeigt er mir eine Hand und streckt den Daumen nach oben. Dazu lässt sein Gesicht ein freundlich respektvolles Grinsen erkennen. Ich danke artig für diese Geste. Anerkennung tut mir gut. Schade, dass der Radfahrer sich jetzt genauso schnell entfernt wie die Pfadfinder. Könnte er nicht beim Brötchenholen etwas vergessen haben? Vielleicht die Zeitung oder die Milch zum Kaffee? Dann würde er mich noch einmal überholen und mir erneut anerkennend entgegenkommen. Mein Bedürfnis nach Anerkennung ist nahezu unbegrenzt.

Läufer sind – so wie Hirsche – ein Bild für den bedürftigen Menschen. Der Flüssigkeitsbedarf steigert sich exponentiell zu den gelaufenen Kilometern. Irgendwann ist da nur noch Durst. Eine einzige große Kehle. Weil ich um diese Bedürftigkeit weiß, habe ich mich vorbereitet. Ich habe mir passendes Geld in die Laufhose gesteckt und werde beim Kaufmann in Sönderho meinen Durst stillen. Diese kurze Rast muss mir gestattet sein. Ich kann nicht erwarten, dass mir der Kaufmann das Wasser wie bei einer Marathon-Verpflegungsstation, einfach entgegenreicht. Je näher ich Sönderho komme, desto häufiger fasse ich nach dem Geld in meiner Hose. Ich will es auf den letzten Metern nicht noch verlieren.

Sönderho liegt an der Südostküste von Fanö und war früher der zentrale Hafen der Insel. Die Häuser zeugen von der wohlhabenden Vergangenheit der Stadt. Malerisch schön. Reetdächer. Vorgärten mit Blumen. Ein echtes Museumsdorf. Die Sonne hüllt an diesem Morgen alles in einen besonderen Glanz. Der Laden liegt mitten in Sönderho. Ich laufe durch die kleine Straße mit den Geschäften. Sie ist zu dieser frühen Stunde noch fast menschenleer. Nass geschwitzt betrete ich den Laden. Keiner schenkt mir besondere Aufmerksamkeit. Keiner streckt mir einen anerkennenden Daumen entgegen. Schade. Vielleicht sollte ich dem einen oder anderen sagen, dass ich schon eine Stunde unterwegs bin und ganz vom anderen Ende der Insel komme.

Draußen vor dem Geschäft lasse ich den Inhalt der Wasserflasche durch meine »Seele« laufen. Es tut einfach gut. Der Durst hat sich schon deutlich bemerkbar gemacht. Meine Gedanken haben in letzter Zeit immer mehr darum gekreist. Ja, ich bin bedürftig. Ja, ich habe Durst. Langsam beginne ich wieder mit dem Laufen. Ich will nicht stehen bleiben. Laufen ist gelebte Sehnsucht.

Ich komme an der kleinen Kirche von Sönderho vorbei. Sie liegt etwas abseits. Meine Augen versuchen, sich an etwas festzumachen. Es gibt keine Plakate, die mich einladen. Keine Sprüche, die mich ansprechen. Die Kirche fällt nicht weiter auf. Meine Augen suchen. Meine Gedanken brauchen Futter. In den Häusern von Sönderho erwachen die Menschen langsam. In dem einen oder anderen Haus erkenne ich jemanden, der das Frühstück vorbereitet, Kinder, die schon auf der Straße spielen. Vereinzelt Radfahrer. Keiner achtet auf mich. Einsam laufe ich meinen Weg.

Unruhig, getrieben, hungrig und durstig. Mir kommt Hermann Hesses *Steppenwolf* in den Sinn. Hesse beschreibt jemanden, der auch fünfzig-jährig und einsam durch die Straßen schleicht. Er greift begierig alles auf, was seine Gedanken anregt. Er sucht nach »Erfüllung« inmitten der Flachheit und Ablenkungen, die ihn umgeben. Er sucht nach etwas »Göttlichem«. Er hat eine Spur davon gesehen und ist nicht mehr bereit, sich mit weniger zufriedenzugeben.

Da klingt viel von mir an. Auf der Suche nach dem »Göttlichen« will ich auch nicht zufrieden sein. Ich spüre diese Sehnsucht nach Gott. Sie ist mir in die Wiege gelegt. Sie gehört zu mir.

Der Steppenwolf hat sich bei seiner Suche von den anderen isoliert. Er bewegt sich außerhalb der Gemeinschaft. Er geht allein seiner Be-dürftigkeit und seinem Hunger nach. Aber er kommt nicht an. Er ist in der Drehtür zwischen Erfüllung und Verzweiflung stecken geblieben. Er dreht sich und dreht sich und kommt nicht mehr raus. Als ihm gänzlich schwindelig wird, bleibt nur noch Verzweiflung.

Drehtür. Wieder so ein Bild, an dem sich die Gedanken beim Laufen festklammern. Oft befinde ich mich auch in einer Drehtür. Ich spüre diese Sehnsucht nach Gott, aber es dreht sich alles so schnell um mich herum. Es gibt so viele Ablenkungen: Das ist wichtig. Hier werde ich gebraucht. Das scheint interessant zu sein. Die Zeit fehlt. Alles geht so schnell. Schon wieder ist ein Jahr vorüber. Es dreht und dreht sich.

Und noch etwas verbindet mich mit dem Steppenwolf. Auch ich habe mich nicht immer richtig verhalten. Auch ich habe »zugebissen«, wo ich meinen Mund hätte halten sollen. Auch ich habe »auf den Tisch gehauen«, wo ich meine Hand besser still gehalten hätte. Schnell werden Stempel verteilt. Schnell bin ich isoliert. Gerade in solchen Situationen wird meine Sehnsucht nach Gott spürbar. Er versteht mich, wenn andere den Kopf schütteln. Er sagt mir: »Das kann passieren, mein Sohn«, wenn andere sich abwenden.

Die Gedanken öffnen mir die Tür. Ich ahne, nein, ich weiß, dass sich mein Vater im Himmel über dieses Nachdenken und Nachspüren freut. Ein besonderer Augenblick. Ein Augenblick, in dem meine ganzen Fragen in den Hintergrund treten. Ein Augenblick, in dem ich persönlich angesprochen werde: »Martin.« Ein Augenblick, in dem ich aus ganzem Herzen und mit ganzer Hingabe antworte: »Ja, Vater.« Ich genieße diesen Moment. Meine Gedanken haben plötzlich eine Bedeutung, eine Tiefe, die sie ein paar Meter zuvor nicht hatten. Es ist schön, sich diesen Gedanken und diesem Augenblick in Gottes Gegenwart hinzugeben.

> Ich spüre diese Sehnsucht nach Gott, aber es dreht sich alles so schnell um mich herum. Es gibt so viele Ablenkungen.

Mittlerweile habe ich Sönderho hinter mir gelassen. Die letzten Häuser stehen einsam in der Heidelandschaft herum. Kein schützender Baum. Hier regiert der Wind. Am Ende der asphaltierten Straße befindet sich eine Zufahrt zum Strand. Der Blick auf das Meer öffnet sich. Tapetenwechsel. Alles sieht anders aus. Der Weg ist nicht zu Ende. Er geht weiter. Der zweite Teil meines Laufs beginnt.

Dieser zweite Teil des Weges wird deutlich schwerer werden als der erste. Nicht nur weil die Kraft nachlässt, je länger der Weg dauert. Auch der Untergrund verändert sich. Die Strecke führt jetzt über mehr als zehn Kilometer direkt am Strand entlang. Ich muss immer darauf achten, festen Boden unter den Füßen zu haben. Der Sand ist oft sehr weich. Das Wasser hat eine lehmig-schlammige Schicht hinterlassen, sodass ich etwas einsinke und die Laufschritte schwerer werden. Manchmal muss ich weiter vom Strand entfernt laufen, damit der Boden fest bleibt. Die Gedanken, die eben noch in höheren Gefilden kreisten, sind jetzt stark auf den Boden ausgerichtet. Bodenständig. Es gibt auch solche Zeiten.

Aber nicht nur der Untergrund hat sich auf der zweiten Hälfte meines Laufs verändert. Meine Sicht ist eine andere geworden. Während ich auf dem ersten Teil des Weges immer von einer Etappe zur nächsten sehen konnte, ist jetzt vor mir nur noch Weite. Die Strecke hat nichts Greifbares mehr, sie scheint unendlich lang zu sein. Lang und schwer. Ich kann das Ziel meines Laufs nicht erkennen. Aber ich weiß, dass mich ihm jeder Schritt näherbringt.

Ich muss wieder an meine fünfzig Jahre denken. Mehr als die Hälfte des Weges liegt hinter mir. Der Boden unter den Füßen ist nicht mehr fest. Die Etappen sind nicht mehr so klar erkennbar. Die Leichtigkeit ist dahin. Der Körper wird schwerfällig. Der Schmerz beginnt. Aber ich habe ein Ziel.

Ich schaue mich um. Nichts bietet meinen Augen eine Anregung. Links neben mir die unendliche Weite des Meeres. Rechts von mir kleinere Dünen mit leichtem Grasbewuchs. So schön diese Dünen auch sind – die Augen haben sich daran gewöhnt. Schönheit verliert mit der Zeit ihren Glanz. Der Hunger, der Durst und die Sehnsucht bleiben.

Ich freue mich, dass der Wind von hinten kommt. Wie schwer wäre es für mich, wenn es andersherum wäre – auch wenn sich das manchmal nicht vermeiden lässt. Ich muss dennoch auf den Wind achten. Ihn im Blick haben. Die Strandsegler, die mit ihren bunten Segeln weit vor mir über den Strand rasen, haben es gelernt, mit dem Wind umzugehen. Trotzdem beherrschen sie ihn nicht. Wenn der Wind ausbleibt, können sie nichts machen. Der Wind weht, wo er will. Am Morgen habe ich versucht, die Windrichtung zu erahnen, um nicht auf der schweren Strecke am Strand gegen den Wind zu laufen. Wenn ich ihn richtig deuten kann, wird er zu meinem Freund und hilft mir. Wenn ich ihn nicht vorhersehen kann, macht er mir das Leben schwer.

So vergeht ein Kilometer nach dem anderen. Ich nähere mich langsam dem Ziel meines Laufs. Die Konturen von Fanö Bad am nördlichen Ende des Strandes werden deutlicher.

Vor mir erkenne ich ein Auto mit einer Gruppe junger Leute. Musik dröhnt mir entgegen. Partytime. Je näher ich komme, desto besser kann ich mich in die Szene hineindenken. Die jungen Leute haben offensichtlich eine lange Nacht hinter sich. Das Nummernschild zeigt mir, dass es Landsleute sind. Der Wagen kommt aus Hamburg. Vielleicht eine der Gruppen, die hier nach bestandenem Abitur so richtig auf die Pauke hauen und die Sau rauslassen will.

Eine stattliche Anzahl von Bierdosen ist auf dem Wagen aufgereiht. Sie wirken wie Pokale, die an vergangene Heldentaten erinnern. Einige der jungen Leute sitzen im Sand und hören den dumpfen Klängen des Autoradios zu. Ab und zu nippen sie an einer Bierdose, um bald wieder einen leeren »Pokal« auf das Autodach zu stellen. Andere versuchen, mit einer leeren Bierdose Fußball zu spielen. Sie erweist sich als schlechter Ball. Auch die fußballerischen Qualitäten der jungen Leute haben im Laufe der Nacht gelitten.

Als ich das Auto erreiche und freundlich grüße, wird einer der Fußballer auf mich aufmerksam. »Ich kann auch laufen.« Ohne lange zu überlegen fängt er an, neben mir herzurennen. Plötzlich habe ich einen Mitläufer. Endlich.

Er fragt: »Wie lange läufst du schon?«

»Ich bin jetzt zwei Stunden unterwegs. Einmal um die Insel.«

Irritiert sieht er mich an. »Einmal um die Insel. Das möchte ich auch.«

»Kannst du lernen. Kein Problem. In deinem Alter geht das wie von selbst. Du musst nur etwas trainieren. Ich kann dir auch ein Laufbuch empfehlen.«

Der spontane Mitläufer sieht mich verwundert an. Ich ahne, wie schwer es die Gedanken in seinem Kopf haben, sich zu sammeln. »Ne, lass mal. Ich muss zu meinen Freunden zurück.« Er hört mit dem Laufen auf. Dreht sich um. Geht kopfschüttelnd zu seinen Freunden zurück, die ihm anerkennend schon eine neue Bierdose entgegenreichen, damit er seinen Flüssigkeitsverlust nach dem kurzen Lauf wieder ausgleichen kann.

Schade. Er hat sich locker und leicht bewegt und wäre bestimmt ein guter Läufer geworden. Manchmal muss man alte Gewohnheiten hinter sich lassen, um neue Wege zu gehen und seiner Sehnsucht nachzuspüren.

Die Laufstrecke am Strand nähert sich dem nördlichen Wendepunkt. Ich erreiche Fanö Bad, den größten Badeort der Insel. Hier fand im Jahr 1934 die ökumenische Konferenz statt, an der Dietrich Bonhoeffer teilgenommen hat. Ich laufe an dem großen Gedenkstein vorbei, der daran erinnert. »Dietrich Bonhoeffer – In Memoriam.« Ich muss an all das denken, was ich schon von Bonhoeffer auf dieser Insel gelesen habe. Er war auch ein »Sehnsüchtiger«. Er wollte hören. Er liebte es, mitten in den Dünen zu sitzen und mit Freunden, die die gleiche Sehnsucht hatten, im Gespräch zu sein. Wie gern wäre ich dabei gewesen. Welche Fragen hätte ich ihm gestellt? Vielleicht die gleichen Fragen, die auch ihn bewegten: »Was sagt Jesus zu mir? Was wünscht er sich heute von mir? Wie hilft er mir heute auf meinem Weg der Nachfolge?« Und ich ahne, was er mir als Antwort gegeben hätte: »Höre auf das, was das Wort Gottes dir sagt.« Okay. Hören lernen. In memoriam – in Erinnerung an Dietrich Bonhoeffer.

Ich nehme den letzten Hügel vor unserem Ferienhaus in Angriff. Vor mir zieht ein Vater seine zwei Kinder mit einem Bollerwagen hinauf. Oben dreht er ihn um und lässt die Kinder hinunterfahren. Sie jubeln vor Begeisterung während der rasanten Fahrt. Der Vater läuft neben dem Bollerwagen her, damit nichts passiert. Unten am Auslauf des Hügels dreht er den Wagen gleich wieder um und beginnt erneut mit dem Aufstieg. Ein toller Vater. Ein schönes Bild. Der Vater gönnt seinen Kindern den Spaß. Dafür nimmt er Mühen auf sich. Es scheint sinnlos zu sein, wie so vieles im Leben. Aber es macht Spaß. Wie das Laufen.

Gott der Vater gönnt uns unseren Spaß. Er nimmt unendlich viele Mühen in Kauf, um uns seine Liebe zu zeigen. Er läuft sogar am Morgen mit mir einmal um die Insel, um mir ganz nah zu sein. Er hält meine Sehnsucht mit immer neuen Bildern wach. Er schiebt und leitet mich mit seinem Wind. Er gönnt mir die Freude an der Bewegung. Er stillt meinen Hunger und Durst nach seiner Gegenwart.

> Gott der Vater gönnt uns unseren Spaß. Er nimmt unendlich viele Mühen in Kauf, um uns seine Liebe zu zeigen. Er läuft sogar am Morgen mit mir einmal um die Insel, um mir ganz nah zu sein.

Im Rückblick auf meinen Lauf ahne ich etwas von dem Wechselspiel zwischen »Suchen und Finden«, das Bonhoeffer in seiner Predigt über Psalm 42 angesprochen hat. Jedes Finden spornt neues Suchen an und hält meine Sehnsucht wach. Jeder, der mit offenen Augen durch das Leben »läuft«, wird schon Spuren der göttlichen Wirklichkeit wahrgenommen haben, wird schon etwas gefunden haben. Es ist immer die Frage, wie wir diese Fundstücke für uns interpretieren – ob sie unsere geistliche Sehnsucht berühren oder in der Fülle der verschiedenen Eindrücke an uns vorbeirauschen. Ein Vater, der sich liebevoll um seine Kinder kümmert, kann zu einem Bild werden, das mir einen Blick für Gottes Gegenwart öffnet. »Schau mal, das habe ich dir in den Weg gelegt, damit du meine Gegenwart wahrnimmst und dich daran freust.«

Ich wünsche mir, immer spürbarer mit ihm unterwegs zu sein. Ich wünsche mir, immer mehr wahrzunehmen, immer mehr die Schätze des Alltags zu entdecken, immer mehr Gott zu finden, der als Einziger meine Sehnsucht wirklich stillen kann.

Stationen auf meinem Weg der Nachfolge

Am Anfang steht die Sehnsucht –
die Sehnsucht nach mehr,
nach Tiefe, nach Verstehen.
Die Sehnsucht nach Freude,
nach Erfüllung, nach Leben.
Die Sehnsucht nach Ursprünglichkeit,
nach Einssein, nach Gott.

Kapitel 2

Von der Sehnsucht zum Ruf

Offensichtlich stimmt es. Wir Menschen sind bedürftig. Wir haben Sehnsucht. Aber wohin treibt uns diese Sehnsucht? Wo versuchen wir, unsere Sehnsucht zu stillen?

Die Sehnsucht macht sich immer wieder an etwas fest, das wir in uns zu spüren ahnen. Sie treibt uns zur Suche nach unserem Ursprung. Einem Zustand, in dem alles heil und ganz war. Bei dieser Suche nach dem Ursprung werden wir uns immer auch die Frage nach Gott stellen. Nach dem Gott, der uns eine geheimnisvolle Erinnerung an unseren Ursprung gelassen hat und der uns durch diese Sehnsucht ruft.

> In Gemeinschaft mit Christus zu leben heißt, ihm nachzufolgen.

Das Ziel unserer Sehnsucht ist immer eine Form von Gemeinschaft. Die Gemeinschaft mit Gott, dem Ursprung allen Lebens, und die Gemeinschaft mit Christus, seinem Sohn, der uns als Mensch begegnet und in seine Nachfolge ruft. In Gemeinschaft mit Gott zu leben heißt, in seiner Gegenwart zu leben. Und in Gemeinschaft mit Christus zu leben heißt, ihm nachzufolgen.

In der Nachfolge – wenn ich mit Gott in Gemeinschaft lebe und mit Christus unterwegs bin – wird meine Sehnsucht nach dem Ursprünglichen, nach dem, was über mich hinausgeht, gestillt. Aber was ist unter Nachfolge konkret zu verstehen? Diese Frage lässt auch mich nicht los. Bonhoeffer schreibt:

Nachfolge ist Bindung an Christus; weil Christus ist, darum muss Nachfolge sein ... Ein Christentum ohne den lebendigen Jesus Christus bleibt notwendig ein Christentum ohne Nachfolge, und ein Christentum ohne Nachfolge ist immer ein Christentum ohne Jesus Christus; es ist Idee, Mythos. Ein Christentum, in dem es nur den Vatergott, aber nicht Christus als lebendigen Sohn gibt, hebt die Nachfolge geradezu auf. Hier gibt es Gottvertrauen, aber nicht Nachfolge.[4]

Diese Sätze beeindrucken mich. Sie sind wie Paukenschläge. Bonhoeffer lässt keinen Zweifel aufkommen. Nachfolge ist Bindung an Christus.

Und: Weil Christus ist, darum muss Nachfolge sein. Mir geht es beim Lesen wie Wolf-Dieter Zimmermann, einem der ersten Studenten Bonhoeffers, der die Wirkung der Vorlesung Bonhoeffers beschreibt:

> *Nach den Zeiten des Problematisierens von theologischen und kirchlichen Gegebenheiten – wie das im Studium üblich war – ging hier ein Mann völlig selbstverständlich davon aus, dass es unaufhebbare christliche Tatbestände gibt, denen wir uns zu fügen hätten. Schlagartig wurde eine Realität sichtbar, an der wir nicht mehr rütteln konnten, weder durch Zweifeln noch durch Leugnen. Das wirkte damals auf mich wie eine Befreiung. Da gab es Tatbestände, auf die ich mich verlassen konnte. Da wurde mir klar, dass es eine – jenseits des Menschen liegende – Realität gibt, die Gültigkeit behält, völlig unabhängig von der Haltung des Menschen.* [5]

Nachfolge ist Bindung an Christus. Und weil Christus ist, darum muss Nachfolge sein. An dieser Tatsache gibt es nichts zu rütteln.

Wie kann ich mir nun diese Bindung an Christus vorstellen? Was heißt Nachfolge für mich konkret? Ich muss an eine Geschichte denken, die mich seit meiner Jugend begleitet und die in meiner Erinnerung immer wieder auftaucht. Sie beschreibt eindrucksvoll das Geheimnis des Rufes Jesu und welche Wirkung er hat.

Immer wieder werde ich selbst Teil dieser Geschichte, habe selbst solche besonderen »Bankbegegnungen«, bei denen ich spüre, dass der, dem ich nachfolgen will, konkret in meine Situation hineinspricht. Ich höre. Ich genieße seine Gegenwart. Nach diesen Begegnungen kann ich dann anders – irgendwie erleichtert – aufstehen und meinen Weg fortsetzen oder einen neuen Weg beginnen.

Auf einer Bank

Der Junge sitzt auf einer Bank. Er hat seinen Kopf gesenkt. Aber nicht, weil er schläft. Er weint leise vor sich hin. Wie Jungen eben zu weinen pflegen. Die alte Frau hat ihn schon von Weitem bemerkt. Ohne lange zu überlegen, setzt sie sich stumm dazu. Sie kramt in ihrer Tasche. Schließlich holt sie eine Weinflasche hervor und stellt sie neben sich auf die Bank. Vielleicht hat der Junge die alte Frau kommen sehen oder er ist durch ihren sonderbaren Geruch vorgewarnt. Als er den Kopf hebt und sie anschaut, ist er von ihrem Aussehen nicht überrascht.

»Geht's dir nicht besonders gut, Kleiner?«, fragt die Frau etwas unsicher. Er schüttelt den Kopf. »Mir auch nicht«, sagt die Frau und nimmt einen Schluck aus der Flasche. Anschließend wischt sie sich den Mund mit dem dreckigen Ärmel. Der Junge weiß nicht recht, ob er sitzen bleiben oder lieber Reißaus nehmen soll. »Warum hast du geweint?«, fragt die Frau mit einer Selbstverständlichkeit und Offenheit, die es dem Jungen schwer macht auszuweichen. Zögerlich sucht er nach Worten: »Ich weine, weil mein Vater heute Nacht wieder betrunken nach Hause gekommen ist. Es ist zum Streit zwischen meinen Eltern gekommen. Wie immer, wenn er getrunken hat. Aber heute Morgen hat meine Mutter die Koffer gepackt. Sie ist weggegangen, ohne mir zu sagen, wohin.« Die alte Frau stellt ihre Flasche auf die Bank und schweigt. Bilder aus ihrem eigenen Leben fallen ihr ein. Ihre Geschichte hört sich ganz ähnlich an. Schließlich nimmt sie wieder einen Schluck aus der Flasche. Sie hofft fast, dass der Junge es nicht merkt.

Nach einiger Zeit kommt ein Mann im feinen Anzug vorbei. Als er die beiden traurigen Gestalten auf der Bank sieht, nimmt er zwei Zettel aus seiner Herrentasche. Er gibt sie ihnen, lächelt kurz und geht weiter. Auf ihnen steht in etwas verschnörkelter Schrift: »Jesus liebt dich. Alles wird gut.« Die beiden lesen die Worte und schweigen weiter. Etwas später kommt ein anderer Mann. Auch er sieht die beiden in ihrer Traurigkeit. Er setzt sich zu ihnen und hört eine Weile zu. Dann greift er in seine Brieftasche, holt zwei Geldscheine, gibt sie ihnen und wünscht ihnen alles Gute. Sie stecken das Geld ein, aber so richtig froh macht es sie nicht.

Der Junge und die alte Frau sind wieder allein. Keiner kann dem anderen bei seinen Problemen helfen und dennoch wollen sie sich einfach noch nicht voneinander trennen. Doch dann kommt noch jemand. Sie wissen später nicht mehr, ob es Einbildung oder Wirklichkeit gewesen ist. Dieser Mensch sieht noch trauriger, noch gequälter und noch bemitleidenswerter aus, als sie selbst jetzt aussehen oder jemals aussehen könnten. Er ist das Leid in Person. Ihnen schaudert bei dem Anblick. Zu allem Überfluss trägt dieser Mann noch ein schweres Holzkreuz mit sich herum. Mitten auf dem Kreuz, dort, wo die Balken sich treffen, ist ein Zettel befestigt. Ähnlich denen, die sie von dem feinen Mann bekommen haben. Auch auf diesem steht eine kurze, schlichte Botschaft. Jedoch keine verschnörkelten, schönen Buchstaben, sondern persönlich aufgeschriebene Worte in roter Tinte. »Kommt her zu mir, die ihr mühselig und beladen seid, ich will euch erquicken.«

Nur langsam zieht dieser Mann vor ihren Augen vorbei. Die Schrift auf dem Zettel wird immer größer. Sie wird persönlicher. Intensiver. Sie dringt ein. Der Junge ertappt sich dabei, wie er die Worte nachspricht. Er merkt, wie sie sich immer tiefer in seinem Inneren verankern. »Erquicken.« Dabei denkt er an grüne Wiesen mit frischem Wasser. Er merkt, wie die Worte ihm guttun. Er spürt, wie neue Frische seine dunklen Gedanken vertreibt und sich neue Kraft ausbreitet. Der alten Frau geht es genauso. Auch sie fühlt, dass etwas Merkwürdiges mit ihr und in ihr vorgeht. Nichts ist mehr so wie noch vor wenigen Minuten. Ihr Blick fällt auf die Flasche, die sie – wie so oft – in ihren Händen hält. Und als wäre es eine Selbstverständlichkeit, nimmt sie die Flasche, die noch nicht ganz geleert ist, und wirft sie in den Papierkorb neben der Bank.

Erst da merkt sie, dass der Junge nicht mehr neben ihr sitzt. Weit entfernt sieht sie ihn laufen. Sie weiß, dass er jetzt seine Mutter suchen wird, um ihr von dem Mann mit dem Holzkreuz und dem neuen Leben zu erzählen.

Auch sie erhebt sich. Sie merkt, dass ihr irgendwie leichter geworden ist. Sie hat auf dieser Bank einiges an Gewicht verloren. Und sie ahnt, dass diese Last jetzt von dem Mann mit dem Holzkreuz getragen wird. Obwohl sie nicht weiß, wohin der Weg nun gehen soll, setzt sie sich in Bewegung. Sie spürt neuen Mut und eine neue Zuversicht. Denn genauso sicher wie der Junge nicht eher nachlassen wird, bis er seine Mutter gefunden hat, ist sie davon überzeugt, dass sie ein neues erquickendes Ziel für ihr Leben finden wird.

Komm her zu mir …

Das »Komm her zu mir …« verändert die Menschen, die diesen Ruf für sich persönlich hören. Bonhoeffer schreibt, dass durch den Ruf in die Nachfolge die Wirklichkeit Christi im Leben Gestalt gewinnt. Diese Wirklichkeit Christi ist menschlich gesehen kaum zu verstehen. Die einzige Erklärung ist in der Person desjenigen zu sehen, der ruft. »Jesus Christus selbst. Er ist es, der ruft.«[6]

> Die Wirklichkeit Christi ist menschlich gesehen kaum zu verstehen. Die einzige Erklärung ist in der Person desjenigen zu sehen, der ruft.

Das Bild vom Jungen auf der Bank hilft mir zu verstehen, was Bonhoeffer damit meint. Das Geheimnis der Begegnung mit Christus wird deutlicher. Die Person und das, was sie sagt, fließen ineinander über. Die Person und der Ruf werden für mich zu einer Einheit. Ich lerne, neu in Worte zu fassen, was Christus für mich ganz persönlich ist und was er mir sagt:

- Jesus Christus ist der Einladende, der sein unwiderstehliches »Komm her zu mir« mitten in meine Situation hineinspricht und mir damit seine Wertschätzung ausdrückt.
- Jesus Christus ist der Ruhestifter, der mit seinem »Du wirst Ruhe für deine Seele finden« meine Sehnsucht anspricht und einen Frieden ausstrahlt, der seinen Ruf authentisch macht.
- Jesus Christus ist der Lehrmeister, der mir mit seinem »Lern von mir« ein unvergleichliches Angebot macht und mich an die Hand nimmt.
- Jesus Christus ist der Befreier, der mir mit seinem »Nimm auf dich mein Joch« deutlich macht, dass er mitten in meiner Not bei mir ist, mich versteht und mich von meiner eigenen Last erlösen will.

Das Ziel meiner Sehnsucht wird deutlich. Es ist das Bewusstsein für die Wirklichkeit, das Wirken und das Rufen der Person Jesus Christus in meinem Leben. Es *ist* die Person Jesus Christus. In ihm konkretisiert sich meine Sehnsucht. Wenn ich ihn als Wirklichkeit in meinem Leben wahrnehme, erkennt meine Sehnsucht ihr konkretes Ziel und strebt danach, diesem Ziel immer näherzukommen. Nachfolge beginnt.

Stationen auf meinem Weg der Nachfolge

Nachfolge ist Bindung an Christus,
nicht mehr und nicht weniger.
Verstehe ich das? Erlebe ich das?
Nachfolge ist Christus kennen lernen.
Nachfolge ist Christus hören lernen.
Nachfolge ist Christus folgen lernen.

Kapitel 3

Auf Gottes Wort hören

Kennen lernen. Hören lernen. Folgen lernen. Näher kommen. Nachfolge ist ein ständiger Lernprozess. Immer wieder gibt es Neues. Wir bleiben unterwegs. Dabei kommt dem Hören auf Gottes Wort eine wesentliche Bedeutung zu. Nur wenn wir auf ihn hören, werden wir immer mehr von ihm kennenlernen, werden wir immer mehr lernen, ihm zu folgen.

> Hören auf Gottes Wort – wie geht das heute?

Hören auf Gottes Wort – wie geht das heute? Hören in Zeiten, in denen das Hören schwerfällt. Hören in Zeiten, die vom Reden und Machen geprägt sind. Hören in Zeiten, in denen die Ruhe fehlt. Hören in Zeiten wie diesen.

Wie können wir Hören lernen? Auch zu Bonhoeffers Zeit herrschten lautes Reden und aggressives Handeln vor. Das Zuhören wurde zu einer vergessenen Tugend. Als er mit dem Schiff nach Fanö übersetzte, bewegte ihn deswegen die Frage, wie es *heute* gelingen könnte, ganz einfach zu hören. Ich stelle mir das so vor …

Schiffsüberfahrt nach Fanö

Endlich legt die Fähre in Esbjerg ab. Erwartungsvoll sieht Bonhoeffer auf die Insel, die sich nicht weit vor ihm im Meer abzeichnet. Unscheinbar. Ohne pompöse Steilküste. Einfach nur eine kleine Insel. Wie lange hat er auf diesen Moment gewartet? Endlich der letzte, der allerletzte Teil der langen Reise hierher.

Neben ihm auf der Fähre erwartungsvolle Urlauber. Mitte August sehnen sie sich nach Sonne und Meer. Kinder, die mit großen Augen über die Reling starren. Eltern, die in Sorge sind, dass ihre aufgeregten Sprösslinge über Bord gehen. – Über Bord gehen. Was für ein Bild? Jona. Petrus. In der Bibel gibt es einige »Über-Bord-Geher«. Wie wird sein eigener Weg aussehen? Muss er auch irgendwann über Bord gehen?

Er hat eine kleine Pause eingeplant. Urlaub. Die Konferenz wird erst in vier Tagen beginnen. Genügend Zeit, um etwas Sonne und Meer zu genießen. Genießen? Darf und kann er in diesen Zeiten überhaupt etwas genießen? Ist die Lage nicht viel zu ernst? Er hat bewusst darauf geachtet, dass auf der Konferenz kein »bunter Abend« angesetzt wird. Dafür ist jetzt einfach nicht die Zeit.

Tausend Gedanken schwirren durch seinen Kopf, als sich die Fähre dem kleinen Hafen von Nordby nähert. Möwen begleiten das Schiff. Frei und unbelastet segeln sie durch die Luft. Ihnen ist es einerlei, welche Konflikte sich auf dem Schiff abspielen und wie hoch die Wellen schlagen. Sie schweben über den Dingen. Das kann er nicht. Er muss sich einmischen. Er muss seine Stimme erheben. Hier auf Fanö ist der Ort dafür. Hier wird man ihm zuhören. Hören. Zuhören.

»Könnte ich doch hören, was Gott der Herr redet, dass er Frieden zusagte seinem Volk und seinen Heiligen, damit sie nicht in Torheit geraten« (Psalm 85,9). Was für ein Wort aus den Psalmen in dieser Zeit des Unfriedens und der Torheit. Auf ihn hören. Nur darauf kommt es an. Sein Wort des Friedens bewahrt vor der Torheit. Die »braune Torheit« hat schon viele erfasst. Zu viele. Auf ihn hören. Seinen Ruf zur Nachfolge hören und konkrete Schritte gehen. Hören und nachfolgen. Das ist das, was ihn seit einiger Zeit beschäftigt. Den Ruf hören und verstehen. Wird er hier in der Abgeschiedenheit der Insel hören können? Werden auch andere hören können?

Die Fähre legt an. Die Urlauber strömen ihrem Feriendomizil entgegen. Er geht langsam durch die kleinen Gassen der Hafenstadt. Wie beschaulich und friedlich hier alles ist. Kleine Häuser mit liebevoll gestalteten Vorgärten. Einige Läden und auch Gaststätten. Bäckerei. Schlachterei. Neueste Strandmoden. Die wird er wohl eher nicht brauchen können. Kurvenreich schlängelt sich der Weg durch den kleinen Ort. Hier ist alles anders als in seiner Heimat Berlin. Oder in London, wo er zurzeit als Pastor arbeitet. Kein hektisches Treiben. Beschaulichkeit. Hier herrschen Ruhe und Frieden. Hier will er auf den Herrn hören und das Gehörte bekennen. Mutig bekennen.

Ganz am Ende von Nordby entdeckt er eine Kirche. Er stellt den Koffer ab. Geht über den kleinen Friedhof, der die Kirche umgibt. Hier sollen die Gottesdienste der Konferenz stattfinden. Die Tür steht offen. Das Innere ist schlicht gehalten. Angenehm schlicht. Hier gibt es wenige Ablenkungen. Ist Hören an diesem Ort möglich? An der Decke hängen Schiffsmodelle. Ungewöhnlich. Schiffe spielen im Leben der Inselbewohner jedoch eine zentrale Rolle. So ist den Gottesdienstbesuchern die Alltagswelt auch in ihrer Kirche immer vor Augen. Sie fühlen sich zu Hause. In Deutschland hängen vielfach schon Hakenkreuzfahnen von den Decken der Kirchen. Leider auch ein Stück Alltagsrealität. Dieses Zuhause ist ihm fremd geworden.

In Fanö Bad bezieht er sein Quartier. Direkt am Meer. Hier soll die Konferenz in wenigen Tagen beginnen. Die Vorbereitungszeit verbringt er so oft wie möglich im Strandkorb. Auch ohne die neueste Bademode. Er genießt die Strandatmosphäre. Das Rauschen des Meeres, das ausgelassene Geschrei der Kinder beim Baden und die wohlige Wärme der Augustsonne. Hier kann er in Gottes Wort lesen. Hören. An seinen Andachten und dem Vortrag arbeiten. Briefe schreiben. Oder einfach nur ab-schalten. Nur ab und zu vertreibt ihn der feine Sand, der über den weitläufigen Strand

*weht. Dann wandert er in der Heidelandschaft. Kleine, schmale Pfade durchziehen
die ganze Insel. Er liebt es, abseits der breiten Wege zu gehen. Denn auf den breiten
Wegen marschieren die anderen. Auf den schmalen Wegen kann er jedoch allein gehen
und auf Gott hören. Die Insel ist einfach herrlich. Ein Geschenk. »Herr, du meinst
es gut mit deinen Leuten.«*

Die Frage nach dem Hören auf Gottes Wort hat seit Bonhoeffer nichts
an Aktualität verloren. Es ist immer noch eine vergessene Tugend, und
wirklich zu hören ist nicht so leicht. So wie wir untereinander immer
wieder Schwierigkeiten haben, den anderen richtig zu verstehen, ist
auch das Hören auf Gottes Wort eine Herausforderung. Viele verzweifeln daran. Sie können nichts hören. Und es lässt sich leider auch nicht
erzwingen. Mir ist in den Jahren meiner »Hörversuche«
deutlich geworden, dass drei Dinge in diesem Zusammenhang entscheidend sind: Leidenschaft, ein eigener
Zugang und Offenheit für Gottes Wort.

Neue Leidenschaft für Gottes Wort

Bonhoeffer hat sich mit großer Leidenschaft dem Hören
auf Gottes Wort gewidmet. Die Bibel war für ihn ein
unvergleichlicher Schatz, der sein Leben nachhaltig
veränderte. »Es stellt sich in Zeiten der kirchlichen Erneuerung von selbst ein, dass uns die Heilige Schrift
reicher wird«, steht ganz am Anfang seiner *Nachfolge*.[7]
Bonhoeffer hat den Reichtum der Heiligen Schrift jedoch nicht nur
im Zusammenhang mit der kirchlichen Erneuerung erlebt. Auch sein
persönlicher Werdegang hängt entscheidend mit einer neuen Leidenschaft für Gottes Wort in der Bibel zusammen. Sein Freund und Biograf
Eberhard Bethge belegt die Wendung Bonhoeffers vom Theologen zum
Christen mit mehreren Briefzitaten.[8] So schreibt Bonhoeffer im Jahr
1936 an eine Bekannte:

*Dann kam etwas anderes, etwas, was mein Leben bis heute verändert und
herumgeworfen hat. Ich kam zum ersten Mal zur Bibel. … Ich hatte schon
oft gepredigt, ich hatte schon viel von der Kirche gesehen, darüber geredet und
geschrieben – und ich war noch kein Christ geworden … Ich hatte auch nie,
oder doch sehr wenig gebetet. Ich war bei aller Verlassenheit ganz froh an*

mir selbst. Daraus hat mich die Bibel befreit und insbesondere die Bergpredigt. Seitdem ist alles anders geworden. Das habe ich deutlich gespürt und sogar andere Menschen um mich herum. Das war eine große Befreiung.

Und an seinen Schwager schreibt er ein paar Monate später:

Ist es Dir nun ... verständlich, wenn ich die Bibel als dieses fremde Wort Gottes an keinem Punkt preisgeben will, dass ich vielmehr mit allen Kräften danach frage, was Gott hier zu uns sagen will? Jeder andere Ort außer der Bibel ist mir zu ungewiss geworden. ... Und ich will Dir nun auch noch ganz persönlich sagen: seit ich gelernt habe, die Bibel so zu lesen — und das ist noch gar nicht so lange her — wird sie mir täglich wunderbarer.

»In der Bibel mit allen Kräften danach fragen, was Gott zu uns sagen will.« Diese wunderbare Entdeckung hat Bonhoeffers persönlichen Glauben und sein Leben verändert und in der Folge geprägt. Er versuchte auch, das an die Menschen weiterzugeben, die mit ihm unterwegs waren. Während der Konferenz auf Fanö hat er in einer besonders kritischen Phase der Diskussion vorgeschlagen, sich Zeit zu nehmen, um über Gottes Wort zu meditieren. Er hat ganz konkret damit gerechnet, dass Gott durch sein Wort zu den Teilnehmern sprechen würde. Von seinen Studenten im Predigerseminar der Bekennenden Kirche hat er erwartet, dass sie jeden Morgen über einer Bibelstelle meditieren. Bonhoeffer war sich ganz sicher: Wer einmal erlebt hat, dass Gottes Wort konkret in die persönliche Situation hineinspricht, der wird Leidenschaft für die Bibel entwickeln. Der wird die Bibel als Schatztruhe verstehen und nicht wieder hergeben wollen.

Allerdings lässt sich Leidenschaft nicht befehlen oder anlernen. Leidenschaft wächst. Leidenschaft braucht Zeit. Leidenschaft braucht Sehnsucht. Manchmal braucht Leidenschaft auch begeisternde Vorbilder.

Meine Leidenschaft für die Bibel wurde in einem Seminar von Martin Schleske neu geweckt. Der Geigenbauer aus München sprach ein ganzes Wochenende über die Parallelen zwischen dem Geigenbau und unserer Beziehung zu Gott. Immer wieder nahm er seine Bibel zur Hand und zitierte Verse, die für ihn zu Schätzen geworden sind. Ich sah in seinen begeisterten Augen, wie sehr er sich über diese Verse freute. Sie sind ein wirklicher Schatz für ihn, weil sie ihm eine neue Tür der

Erkenntnis öffnen. Er nahm die Bibel so in die Hand, wie er auch seine Geige in die Hand nahm. Voller Leidenschaft und Begeisterung. Das hat mich angesteckt. Schon während des Seminars habe ich mir eine neue Bibel gekauft, mit dem Lesen neu begonnen und mich auf meine eigene Schatzsuche begeben.

Natürlich gelingt es nicht, diese Begeisterung und Leidenschaft für Gottes Wort immer in der gleichen Intensität zu leben. Auch Bonhoeffer hatte Phasen, in denen er nicht mit der gleichen Konsequenz in der Bibel las, wie er es von seinen Studenten forderte. Aber wenn er sich ihr dann wieder neu widmete, spürte er die besondere Wirkung, die von Gottes Wort ausging. »Ich wundere mich, dass ich tagelang ohne die Bibel lebe und leben kann … Wenn ich dann wieder die Bibel aufschlage, ist sie mir neu und beglückend wie nie...«[9]

Ein eigener Zugang zu Gottes Wort

Jeder hat seine eigene Geschichte mit der Bibel. Manchen ist die Lektüre durch einen allzu zwanghaft disziplinierten Umgang in der Jugend verleidet worden. Anderen ist die Bibel trotz all der gut gemeinten Versuche ein verschlossenes Buch geblieben. Allzu oft liegt das daran, dass wir noch keinen eigenen Zugang zu Gottes Wort gefunden haben – einen, der zu uns passt und unserem Charakter und Typ entspricht.

Ich habe für mich ganz bestimmte Zeiten und Orte entdeckt, die es mir ermöglichen, meiner Leidenschaft für Gottes Wort nachzugehen. So genieße ich meine Zeit am Morgen, die ich ganz bewusst mit Gottes Wort und meinem Leben fülle. Hier kann beides zusammenfließen, wie beim Laufen. Hier kann ich in aller Ruhe hören. Hier bin ich mit Gott ganz allein. Ich habe es mir angewöhnt, denselben Bibeltext über mehrere Tage zu betrachten, zu mir sprechen zu lassen. So freue ich mich darüber, wenn immer wieder andere Aspekte meine Aufmerksamkeit erregen und mir Hinweise oder Parallelen zu meinem Alltag aufzeigen. Beim Schreiben meines Tagebuches, das für mich ein wesentlicher Bestandteil meiner Orientierungszeit am Morgen ist, fließen die Gedanken des Tages und die Anstöße des biblischen Textes dann ganz natürlich zusammen und geben meinen Gedanken etwas »Greifbares und Bleibendes«. Oft nehme ich die Gedanken des Vortages am nächsten Morgen wieder auf und setze das Gespräch mit dem biblischen Text und mit Gott fort.

Jeder wird einen anderen Zeitpunkt und Ort finden, um der Leidenschaft für Gottes Wort zu folgen. Am Morgen, am Abend oder zwischendurch. Im »stillen Kämmerlein«, am Schreibtisch, am Küchentisch oder im Auto. Jeder wird – auch phasenweise – einen anderen Zugang zur Bibel finden und anders im Alltag mit ihr leben. Vers für Vers, abschnittweise, mit dicken Kommentarbüchern oder mit kurzen Anstößen aus Andachtsbüchern.

Gary L. Thomas beschreibt in seinem Buch *Neun Wege, Gott zu lieben* die große Vielfalt der unterschiedlichen Zugänge zu einem Leben in Gottes Wirklichkeit und seinem Wort. Jeder hat einen anderen Persönlichkeitsstil und deshalb auch andere Zugänge. Manche sind eher emotional veranlagt. Sie werden die Texte lange auf sich wirken lassen und sinnlich wahrnehmen. Andere sind eher intellektuell geprägt. Sie werden die Texte durcharbeiten und rational verarbeiten. Egal, wie wir veranlagt sind: Wenn wir Leidenschaft und Sehnsucht für Gottes Wort verspüren, werden wir nicht eher zur Ruhe kommen, bis wir unseren eigenen Zugang zu Gottes Wort gefunden haben. Einen Zugang, der unserer Persönlichkeit entspricht und uns nicht als Pflichtaufgabe belastet, sondern wirklich Freude macht. Wir werden erleben, wie uns immer wieder einzelne Abschnitte von Gottes Wort ansprechen und einen direkten Bezug zu unserem Leben herstellen. Diese Texte werden dann zu unseren.

> Wie oft stecken wir in Situationen, in denen wir unser Verhalten hinterfragen: Was ist der richtige Weg? Naturgemäß möchten wir den einfachen Weg wählen. Den Weg, der uns am leichtesten scheint.

Echte Offenheit für Gottes Wort

Wie können wir Gottes Wort so lesen, dass wir seinen Ruf auch tatsächlich hören? Wie können wir offen sein für das, was er uns sagen möchte? Diese Frage hat Bonhoeffer nicht erst auf der Insel Fanö bewegt. Schon im Jahr 1932 schreibt er: »Wir lesen die Bibel nicht mehr ernst, wir lesen sie nicht mehr gegen uns, sondern nur noch für uns.«[10]

Dieser Satz provoziert. Er geht uns gegen den Strich. Er fordert uns heraus. Aber er trifft uns auch. Wie oft stecken wir in Situationen, in denen wir unser Verhalten hinterfragen: Was ist der richtige Weg? Naturgemäß möchten wir den einfachen Weg wählen. Den Weg, der uns am leichtesten scheint. Wir möchten den Konflikten aus dem Weg gehen. Schweigen. Aussitzen. Warten, bis Gras über die Sache gewachsen ist. Doch manchmal spüren wir in solchen Situationen, wie Gott unser Herz unruhig macht. Sollten wir nicht doch den für uns schweren Schritt machen? Wir sträuben uns. Und stehen in der Versuchung, das Wort Gottes so zu lesen und zu hören, wie wir es gerne möchten.

Trotzdem werden wir die Unruhe nicht los. Gott weist uns immer wieder auf seinen Weg hin. Sein Weg ist nicht immer unser Weg. Sein Weg ist oft der schwere Weg, der untere Weg, der demütige Weg. Aber sein Weg ist der Weg, der die Situation wirklich verändert.

Natürlich besteht hier eine Gefahr: Gottes Wege müssen uns nicht prinzipiell »gegen den Strich gehen«. Sie müssen nicht immer schwer sein und wehtun. Was wäre das für ein Vater, der seine Kinder immer nur Schweres erleben lässt?! Dennoch ist es gut und weise, wenn wir darauf achten, dass wir das Reden Gottes nicht so hören, wie wir es gern hören möchten. Wir müssen Gottes Wort mit echter Offenheit hören. Wir müssen lernen, die Bibel für uns und gegen uns zu lesen. Wir müssen lernen, darauf zu hören, in welche Richtung Gott unser Herz lenkt, was er uns als unser Vater sagen will. Wir müssen darauf vertrauen, dass der Weg, den er uns leitet, ein guter Weg ist.

Für Bonhoeffer war die neu gefundene Leidenschaft für die Bibel ein Schlüsselerlebnis auf seinem geistlichen Weg. Auch auf meinem Weg sind die besonderen Augenblicke des Erkennens, der Entscheidungen und der Veränderungen immer mit Anstößen aus Gottes Wort verbunden. Mein geistliches Leben bekam eine neue Tiefe, als ich meinen persönlichen Zugang zu Gottes Wort fand.

Wer eine Sehnsucht nach Gott verspürt, sollte nicht eher zur Ruhe kommen, bis er seinen Zugang zur Bibel gefunden hat. Sie ist das zentrale »Fundstück«, das Gott uns in den Weg gelegt hat, damit wir unserer Sehnsucht Nahrung geben und ihn immer wieder neu wahrnehmen können.

Stationen auf meinem Weg der Nachfolge

Hören beginnt mit Leidenschaft für das Wort,
auf das ich hören will.
Hören braucht einen besonderen Ort und eine besondere Zeit,
um zu mir durchzudringen.
Und schließlich: Hören ist Zuhören,
nicht Reden, Schreiben oder Machen.

Kapitel 4

Den Ruf hören und Schritte gehen

Wenn wir mit Leidenschaft und Offenheit auf Gottes Wort hören und es uns persönlich anspricht, kommt es als Nächstes darauf an, wie wir auf dieses Wort reagieren. Das Hören ist das eine, die Konsequenz, die wir aus dem Gehörten ziehen, das andere.

In der Geschichte von dem Jungen auf der Bank wird dieser von dem Ruf überrascht und in Bewegung gesetzt. Er ist an einem abgeschiedenen Ort, niedergeschlagen und verzweifelt. Der Ruf: »Komm her zu mir«, verändert nicht automatisch seine Situation. Aber die Wirklichkeit Christi tritt in diese Situation, sodass der Junge zu einem ersten konkreten Schritt ermutigt wird. Und mit diesem ersten konkreten Schritt verändert sich auch die Situation.

In seinem Kapitel über den Ruf in die Nachfolge schreibt Bonhoeffer, wie schon die Reaktion auf den Ruf Veränderung schafft. »Nachfolgen heißt bestimmte Schritte tun. Bereits der erste Schritt, der auf den Ruf hin erfolgt, trennt den Nachfolgenden von seiner bisherigen Existenz. So schafft der Ruf in die Nachfolge sofort eine neue Situation.«[11]

Der Ruf trifft uns in einer konkreten Situation

Bonhoeffer weist auf die verschiedenen Situationen hin, in denen Jesus Menschen in seine Nachfolge ruft. Einige sind bei der Arbeit: beim Fischen oder beim Zolleinnehmen (Markus 1,16-20, Markus 2,14). Andere beschäftigen sich mit der Frage, wie man das ewige Leben bekommen kann, und kommen damit zu Jesus (Matthäus 19,16-22). Wiederum andere scheinen fast »Zufallsbegegnungen« zu sein, die Jesus einfach unterwegs trifft (Lukas 9,57-62). Egal, was die Menschen gerade umtreibt: Jesus spricht direkt in ihre konkrete Situation hinein.

> Der Ruf Jesu ist immer ein individueller Ruf. Jesus nimmt uns ernst mit den Dingen, die um uns herum geschehen und die uns bewegen.

Der Ruf Jesu ist immer ein individueller Ruf. Jesus nimmt uns ernst mit den Dingen, die um uns herum geschehen und die uns bewegen. Er setzt sich zu uns auf die Bank oder begleitet uns auf unserem Spaziergang

(Lukas 24,13-35). Bevor wir seinen Ruf hören, hört er erst einmal uns zu. Er lässt sich Zeit. Möchte alles von uns wissen.

Viele meiner »Bankerlebnisse« beginnen damit, dass ich ausführlich meine aktuelle Situation bedenke, aufschreibe und mir so vor Augen führe, was mich bewegt. Oft mischen sich dabei schon Gedanken ein, die nicht von mir stammen, die eine neue Sicht ermöglichen. Gedanken, die Jesus mit mir teilen möchte. Ganz unmerklich wird dann aus meiner Situation, die ich schildere, eine neue Situation, weil er mittendrin ist.

Der Ruf fordert uns dazu auf, unserer Einstellung zu verändern

Die neu entstandene Situation beschreibt Bonhoeffer damit, dass Jesu Ruf uns aus der »Unmittelbarkeit« zu den Dingen, die uns umgeben und beschäftigen, löst. Er stellt uns in eine neue »Unmittelbarkeit« mit Jesus selbst.

Es geht hierbei um eine Veränderung unserer Ein-stellung. Unserer Stellung im wörtlichen Sinn. Standen wir vor dem Ruf Jesu direkt – also unmittelbar – vor den Dingen, so steht Jesus jetzt zwischen uns und den Dingen. Wirkten die Dinge, die uns umgeben, vorher direkt – also unmittelbar – auf uns ein, so trifft ihre Wirkung jetzt zunächst Jesus und dann uns. Er ist der Mittler zwischen uns und allem, was uns umgibt. »Er ist der Mittler, nicht nur zwischen Gott und Mensch, sondern auch zwischen Mensch und Mensch, zwischen Mensch und Wirklichkeit.«[12]

Die Mittlerrolle Jesu verdeutlicht sich mir durch ein Bild aus dem Schachspiel: Wir sind – als einfacher Bauer, als eleganter Läufer, als sprunghaftes Pferd oder als solider Turm – vor dem Einfluss der gegnerischen Figuren geschützt, wenn wir eine starke Figur zwischen uns und die andere Partei stellen können. Durch diesen Mittler hat sich die Situation komplett verändert, weil sich unsere Stellung auf dem Spielfeld – unsere Einstellung zu den anderen – verändert hat. Der Mittler bewahrt uns und andere vor der unmittelbaren Wirkung unseres gegenseitigen Verhaltens.

Bonhoeffer sieht in dem Wirken des Mittlers vor allem eine Befreiung. Er befreit uns vom Druck der unmittelbaren Wirkung. Durch diesen Bruch mit den Unmittelbarkeiten werden wir von all den Sach- und Menschenzwängen, die uns umgeben und gefangen halten, befreit. Wir werden aber auch von manchen Illusionen befreit, die sich durch die Nähe und Unmittelbarkeit zu den Dingen und Menschen ergeben haben. »Der Bruch mit den Unmittelbarkeiten der Welt ist nichts anderes als die Erkenntnis Christi als des Sohnes Gottes, des Mittlers.«[13]

Der Ruf fordert uns zu einem Schritt auf

Bonhoeffer sieht jedoch noch eine weitere Auswirkung, wenn uns der Ruf in die Nachfolge trifft. Denn er verändert nicht nur die Einstellung zu unserer Situation, er will uns auch zu einem Schritt auffordern. Er will uns verändern.

In manchen Situationen kann es dazu kommen, dass dieser Bruch mit den Unmittelbarkeiten eine Situation schafft, die sich auch räumlich von der ursprünglichen Situation unterscheidet. Die Jünger wurden konkret aufgefordert, alles stehen und liegen zu lassen und Jesus zu folgen. In anderen Situationen bedeutet dieser Bruch hingegen, die Einstellung zu den Dingen an dem Ort zu verändern, an dem man ist. Als Abraham seinen Sohn opfern sollte, stellte sich Gottes Ruf zwischen Abraham und seinen Sohn. Abraham sollte nicht in ein neues Land ziehen. Das hatte er ja schon zuvor getan. Er sollte an dem Ort, wo er war, seine Einstellung zu dem lange ersehnten Sohn verändern. Und Abraham tat das. Er war bereit loszulassen. So hat sich auch seine Beziehung zu seinem Sohn verändert. Sie hat sich entspannt und ist gelöster geworden. Obwohl er so lange auf ihn gewartet hatte, war er bereit loszulassen. Der Sohn war nicht mehr »das Einzige« für ihn.

Egal ob wir in eine andere Situation gestellt werden oder ob wir eine neue Einstellung zu der uns umgebenden Situation bekommen: Ein Schritt ist erforderlich. Ein Schritt des Gehorsams. Ein Schritt des Vertrauens auf den Ruf und ein Schritt des Glaubens in Bezug auf denjenigen, der ruft. Gehorsam und Glaube. Glaube und Gehorsam. Nur in der Gleichzeitigkeit und Gleichartigkeit von Glaube und Gehorsam kann der Schritt in die neue Situation der Nachfolge erfolgen. Hier formuliert Bonhoeffer wieder so einen »Paukenschlag«. Klar und einfach. Deutlich und fordernd. Eine Aussage, die in ihrer Entschiedenheit zur Tatsache wird: »Nur der Glaubende ist gehorsam, und nur der Gehorsame glaubt.«[14]

> Nur in der Gleichzeitigkeit und Gleichartigkeit von Glaube und Gehorsam kann der Schritt in die neue Situation der Nachfolge erfolgen.

An dieser Stelle sind wir in der Gefahr, den Ruf als Aufruf zu »frommem Aktionismus« zu verstehen. Es ist jedoch zunächst kein Ruf zu einem neuen Tun, sondern zu einem neuen Sein. Viel zu oft wird der

Ruf so verstanden, als würde man zu einer neuen Aufgabe gerufen. Statt eine neue Einstellung zu Jesus zu bekommen, suchen wir eine neue »Anstellung« in seiner Firma. Doch Jesu Aufforderung »Komm und folge mir« bedeutet nicht: »Tu dies und tu das«, sondern lädt uns dazu ein, Jesus Christus selbst in die Situation hineinzunehmen. Auf den Ruf in die Nachfolge antworten heißt, die Wirklichkeit Christi in unserem Leben Gestalt werden zu lassen. Diese Wirklichkeit Christi trägt eine ganz automatische Gestaltungskraft in sich. Sie braucht unseren Aktionismus nicht. Sie wirkt aus sich heraus in uns. Wir müssen sie nur wirken lassen.

Vor vielen Jahren hatte ich mein persönliches »Bankerlebnis«. Ein Bibeltext sprach mich in für mich unbekannter Art und Weise konkret an. Er rüttelte mich auf. Er öffnete mir die Augen. Er hinterließ bei mir die Gewissheit, dass Christus mir in diesem Bibeltext ganz direkt begegnet ist und etwas sagen wollte. Christus wurde spürbare Wirklichkeit in meinem Leben. Er hat mich angesprochen. Er hat mich gerufen. Er war da. Er ist da. Das Erkennen seiner Wirklichkeit war der Anfang eines ganz anderen Unterwegsseins mit Christus; war der Anfang meiner Nachfolge.

Nach diesem »Bankerlebnis« war da zunächst nur die Freude über die spürbar erlebte Lebendigkeit der Beziehung. Ich lernte es zu genießen, mit Christus unterwegs zu sein. Aus dieser Freude und dem Genießen wuchsen in der Folge ganz langsam und ganz natürlich auch neue Aufgaben. Freude sucht nach Gestaltungsmöglichkeiten. Aber das kam später. Am Anfang stand die neue Freude und nicht das Tun.

Magnus Malm beschreibt in seinem Buch *Gott braucht keine Helden* die Fehlentwicklungen, die entstehen, wenn wir den Ruf in die Nachfolge vorrangig als Arbeitsanweisung verstehen. »Der Ruf hat einen einfachen Inhalt: ›Folge mir nach.‹ Kein Mensch braucht darüber zu grübeln, wozu Gott ihn berufen hat. Er hat uns zu Christus berufen.«[15]

Wir sind zu Christus berufen, nirgendwo anders hin. Wenn wir den Ruf in die Nachfolge vorrangig als Berufung in ein Amt verstehen, sind wir in der Gefahr, dass das Amt irgendwann die Beziehung zu Christus ersetzt. Aus dem befreienden Ruf in die Nachfolge ist die Kettung an ein Amt geworden. Das heißt nicht, dass der Ruf in die befreiende Nachfolge zu dauernder Untätigkeit führt. Aber zunächst geht es um eine Beziehung, um die neue unmittelbare Stellung zu Jesus. Diese wird Jesus nutzen, um uns zu verändern. Malm schreibt weiter: »Wo ein Mensch Jesu Ruf annimmt, fängt der Meister daher sofort an, seine Persönlichkeit umzugestalten. Genau das ist die Arbeitsteilung: ›Folgt mir nach; ich will euch zu einem Menschenfischer machen.‹«[16]

Der Ruf in die Nachfolge ist erst der Anfang. Unsere Sehnsucht hat ein konkretes Ziel. Unsere Einstellung zu der Situation, die uns umgibt, verändert sich. Jesus wird Wirklichkeit in unserem Leben. Wenn wir dann mit ihm unterwegs sind, werden wir selbst von ihm verändert. Das eigentliche Abenteuer der Nachfolge beginnt.

Stationen auf meinem Weg der Nachfolge

Situation, Einstellung, Mittler, Veränderung.
Ich jongliere mit diesen Begriffen
und versuche, sie zu verstehen.
Ich greife nach ihnen,
aber ich kann sie nicht festhalten.
Sie behalten immer etwas Geheimnisvolles.
Sie begleiten mich auf meinem Weg.

Teil 2

Unterwegs sein

*Abgeschiedene
Landschaft
auf Fanö*

Ich bin angestoßen. Unruhig. Hungrig. Die Begeisterung, mit der ich Bonhoeffers Gedanken aufnehme, macht mir deutlich, wie sehr ich in der Tiefe verstehen und Jesus nachfolgen will. Jesu Ruf an mich wird in meiner Begeisterung und Sehnsucht spürbar. Ich bin gerufen. Ich will nachfolgen. Ich bin unterwegs.

Ich empfinde eine wirkliche Freude darüber, mit Christus auf dem Weg zu sein. Es kribbelt in mir – ähnlich wie wenn ich an einem Regentag nur darauf warte, dass der Regen nachlässt, damit ich endlich raus kann. Ich habe Lust darauf, unterwegs zu sein. Lust auf Nachfolge.

Auch auf Fanö gibt es so einen Regentag. Als ich gegen Abend endlich mit meiner Frau zu einem Spaziergang aufbrechen kann, ist es wie eine Befreiung. Der Weg führt uns durch die Dünenlandschaft der Insel. Faszinierend schön. Zarte Hügel, sparsame Vegetation. Was haben wir nicht alles verpasst, als wir ans Haus gefesselt waren und nicht unterwegs sein konnten! Nahe am Meer nur weiße Sanddünen. Hier hat die Pflanzenwelt noch nicht Fuß fassen können. Je weiter wir ins Innere der Insel vordringen, desto mehr haben sich Strandhafer und -roggen in den Dünen verwurzelt. Sie schützen vor Verwehungen. Wir müssen sorgfältig darauf achten, dass die Füße auf dem schmalen, sandigen Weg nicht stolpern. Es ist noch alles nass vom Regen. Erst, als sich immer mehr Heidekraut in die Dünen mischt, wird der Weg fester. Aus den Sanddünen am Meer wird eine graue Dünenheide. Ab und zu durchstreifen wir kleine Waldstücke. Früher wurden hier Kiefern- und Fichtenarten angepflanzt, um die Dünenlandschaft vor dem Sandtreiben zu schützen.

Unser Weg führt an mehreren Teichen vorbei. Wir überqueren eine kleine Brücke. Vögel fliegen auf. Einzelne Pflanzen stechen uns ins Auge. Sie sind offensichtlich in der Lage, auf diesem sandigen Boden zu wachsen, und können ohne viel Nahrung auskommen. Einmal entdecken wir sogar Enzian. Allein auf weiter Flur. Wo kommt er her? Wie kann die einzelne Pflanze hier überleben und blühen? Eine echte Schönheit mitten in der kargen Dünenlandschaft.

Zur Orientierung auf unserer Dünenroute dienen gelbe Punkte am Boden. Sie erinnern mich an die Muschel-Zeichen auf einem Pilgerweg. Nicht immer sind sie leicht zu sehen. Wenn in der Ferne dann wieder eine Markierung aufleuchtet, freuen wir uns. Wir sind auf dem richtigen Weg. Diese Wegzeichen werden mir zu einem Bild für das, was ich bei Bonhoeffer über die Orientierungspunkte der Nachfolge lese. Was er zu diesem Thema schreibt, hilft mir ebenfalls, meinen Weg zu erkennen.

Unterwegs Gespräche mit meiner Frau. Über Erlebtes. Erfahrenes. Über Fragen, die uns bewegen. Nicht auf jede Frage gibt es eine Antwort. Mancher Antwortversuch hört sich dünn und hohl an. Andere Worte wieder haben Gewicht. Es ist zu spüren, wie mit dem Weg die Freude daran, unterwegs zu sein, wächst. Der Regen setzt wieder ein. Er stört nicht mehr.

Wir sind nicht allein unterwegs. Wir werden begleitet. Es kommen uns Gedanken in den Sinn, die einleuchtend sind. Anstöße, die uns die Augen öffnen. Ideen, die nicht von uns kommen. Die über unseren Horizont hinausgehen. Die »Augen öffnen« und das »Herz brennen« lassen. Nein, wir sind nicht allein unterwegs.

Der Weg geht über Höhen und Tiefen. Es ist kein leichter Weg. Besonders bei Regen. Manchmal wird er so stark, dass wir eine Pause einlegen müssen, einen Schutzraum aufsuchen. Aber wenn er dann aufhört, geht es weiter. Es liegt eine unbeschreibliche Freude auf dem Weg verborgen. Eine Freude, die uns die Mühen in Kauf nehmen lässt. Eine Freude, die nur unterwegs zu finden ist. Eine Freude, die verändert. Ja, unterwegs verändert sich der Wanderer, der Pilger, der Nachfolger. Er wird bei den verschiedenen Herausforderungen des Weges kräftiger und sicherer. Sein Herz verwandelt sich. Seine Einstellungen und Denkmuster über sich, andere, die Dinge, die ihm begegnen, und auch über Gott. Der Weg verändert. Keiner kommt so ans Ziel, wie er losgegangen ist.

> Es liegt eine unbeschreibliche Freude auf dem Weg verborgen. Eine Freude, die uns die Mühen in Kauf nehmen lässt. Eine Freude, die nur unterwegs zu finden ist. Eine Freude, die verändert.

Diese Freude daran, unterwegs zu sein, erlebe ich auch bei meinem geistlichen Unterwegssein, das sich hier auf Fanö ganz auf Bonhoeffers *Nachfolge* konzentriert. Ich lasse mich von ihm an die Hand nehmen und gehe mit seinen Erklärungen Kapitel für Kapitel, Vers für Vers durch die Bergpredigt. Ich lerne, ganz neu zu lesen und zu hören.

Sein Fragen danach, was diese berühmten Worte Jesu in seinem Leben konkret zu bedeuten haben, wird auch zu meinem Fragen. Sein Ringen wird zu meinem Ringen. Schritt für Schritt merke ich, wie sehr das Gelesene in meine Situation hineinspricht und mich auf meinem Weg voranbringt. Was also sagt die Bergpredigt über die Nachfolge? Inwiefern ist sie außerordentlich? Und warum gleichzeitig verborgen? Wie wirkt sie sich im Zusammenleben mit anderen aus? Im ganz normalen Alltag?

Kapitel 5

Die Außerordentlichkeit der Nachfolge

Außerordentlich. Außerhalb des Üblichen. So ganz und gar anders als das, was »normal« ist. So beschreibt Bonhoeffer das Leben in der Nachfolge.

> ... das Christliche ist ... das Außerordentliche, das Nichtreguläre, Nichtselbstverständliche. Es ist das, was an »besserer Gerechtigkeit« die Pharisäer »übertrifft«, über sie hinausragt, das Mehr, das Darüberhinaus. ... Wo dies Sonderliche, Außerordentliche nicht ist, da ist das Christliche nicht.[17]

Hier mitten in der Abgeschiedenheit der Insel schreckt mich der Anspruch, der mit dem »Außerordentlichen« verbunden ist, nicht ab. Er zieht mich eher an. Er begeistert mich.

Außerordentlich. Diesem Anspruch will ich mich stellen. Danach strebe ich. Darin klingt etwas von der Entschiedenheit, Eindeutigkeit und Konsequenz an, nach der ich mich sehne.

Außerordentlich. Das meint auch Oswald Chambers mit seinem *Mein Äußerstes für sein Höchstes*. Hier auf der Insel leuchtet dieser Begriff. Er strahlt. Wirkt erstrebenswert. So greifbar. Aber wo ist diese Außerordentlichkeit in meinem Alltag? Wo erlebe ich sie in meinem Leben, in meinem Denken und meinem Handeln? All diese Bereiche spricht Jesus im fünften Kapitel des Matthäusevangeliums an.

Ein außerordentliches Leben (Matthäus 5, 1-12)

Ein außerordentliches Leben. Was kann das für mich bedeuten? Was heißt das für mich konkret? Ich kann mich nicht dagegen wehren, dass bei diesen Fragen ein Film vor meinem inneren Auge abläuft. Ein Film, der bestimmt nicht außerordentlich ist, sondern nur normal. Stinknormal. Er handelt von meinem Alltag.

Es ist kurz vor 9 Uhr. Ich schließe mein Schuhgeschäft auf. Frisch gestärkt und motiviert beginne ich meinen Alltag. Die Kunden lassen sich heute etwas mehr Zeit, bevor sie ihre »Lust auf schöne Schuhe« entdecken. Ich trage die Tageseinnahmen vom Vortag im Kassenbuch ein und freue mich, dass zumindest gestern einige Menschen im Laden waren. Ganz allmählich kommt dann doch der ein oder andere. Der Erste tauscht einen gestern gekauften Schuh um, der Zweite reklamiert einen Schuh, dessen Sohle schon nach kurzem Tragen gebrochen ist, und der Dritte fragt nach der Artikelnummer eines Schuhs, damit er ihn im Internet bestellen kann. Ich liebe solche Tage. Als sich auch der Vierte beschwert, fange ich an zu diskutieren. Ich will nicht alles hinnehmen. Will meine Position vertreten. Also werbe ich um Verständnis.

Hinterher ärgere ich mich. Warum habe ich nur etwas gesagt? Es gibt Situationen, in denen ich einfach nur schweigen sollte. Meine positive Einstellung vom Morgen verabschiedet sich im Grau des Alltags. Mir geht es wie einem Radio, dessen Sender verstellt wurden. Ich höre innerlich nur noch Rauschen und Stimmengewirr. Dankenswerterweise gibt es auch positive Erlebnisse an diesem Tag. Der ein oder andere Kunde verlässt glücklich und zufrieden mit neuen Schuhen das Geschäft. Aber ich merke, wie abhängig ich von äußeren Einflüssen bin und wie schnell meine positive Einstellung im Alltag verblasst. Wo ist dann das Außerordentliche? Wo ist das Leben?

»*Heute* ist ein Tag deines Lebens.« Diesen Satz benutzen meine Frau und ich als gegenseitige »Einstellungshilfe«, wenn das Grau und die Vielfalt des Alltags die Freude zu ersticken drohen, wenn die Gefahr besteht, beim Abarbeiten und Erledigen das Wesentliche aus den Augen zu verlieren. Wenn die Einzigartigkeit des Augenblicks verlorengeht.

Ein kurzer Satz, der uns im Alltag anhalten lässt und uns dann wieder mitten hineinstellt. Uns daran erinnert, bewusst zu leben, und ermutigt, nach Wegen zu suchen, diesen Augenblick in seiner Einmaligkeit zu erleben. Ich ahne, dass die Momente, in denen uns die »Gegenwärtigkeit des Augenblicks« bewusst wird, etwas Geistliches – manche würden sagen: etwas Spirituelles – haben. Wenn wir ganz gegenwärtig leben, spüren wir Gottes Gegenwart. Denn er ist gegenwärtig. Aber ich ahne auch, dass ein »gegenwärtiges Leben« noch nicht Alles ist. Es ist noch nicht automatisch außerordentlich.

Ich ahne, dass die Momente, in denen uns die »Gegenwärtigkeit des Augenblicks« bewusst wird, etwas Geistliches – manche würden sagen: etwas Spirituelles – haben. Wenn wir ganz gegenwärtig leben, spüren wir Gottes Gegenwart.

Auch Bonhoeffer ist an dieser Stelle ins Fragen gekommen. »Was ist das Leben? Was ist Nachfolge?« An einen Freund schreibt er kurz vor der Konferenz auf Fanö:

Wissen Sie, ich glaube – vielleicht wundern Sie sich darüber –, dass die ganze Sache an der Bergpredigt zur Entscheidung kommt. ... Ich versuche es gerade – unendlich schlicht und einfach –, aber es geht immer um das Halten des Gebotes und gegen das Ausweichen. Nachfolge Christi – was das ist, möchte ich wissen –, es ist nicht erschöpft in unserem Begriff des Glaubens.[18]

Diese Fragen sind auch meine Fragen. Alles in mir sehnt sich nach einem einfachen Weg. »Was muss ich tun, um ein seliges Leben, ein erfülltes Leben zu führen?« Ich wünsche mir klar formulierte »Handlungsanweisungen für Nachfolger«. Erstens. Zweitens. Drittens.

Wie viele gute Gedanken habe ich nicht schon bewegt? Was habe ich nicht schon alles probiert? Wie viele gute Vorsätze habe ich nicht schon gefasst? Aber meine Bemühungen sind immer wieder an der Alltagsrealität gescheitert.

In seinen Gedanken zu den Seligpreisungen liefert Bonhoeffer kein »erstens, zweitens, drittens«. Er sieht in ihnen gerade keine Handlungsanweisungen. »Die Beobachtung, dass in einigen Seligpreisungen vom Mangel, in anderen vom bewussten Verzicht bzw. von besonderen Tugenden der Jünger gesprochen ist, ist ohne Bedeutung.«[19]

Ich lese diese Sätze und bin von ihrer Deutlichkeit überrascht. Beeindruckt. Wieder so ein Paukenschlag. Es geht nicht darum, bewusst zu verzichten und besonders sanftmütig zu sein, um zu diesem »seligen Leben« durchzudringen. »Weder Mangel noch Verzicht sind an sich in irgendeiner Weise Grund zur Seligpreisung. Allein der Ruf und die Verheißung, um derentwillen die Nachfolgenden in Mangel und Verzicht leben, ist Grund genug.«[20] Der Ruf und die Verheißung sind also entscheidend. Das eigene Bemühen ist ohne Bedeutung. Das klingt anders als das, was ich bisher gehört habe. Der Ruf an sich – und nicht das, was ich daraus mache – hat eine Wirkung und eine Verheißung.

> Außerordentlich ist unser Leben, wenn wir die Wirklichkeit Christi in unserem Leben wahrnehmen.

Außerordentlich ist unser Leben, wenn wir die Wirklichkeit Christi in unserem Leben wahrnehmen. Wenn wir in der Gewissheit, dass er wirklich da ist, heute leben. Außerordentlich ist unser Leben, wenn wir den Ruf und die Verheißungen hören und für uns gelten lassen.

Ich habe diesen Ruf gehört. Den Anstoß wahrgenommen. In mir ist die Sehnsucht wach. Ich beginne zu ahnen, wie der Ruf meine Einstellung zu der Situation, in der ich lebe, verändert. Langsam. Schritt für Schritt. Mein Blick wird auch auf die Verheißungen gelenkt, die unabhängig von dem, was ich tue, über meinem Leben stehen.

Jesus bietet mir das erfüllte Leben nicht an, damit ich etwas tue. Er bietet mir das Leben an, damit ich lebe. Er will nicht, dass ich aus dem einen Karussell aussteige, damit ich in ein anderes – ein frommes – einsteige. Ein frommes Karussell, das sich genauso schnell dreht. Nur die Musik ist anders. Jesus möchte mir ein verheißungsvolles Leben geben, nicht damit ich etwas tue, sondern damit ich durch ihn lebe und er durch mich lebt. Er lenkt den Blick allein auf den Ruf, den ich definitiv gehört habe und gerade jetzt hier auf der Insel durch die Sehnsucht wieder neu verspüre.

Ich lege mein Buch zur Seite und lasse mich in den warmen Sand der Dünen zurückfallen. Über mir strahlend blauer Himmel. Keine Wolke ist zu sehen. Gegenwärtig leben. Den Tag bewusst wahrnehmen. Den Ruf hören und aus den Verheißungen leben. In mir wächst das Bild eines erfüllten Lebens, das aus den Farben der Verheißungen an den strahlend blauen Himmel gemalt ist. In mir wächst ein Bild, wie dieses Leben aussehen könnte. Ungeteilt. Nicht zerrissen. Ausgeglichen. Außerordentlich.

> In mir wächst das Bild eines erfüllten Lebens, das aus den Farben der Verheißungen an den strahlend blauen Himmel gemalt ist. In mir wächst ein Bild, wie dieses Leben aussehen könnte. Ungeteilt. Nicht zerrissen. Ausgeglichen. Außerordentlich.

»Ihnen gehört das Himmelreich. Sie werden getröstet. Sie sollen das Erdreich besitzen. Sie sollen satt werden. Sie werden Barmherzigkeit erlangen. Sie sollen Gott schauen. Sie werden Kinder Gottes heißen.« Das sind auch meine Verheißungen. Daran will ich mich ausrichten. Dieses Bild will ich vor Augen haben. Nicht Vorsätze. Nicht Versprechungen. Sondern Verheißungen.

In mir wird eine Stimme laut: »Und was ist, wenn die Sonne nicht scheint? Wenn Wolken am Himmel sind? Wenn es regnet?« »Gerade dann«, scheint mir Bonhoeffer zuzusprechen. »Gerade dann, wenn es nicht so läuft, wenn der Erfolg ausbleibt, wenn die Traurigkeit Oberhand gewinnt. Gerade dann gelten die Verheißungen.« Bonhoeffer hat es in seinem eigenen Leben leidvoll erfahren müssen. Auf der Konferenz von Fanö erlebte er Gleichgültigkeit und hatte mit Gegenwind zu kämpfen.

Er hungerte und dürstete nach Gerechtigkeit. Er kämpfte für das wahre Bekenntnis. Und er musste später erleben, dass er wegen dieses Einsatzes verfolgt wurde und leiden musste. Aber er wusste auch, dass gerade dann die Verheißungen gelten. Gerade dann sind wir Jesus dem Gekreuzigten besonders nah. Gerade dann.

> *Stationen auf meinem Weg der Nachfolge*
> *Heute ist ein Tag meines Lebens.*
> *Heute bin ich von ihm gerufen.*
> *Heute gelten seine Verheißungen.*
> *Heute. Nicht gestern. Nicht morgen.*
> *Heute ist er mit mir unterwegs.*

Eine außerordentliche Sicht auf mich (Matthäus 5,13-16)

Wer bin ich – wirklich? Diese Frage kommt immer wieder. Sie klebt an mir. Sie verfolgt mich, wenn ich allein um die Insel laufe, wenn ich durch die Dünen streife und wenn ich am Strand liege. Ich kann sie nicht mehr abschütteln. Die Frage gehört zu mir. Mal mehr. Mal weniger.

Immer wenn ich »infrage gestellt« werde, lande ich automatisch bei dieser Frage: »Wer bin ich?« Wie viel leichter könnte ich die Frage: »Was bin ich?« beantworten. Ich würde eine Fülle von Antworten geben. Ich bin Schuhverkäufer und Unternehmensberater. Aber ich bin auch Familienvater und Ehemann. Die Frage nach der Funktion macht mir also keine Probleme. Aber was ist mit der Frage nach der Persönlichkeit? Wer bin ich – wirklich? Diese Frage geht eine Ebene tiefer. Sie zielt auf den Kern, auf mein Wesen. Ich will darauf nicht mit einer Funktion oder Rolle antworten. Denn ich bin mehr als das. Letztlich zielt diese Frage auf den Kern aller möglichen Unterscheidungen: gut oder böse. »Wer bin ich?« fragt danach, ob ich ein »Guter« oder ein »Böser« bin. Beim Nachdenken über diese Frage kommen mir unwillkürlich zwei Situationen in den Sinn, die sich bei mir fest eingebrannt haben.

Klassenfahrt nach der zehnten Klasse. Es geht nach Paris. Eine besondere Fahrt. Wir übernachten nicht in einer Jugendherberge oder einem Ferienheim. Stattdessen sind wir in einem Hotel mitten in der Stadt in der Nähe eines Vergnügungsviertels untergebracht. Pigalle.

Das Moulin Rouge und ganz viele bunte Lichter prägen unser Umfeld. Mein Freund und ich teilen uns ein Hotelzimmer. Wir genießen die Freiheit, die uns die Lehrer lassen. Wir sind jung und haben das Leben vor uns. Aufbruchstimmung. Viele Träume. Viele Ideen. Wir sind leicht zu begeistern. Voller Tatendrang erobern wir Paris. Alles ist spannend. Wir saugen das Leben auf. Touristisches Pflichtprogramm mit Eiffelturm, Notre Dame, Champs Elysées, Louvre, Versailles und Sacré-Coeur. Jugendliches Kürprogramm mit eigenem Erlebnisbummeln durch die Abenteuerwelt der französischen Hauptstadt.

Abends lassen mein Freund und ich bei einem guten Gläschen Wein noch einmal Revue passieren, was wir alles erlebt haben. Ich kann gut beobachten und Eindrücke aufsaugen. Aber ich kann noch besser erzählen. Mit Leidenschaft und dynamischer Stimme. Ausführlich. Viele Worte in kurzer Zeit. Manchmal sind meine Geschichten mit einer Prise Ironie gewürzt, damit sie mir beim Erzählen auch so richtig Spaß machen. Allerdings bin ich selbst oft derjenige, der sich am meisten über meine Geschichten freut. Manchmal auch die Zuhörer, aber leider nicht immer. In der Regel merke ich das aber nicht.

Mein Freund und ich sind schon einige Jahre gemeinsam unterwegs. Ich habe viel von ihm gelernt. Er hört die Musik und liest die Bücher, die mich auch begeistern. Die Gespräche mit ihm sind voller jugendlicher Leichtigkeit und Leidenschaft. Wir beginnen, gemeinsame Standpunkte und Einstellungen zu entwickeln. Eigene Positionen entstehen aus der Abgrenzung zu den Eltern und der Orientierung an neuen Vorbildern. Erste zarte Überlegungen zum »Umgang« mit dem anderen Geschlecht entwickeln sich aus der Beobachtung derjenigen, die uns an dieser Stelle etwas voraushaben. Und schließlich gibt es da noch die spannende Frage: Was machen wir mit unserem Leben? Wo ist unser Platz? Wir haben viel miteinander zu besprechen. Gerade hier in Paris. Die Nächte können nicht lang genug sein. Die Fülle der Eindrücke in Paris beflügelt unsere Diskussionsfreude und der Wein wirkt wie ein Kraftstoff für die Zunge.

Ich bin in meinem Element. Ich erzähle. Ich formuliere Standpunkte. Ich bin von dem, was ich sage, überzeugt. Ich genieße die Tiefe der Gespräche. Ich habe das Gefühl, wir diskutieren auf Augenhöhe. Ein Tennismatch zweier Spieler auf gleichem Niveau. Wir schlagen die Gedanken und Argumente wie Bälle hin und her und freuen uns an Länge und Eleganz der einzelnen Ballwechsel.

Dann plötzlich der Spielabbruch. Mein Freund schlägt einen Stopp-ball, der das Spiel abrupt beendet. »Ich wollte dir das schon länger sagen: Ich habe das Gefühl, dass du mich unterdrückst.« Mein Redefluss wird merklich gedämpft. Er kommt zum Erliegen. Der Gedanke ist mir fremd. Ich wehre mich. Zähle auf, was ich alles von ihm gelernt habe. Erinnere an Situationen, in denen ich auf ihn gehört habe. Ich sehe eine Beziehung auf Augenhöhe. Er sieht Unterdrückung. Ich sehe Freundschaft. Er sieht mangelndes Ernstnehmen. In mir mischen sich Überraschung und Traurigkeit. Wieso sieht er unser Miteinander so gänzlich anders als ich? Wieso sieht er mich so negativ? Es geht nicht um eine einzelne Szene, die zu klären wäre. Es geht um seine generelle Sicht auf mich. Ich fühle mich infrage gestellt. Angeklagt. Sein Bild von mir unterscheidet sich von meinem eigenen Bild. Fremdwahrnehmung und Selbstwahrnehmung klaffen auseinander. Mit noch so vielen Worten kann ich das Bild nicht verändern, das er sich über einen langen Zeitraum aufgebaut hat.

Seine Sicht auf mich trifft mich. Sie nimmt mir die Unbekümmertheit des Miteinanders. Die Fragen bleiben. Wieso sieht er mich so negativ? Bin ich so negativ? So böse? Wer bin ich?

Jahre später scheint sich das Erlebte zu wiederholen. Wieder sitze ich jemandem bei einem ernsthaften Gespräch gegenüber. Kein Hotelzimmer in Paris. Keine weinselige Runde mit gelöster Zunge. Kein jugendlicher Sturm und Drang, bei dem man das eine oder andere übersieht. Eine eher gereifte Atmosphäre. Ich kann auf eine längere Wegstrecke zurückblicken. Ich habe gelernt zu reflektieren. Vieles ist gut gelaufen. Das Leben ist stabil geworden. Der Glaube ist zu einem festen Bestandteil meines Lebens geworden. Ein Fundament, auf dem ich stehe.

Es ist zu spüren, dass es meinem Gegenüber nicht leichtfällt, mit mir zu sprechen. Ihn beschäftigt etwas, das offensichtlich schon länger in ihm gärt. »Du hast mich nie richtig ernst genommen.«

Wieder bin ich überrascht. Wieder bin ich vor den Kopf gestoßen. Wieder regt sich Widerstand in mir. Nein, das stimmt nicht. Ich beginne, meine Sicht der Dinge zu schildern. Ich rede und rede. Ich weiß doch am besten, was ich über ihn denke und wie ich ihm gegenübertrete. Erst später merke ich, dass ich mit meiner Reaktion und den vielen Worten seinen Eindruck nur bestätigt und verfestigt habe. Ich will nicht wahrhaben, was er über mich sagt. Seine Wahrnehmung der Beziehung

Wieso sieht er mich so negativ? Bin ich so negativ? So böse? Wer bin ich?

unterscheidet sich von meiner. Seine Wahrheit unterscheidet sich von meiner. Wo finde ich Anhaltspunkte für seine Sicht der Dinge? Wo habe ich mich falsch verhalten? Wieso sieht er mich so negativ? Bin ich so negativ, so böse? Wer bin ich?

Mich lässt die Frage nicht los. Sie kommt immer wieder. Sie ist eine Grundmelodie, die mich im Miteinander mit anderen ständig begleitet. Bin ich gut oder bin ich böse? Auch Dietrich Bonhoeffer hat diese Frage sehr dicht an sich herangelassen. Im Gefängnis fragt er sich in einem Gedicht: »Bin ich das wirklich, was andere von mir sagen? Oder bin ich nur das, was ich selbst von mir weiß? ... Wer bin ich? Der oder jener? Bin ich denn heute dieser und morgen ein anderer? Bin ich beides zugleich?«[21] Am Ende kommt er zu einer Feststellung, die wie ein Rettungsanker im Meer der Fragen wirkt: »Wer bin ich? Einsames Fragen treibt mit mir Spott. Wer ich auch bin, Du kennst mich, Dein bin ich, o Gott!«

Schon einige Jahre, bevor er die Frage nach dem »Wer bin ich?« in dem Gedicht verarbeitet hat, hat Bonhoeffer Gottes Sicht auf diejenigen, die er gerufen hat, beschrieben und damit eine Antwort gegeben, die mir in meinem Fragen hilft:

> »Ihr seid das Salz« – nicht, ihr sollt das Salz sein! ... Ihre ganze Existenz, sofern sie durch den Ruf Christi in die Nachfolge neu begründet ist, diese Existenz, von der die Seligpreisungen redeten, ist gemeint. Wer vom Ruf Jesu getroffen in seiner Nachfolge steht, ist durch diesen Ruf in seiner ganzen Existenz Salz der Erde ... « Ihr seid das Licht« – wiederum nicht: ihr sollt es sein! Der Ruf selbst hat sie dazu gemacht.[22]

Ich bin Salz. Ich bin Licht. Mit meiner ganzen Existenz. Allein durch den Ruf. Auch wenn ich immer wieder infrage gestellt werde und an mir arbeiten muss: Mit meiner ganzen Existenz bin ich Salz und Licht. Das klingt wie eine direkte Antwort auf meine existenzielle Frage nach dem »Wer bin ich?«. Ja, ich will die Sicht der anderen über mich ernst nehmen. Ich will sie hören und prüfen, wo ich mich verändern sollte. Aber ihre Sicht über mich ist nicht alles. Sie definiert nicht mein Wesen, meine Existenz. Dafür ist Gott zuständig. Mein Wesen wird durch seine Liebe und von seinem Ruf her definiert.

Das Wissen um meinen Ruf gibt mir eine neue Sicherheit. Es entspannt mich. Ja, ich bin gerufen. Und deshalb bin ich Salz und Licht. Nicht das Bild der anderen bestimmt die Antwort auf die »Wer bin ich?«-Frage, sondern das Wissen, dass Gott mich kennt, mich liebt und mich ruft. Es ist mein Rettungsanker in all den Fragen. Der Ruf wird für mich konkret. Er wird hörbar, spürbar, greifbar.

Aus diesem Wissen heraus kann ich meine Existenz gründen. Die Frage nach dem »Wer bin ich?« ist durch den Ruf geklärt. Ich bin Salz und Licht. Die Dimension von »gut oder böse« ist gesprengt. Aber was heißt das für mich? Wie bin ich – in den verschiedenen Situationen meines Lebens – Salz und Licht? Während ich eine Antwort auf diese Frage suche, muss ich wieder an Bonhoeffer denken. Wie wird er diese Verse der Bergpredigt gelesen haben? Was heißt es für ihn, Salz und Licht in einer salzarmen und dunklen Zeit zu sein? Was heißt es für ihn, während der Konferenz von Fanö Salz und Licht zu sein?

> Die Frage nach dem »Wer bin ich?« ist durch den Ruf geklärt. Ich bin Salz und Licht. Die Dimension von »gut oder böse« ist gesprengt.

Im Strandkorb

Der Wind hat sich wieder etwas beruhigt. Der Sand weht nicht mehr über den Strand. Bonhoeffer kann die Zeit im Strandkorb genießen. Die Sonne scheint. Keine Wolke ist am Himmel zu sehen. Er hört das Rauschen des nahen Meeres und das vergnügte Treiben der übrigen Badegäste. Heute ist ein Strandtag. Er kann sich in Ruhe auf die vor ihm liegenden Tage vorbereiten.

Er nimmt seine Bibel zur Hand, denn er spürt eine Sehnsucht danach, in Gottes Wort zu lesen. Sein Wort ist so erfrischend anders als das, was er von Menschen hört. Es ist nicht ängstlich, nicht misstrauisch, nicht diplomatisch, sondern klar und eindeutig. »Ihr seid das Salz der Erde. Ihr seid das Licht der Welt.« So steht es am Anfang der Bergpredigt. Genau darum geht es. Salz und Licht. Gerade hier während der Konferenz auf Fanö.

Hier wird sich zeigen, was möglich ist und was nicht. Aber geht es tatsächlich um Möglichkeiten? Geht es nicht um Notwendigkeiten?

Es ist so offensichtlich, dass die Reichskirche, die unter dem Einfluss der Deutschen Christen steht, ihren Anspruch, wahre Kirche zu sein, verloren hat. Nicht nur die Einführung des Führerprinzips durch einen nicht legitimierten Reichsbischof, die Übernahme des Arierparagraphen und die Anwendung von Gewalt gegenüber kritischen Pastoren, sondern auch haarsträubende Äußerungen von einigen Vertretern haben das wahre Gesicht der nationalsozialistischen Glaubensrichtung gezeigt. Auf einer Großkundgebung der Deutschen Christen in Berlin wurde bereits im November 1933 gefordert, sich vom »Alten Testament mit seiner jüdischen Lohnmoral, von seinen Viehhändler- und Zuhältergeschichten« zu befreien. Aber auch das Neue Testament wurde uminterpretiert. Auf einer Veranstaltung der Deutschen Glaubensbewegung lauten die ersten Verse des

Johannesevangeliums: »Im Anfang war die Nation, und die Nation war mit Gott, und die Nation war Gott ...« Ein Synodaler aus Brandenburg beendete eine Rede mit den Worten: »Adolf Hitler gestern, heute und in Ewigkeit.«[23]

Was soll dazu noch gesagt werden? Wie deutlich muss der Irrweg der nationalsozialistischen Glaubensrichtung noch beschrieben werden?

Er spürt, wie ihn diese Gedanken aufwühlen. »Am Anfang war die Nation. Adolf Hitler in Ewigkeit.« Was wissen die Nationalsozialisten vom Anfang? Was wissen sie von der Ewigkeit? Was wissen sie von der Bibel?

Trotz all der lauten Töne in den Reden der neuen Machthaber fehlt es ihren Worten an Kraft und echter Würze. Sie sind erschreckend hohl und haben einen faden Beigeschmack. Trotz all dem Fackelschein bei den Auftritten der neuen Herrscher sind keine Lichtgestalten erkennbar. Es handelt sich um ziemlich dunkle Persönlichkeiten, die das Volk auf direktem Weg in den Abgrund führen.

Wer kann in dieser Zeit noch Salz und Licht sein, wenn nicht diejenigen, die aus dem Hören auf Gottes Wort leben? Er ist sich ganz sicher, dass es gerade jetzt erforderlich ist, auf die Bergpredigt zu hören. »Die Trennungslinie liegt... bei der Bergpredigt«, hat er vor Kurzem in einem Brief geschrieben.[24]

Wenn er jetzt so kurz vor der Konferenz von Salz und Licht liest, wird ihm deutlich, wie richtig der Satz von der Trennungslinie war. Hier in der Bergpredigt wird ein so radikal anderes Leben beschrieben als in den Verlautbarungen und Predigten der Deutschen Christen. Die Worte Jesu müssten ihnen ein ständiges Ärgernis sein, wenn sie sie wirklich lesen würden und hören könnten. Er wird auf dieser Konferenz seine Stimme erheben. Allen Anklagen und Anschuldigungen zum Trotz.

Er schlägt die Bibel wieder zu und lehnt sich im Strandkorb zurück. Immer noch scheint die Sonne. Immer noch kann er das Meer und die Stimmen der spielenden Kinder hören. Immer noch ist es herrlich um ihn herum. Die dunklen Wolken, die er am Himmel aufziehen sieht, haben die Sonne noch nicht verdeckt. Noch nicht. Sein Blick fällt auf die Bibel. Seine alte Bibel, die ihn jetzt schon über viele Jahre begleitet. Es ist die Konfirmationsbibel seines Bruders, der im Ersten Weltkrieg gefallen ist. Die Worte dieser alten Bibel behalten ihre Kraft, auch wenn die Sonne nicht mehr scheint. Sie sind Licht, auch wenn um ihn herum alles dunkel wird. Er wird auf der Konferenz nicht schweigen. Er wird Salz und Licht sein. Das ist seine Identität.

Meine Konfliktsituationen unterscheiden sich drastisch von den Konflikten, in denen Bonhoeffer stand – keine Frage. Meine Herausforderungen unterscheiden sich von Bonhoeffers Herausforderungen – ohne Zweifel. Mein Infragegestelltwerden unterscheidet sich von den Anfragen, denen sich Bonhoeffer gegenübersah – das ist offensichtlich.

Auch wenn meine Lebenssituation nicht mit seiner zu vergleichen ist, darf ich dennoch meine Existenz auf den gleichen Ruf gründen. Ich habe die gleiche Verheißung. Sie gilt auch für die Bereiche, in denen ich zu kämpfen habe.

Ich will Konflikten und Herausforderungen nicht ausweichen. Und ich will nicht bei den kritischen Fragen stehen bleiben und Antworten erwarten. Ich will mich an dem festhalten, der mich durch und durch kennt und mich gerufen hat. Bonhoeffer hat die Frage: »Wer bin ich?«, mit der Aussage: »Dein bin ich, o Gott!«, beantwortet. Daran will ich mich orientieren. Gott hat eine außerordentliche Sicht auf mich. Eine Sicht, die von Liebe und Wertschätzung geprägt ist und über unser »Gut oder Böse«-Denkmuster hinausgeht. Weit hinaus. Diese Sicht von mir führt dazu, dass ich anders denke, anders rede, anders handele.

Stationen auf meinem Weg der Nachfolge

Sie halten mir ihre Spiegel entgegen.
Jeder Spiegel zeigt mich anders.
Spieglein, Spieglein in eurer Hand:
Wer bin ich wirklich?
Ich sehe viele Bilder.
Wer bin ich wirklich?
Du, Vater, kennst mich.
Du, Vater, kennst mein wahres Bild.

Das Außerordentliche tun (Matthäus 5,17-48)

Nachfolgen heißt, das Außerordentliche tun. Nicht das Gewöhnliche, sondern das Ungewöhnliche. Nicht das Übliche, sondern das Unübliche. Nicht den einfachen Weg gehen, sondern den besseren. Dieser Weg ist in der Regel nicht leicht. Er ist schwer. Außerordentlich eben. Vor allem in den Krisen des Lebens wird das deutlich. Jesus bietet keine Abkürzung, keine einfache Lösung. Er mutet uns zu, die Krisen unseres Lebens mit ihm zu durchschreiten.

Jesus ruft seine Nachfolger auf diesen außerordentlichen Weg. Einen Weg, der von seiner Gerechtigkeit geprägt ist. Bonhoeffer macht mir deutlich, dass dieser Weg untrennbar mit der Person Jesu Christi verbunden ist:

Durch seinen Ruf hat Jesus seinen Jüngern teilgegeben an sich selbst, er hat ihnen seine Gemeinschaft geschenkt, so hat er sie teilhaftig werden lassen seiner Gerechtigkeit, hat ihnen seine Gerechtigkeit geschenkt. Die Gerechtigkeit der Jünger ist Christi Gerechtigkeit.[25]

Nachdem Jesus in seiner Rede auf dem Berg zunächst seinen Jüngern das Bild dieses außerordentlichen Lebens vor Augen gemalt hat, gibt er eine Reihe von konkreten Beispielen, wie sich seine Gerechtigkeit von der üblichen Gerechtigkeit unterscheidet. Und genau auf diese Reihenfolge kommt es an. Erst das Bild vom außerordentlichen Leben vor Augen haben und dann konkrete Anleitungen zum Tun. Diese Anleitungen beziehen sich auf unsere Beziehungen, unseren Anspruch, wahrhaftig zu leben, und unseren Umgang mit Krisen und Feindschaft.

Gerade am letzten Beispiel, dem Umgang mit unseren Gegnern und Feinden, wird die bessere und außerordentliche Gerechtigkeit Christi besonders deutlich.

Hier fällt zum ersten Mal in der Bergpredigt das Wort, in dem alles Gesagte zusammengefasst ist: Liebe, und sogleich in der eindeutigen Bestimmung der Feindesliebe. Liebe zum Bruder wäre ein missverständliches Gebot. Liebe zum Feind macht unmissverständlich deutlich, was Jesus will.[26]

Der außerordentliche Weg ist vor allem von einem Wort geprägt: Liebe. Daran gibt es nichts zu rütteln. Diese Wahrheit muss immer wieder neu durchbuchstabiert werden und konkrete Ausdrucksformen finden. Wir müssen uns immer wieder neu dazu durchringen. Die Liebe ist der Kern des Außerordentlichen.

Bonhoeffer hat auf Fanö gemerkt, wie schwer es ist, sich gerade im Hinblick auf die Feindesliebe zu dem außerordentlichen Weg der Nachfolge durchzuringen. Auf der von ihm geleiteten Jugendkonferenz gab es lange Diskussionen darüber, ob dieser Weg wirklich als allgemeingültig anzusehen sei und Richtschnur des politischen und persönlichen Handelns sein könne.

> Der außerordentliche Weg ist vor allem von einem Wort geprägt: Liebe.

Dünengespräch

Nach zähen Verhandlungen hat sich die Jugendkonferenz auf Fanö zu dem Entschluss durchgerungen, jegliche Form von Krieg abzulehnen, und zwar auf Basis der außerordentlichen Gerechtigkeit, die in der Bergpredigt beschrieben wird. Bonhoeffer hat großen Anteil daran. Er hat sich leidenschaftlich dafür eingesetzt. Er weiß, welche harten Konsequenzen daraus für jeden Einzelnen der Jugendlichen in einer Zeit entstehen können, in der alle Anzeichen auf einen Krieg hindeuten. Diese persönlichen Konsequenzen sind es auch, die die Teilnehmer in ihren Gesprächen in den Konferenzpausen bewegen.

Sie diskutieren mit den Vertretern anderer Länder und verbringen jede freie Minute in den Strandkörben oder Dünen des nahe gelegenen Strandabschnittes. Ein interessantes Bild: Männer in Anzügen und Frauen in Kostümen. Ein deutlicher Gegensatz zur Bademode der übrigen Strandbevölkerung. Aber nicht nur die Bademode, auch die Gespräche unterscheiden sich.

Bonhoeffer ist immer mittendrin, wenn in den Dünen diskutiert wird. Er genießt es, mit jungen Leuten unterwegs zu sein. So wie mit seiner Konfirmandengruppe aus dem Berliner Wedding oder den Studenten. Er ist durch sein Wirken auf der Konferenz zu einer besonderen Autorität für die Teilnehmer geworden. Ein natürlicher Mittelpunkt. Denn er glaubt wirklich an das, was er sagt – das ist zu spüren. Er hört auf Gottes Wort und orientiert sich daran – das verleiht seinen Worten Gewicht. Kein Wunder, dass jeder seine Nähe sucht. Seine offene Art lässt die Distanz zwischen dem Jugendsekretär und Konferenzorganisator und den Teilnehmern schwinden.

Wenn sich die jungen Leute am Strand treffen, geht es vor allem um die Nachfolge des Einzelnen in diesen schweren Zeiten. Bonhoeffer liebt diese Gespräche. Nachfolge: Das ist sein Thema. »Lasst uns vom Ruf in die Nachfolge Jesu sprechen«, wird es nur wenige Monate später im Predigerseminar der Bekennenden Kirche heißen und auch im Vorwort seines Buches über Nachfolge zu lesen sein. Seine Leidenschaft für das Thema steckt die anderen an. Später wird von ihm einmal gesagt werden, dass er die »Christologie von ihrem akademischen Totenbett aufrichtete, indem er den Glauben an Christus als Nachfolge interpretierte«[27]. Dieses Verständnis von Nachfolge ist in den Dünen von Fanö greifbar. Spürbar.

Dabei steht den jugendlichen Konferenzteilnehmern vor allem ihre persönliche Entscheidung über eine mögliche Kriegsdienstverweigerung vor Augen. An dieser Frage wird für sie die Nachfolge konkret. Diese Entscheidung hat für jeden Einzelnen existenzielle Bedeutung. Sie haben auf der Konferenz beschlossen, dass die Kirche, die auf Gottes Wort hört, den Krieg ablehnen muss. Aber was macht der Einzelne, der auf Gottes Wort hört und den Weg der Nachfolge gehen will? Was macht er, wenn der Staat, der nicht auf die Kirche und Gottes Wort hört, ihn zu den Waffen ruft?

Bei einer dieser Gesprächsrunden in den Dünen traut sich ein schwedischer Konferenzteilnehmer, Bonhoeffer zu fragen: »Was würden Sie in einem Kriegsfalle tun?« Es ist keine Fangfrage, wie sie die Pharisäer Jesus stellten, um den Gefragten aufs Glatteis zu führen. Es ist keine Journalistenfrage, um in spannungsreichen Zeiten eine Story daraus zu machen. Diese Frage ist ernst gemeint. Und sie trifft auf jemanden, der sich über die Tragweite dieser Frage sehr lange Gedanken gemacht hat. Schon in den ersten Tagen nach der Machtergreifung ist in der Familie Bonhoeffer darüber gesprochen worden, dass Hitler Krieg bedeutet.

Bonhoeffer hat keine Patentantwort. Er schweigt. Es geht nicht um seine theologische Lehrmeinung. Es ist keine Verständnisfrage, die sich leicht beantworten lässt. Er ist persönlich angesprochen. Darum lässt er sich Zeit. Bedenkzeit. Er nimmt den feinen Sand der Dünen in die Hand. Lässt ihn ganz langsam durch die Finger rinnen. Wie bei einer Sanduhr. Langsam, aber unaufhaltsam leert sich die Hand. Die Zeit, die ihm zur Beantwortung der Frage bleibt, läuft ab. Gespannt schauen alle auf den Theologen und den aus seiner Hand rieselnden Sand. Denkt er nach? Was will er damit zeigen? Nutzt er die verbliebene Zeit, um zu hören? Bonhoeffer schaut sich um. Sieht die Schönheit der Natur. Sieht die Ruhe und den Frieden der Insel. Er betrachtet die Runde. Er sieht die jungen Menschen, die mit ihm eines Sinnes sind und auf Gott hören wollen. Aber er sieht auch den Sand, der immer weiter aus seiner Hand rieselt. Die Zeit läuft ab. Die Ruhe und die Bruderschaft, die sie erleben, sind zeitlich begrenzt. Er weiß, dass sich an dieser Frage, die ihm gestellt wurde, vieles entscheiden wird. Er weiß, dass der eigentliche Kampf noch bevorsteht. Er schaut den schwedischen Fragesteller ruhig und eindringlich an: »Ich bitte darum, dass Gott mir dann die Kraft geben wird, nicht zu den Waffen zu greifen.«[28]

Ich kann mich gut in diese Situation hineinversetzen. Ich ahne, welche Spannung der Fragesteller und die anderen Zuhörer in diesem Moment erleben. Bonhoeffer bittet darum, dass Gott ihm die Kraft geben möge, den außerordentlichen Weg der Feindesliebe zu gehen. Für ihn ist klar, dass seine normale menschliche Kraft dazu nicht ausreichen wird – sie muss von einem anderen kommen. Unsere Kraft zur Liebe untereinander reicht allenfalls für den »Normalfall« – wenn uns alle Menschen mit Wohlwollen und Freundlichkeit begegnen.

Was passiert, wenn unser Miteinander in eine Krise gerät? Wenn der »Normalfall« zu einem »Härtefall« wird? Wenn aus Freunden plötzlich Gegner werden? Wie kann man dann außerordentlich leben?

Krisen sind wie Erdbeben. Sie kommen meistens ohne Vorwarnung. Fundamente geraten ins Wanken. Das, was sicher zu sein schien, steht infrage. Bilder, die wir selbst von uns haben, bekommen Risse. Der Verlust von Menschen oder Materiellem zieht uns den Boden unter den Füßen weg. Beziehungen werden brüchig. Das eigentliche Beben ist oft nur kurz. Aber die Folgewirkungen begleiten uns über Jahre. Mühsam versuchen wir, die Trümmer aufzurichten und wieder Neues entstehen zu lassen. Oft kommt die »Vergiftung des Miteinanders« wie eine Seuche hinzu. Nichts ist mehr so, wie es war. Wie können wir in solchen Krisen den »außerordentlichen Weg« finden?

Zunächst kommen mir Schritte in den Sinn, die mir selbst in Krisensituationen geholfen haben. Schritte, die mir als Ratschlag mit auf den Weg gegeben wurden. Schritte, die eine erste Orientierung geben:

- Erkennen. Eingestehen. Bekennen. Der Krise ins Gesicht sehen. Nicht verdrängen. Nicht ausweichen oder abhauen. Nicht den Kopf in den Sand stecken.
- Bewegen. Bedenken. Verstehen lernen. Versuchen, zuzuhören und wirken zu lassen. Lernen, in den Schuhen des anderen zu gehen.
- Loslassen. Umkehren. Versuchen, Abstand zu halten und in Ruhe eine neue Richtung zu finden. Sich eingestehen, dass man nicht alles selbst regeln kann.
- Lernen. Neu anfangen. Versuchen, aus den Enttäuschungen zu lernen. Versuchen, die Krisen als Chance zu sehen, dass Neues entstehen kann. Lernen, gerade zu gehen.

Aber ich habe auch erfahren, dass es sehr schwer ist, eine Krise wirklich hinter sich zu lassen. Vieles bleibt ein Versuch. Der Dreh- und Angelpunkt ist in jedem Fall die Liebe. Die Liebe ist das Außerordentliche. In der Liebe ist alles, was in der Bergpredigt gesagt wird, zusammengefasst. Das ist leicht geschrieben und auch gesagt. Aber wie kann das konkret aussehen?

Ich sehe sie alle vor mir. Menschen, mit denen ich seit Jahren gemeinsam unterwegs bin. »Hast du sie lieb?« Diese Frage lässt mich nicht los. Jahrelang habe ich darauf mit einem eindeutigen »Ja« geantwortet. Jahrelang herrschte der Normalfall: »Ja, ich habe sie lieb. Jeden Einzelnen von ihnen.« Doch dann kommt die Krise, das Erdbeben. Berechtigte und unberechtigte Vorwürfe. Wer hilft, zu unterscheiden, was was ist? Das Miteinander verändert sich. Immer wieder neue Versuche zu lieben. Immer wieder Scheitern. Ich werde dünnhäutig. Reagiere nicht mehr so, wie ich es selbst von mir erwarte. Bitterkeit und Zorn wachsen. Die Liebe nimmt ab. »Hast du sie lieb?« Ich merke, wie mir die Antwort schwerer fällt. Meine eigene Kraft zu lieben reicht nicht aus. Ich stoße an Grenzen. Mein: »Ich will lieben«, wird immer öfter zu einem: »Ich kann nicht lieben.« Gerade die, die es mir schwer machen. In meinem

Scheitern an der Liebe und dem Bewusstwerden meiner Dünnhäutigkeit verabschiede ich mich von meinem unterschwelligen Hochmut und nähere mich der Demut. Scheitern, Dünnhäutigkeit und Demut gehen – wenn es gut läuft – ineinander über.

Wenn ich jetzt von der Feindesliebe, dem Inbegriff der »außerordentlichen Liebe« lese, dann ahne ich, wie Bonhoeffer und seine Gesprächspartner darum ringen mussten, die zu lieben, die es ihnen mehr als schwer machten. Wie bekommen wir diese Liebe, die außerordentlich ist? Wie können wir lieben, wenn wir nur noch Gegner sehen?

Bonhoeffer würde sagen: Diese Liebe gibt es nur bei dem, der selbst außerordentlich ist. Diese Liebe gibt es nur bei dem, der uns gerufen hat.

Er, der uns ruft, hat die außerordentliche Liebe zuerst gelebt. Er hat seinen Gegnern in die Augen gesehen. Denen, die ihn anklagten. Und er hat sie trotzdem geliebt und versucht, sie vom richtigen Weg zu überzeugen. Er hat uns mehr als nur ein Beispiel gegeben, an dem wir uns orientieren können (siehe z.B. Matthäus 16,1-4; Matthäus 23,1-39; Lukas 18,9-14). Wir sind gemeinsam mit ihm unterwegs. Immer wieder gehen uns die Augen auf. Wir erleben, dass er wirklich neben uns geht und den Weg mit uns teilt. Wir erleben seine Wirklichkeit, die uns gestalten will. Wir erleben die Kraft, die von ihm auf diesem außerordentlichen Weg ausgeht. Wir erleben seine Liebe, die uns selbst lieben lässt.

Er spricht in der Bergpredigt genau die Punkte an, die in unserem Leben oft zu Krisen führen: Zorn, Lust, viele Worte und Gegnerschaft. Im Blick auf seinen eigenen Weg – seine Passion – ermutigt er uns, konkrete Schritte gemeinsam mit ihm zu gehen:

- Habe deinen Zorn im Griff und gehe aktive Schritte der Versöhnung. (Matthäus 5,21-26)
- Habe deine Lust im Griff und genieße die Freuden der Ehe. (Matthäus 5,27-32)
- Habe deine Worte im Griff und rede, was hilfreich und notwendig ist. (Matthäus 5,33-37)
- Habe deine Gefühle im Griff und springe über deinen Schatten – die Mauern der Feindschaft. Lerne, so zu lieben wie ich. (Matthäus 5,38-48)

Jesus wird gerade bei der Feindesliebe sehr konkret. Er beschreibt den außerordentlichen Weg, den er selbst gegangen ist. »Liebt eure Feinde und bittet für die, die euch verfolgen« (Matthäus 5,44). Genau das hat er getan. Genau dazu will er uns ermutigen. Genau dazu will er uns mit seiner Wirklichkeit in unserem Leben die Kraft geben. Schritt für Schritt.

Bonhoeffer sieht zu diesem außerordentlichen Weg keine Alternative. »Wo dies Sonderliche, Außerordentliche nicht ist, da ist das Christliche nicht.«[29]

Stationen auf meinem Weg der Nachfolge

Christus fragt: Liebst du mich?
Ich antworte ohne Zögern.
Christus fragt: Liebst du sie?
Ich antworte mit Stottern.
Christus sagt: Sieh auf mich!
Und lerne von mir, zu lieben.

Kapitel 6

Die Verborgenheit der Nachfolge

Zum Leben in der Nachfolge gehört neben dem Außerordentlichen, das sich sichtbar in der Liebe zeigt, ein Zweites: das Verborgene. Diese zwei Seiten lassen sich nicht voneinander trennen. Denn Nachfolge, die auf die Sichtbarkeit des Außerordentlichen schielt, trägt die Gefahr in sich, nur auf die Wirkung zu zielen. Umgekehrt muss Nachfolge, die nur im Verborgenen lebt, darauf achten, sich nicht nur um sich selbst zu drehen. Wie eng die Sichtbarkeit des Außerordentlichen (Matthäus 5) mit dem Verborgenen der Nachfolge (Matthäus 6) verbunden ist, wird deutlich, wenn man die Bergpredigt liest. Bonhoeffer beschreibt dieses Spannungsverhältnis, in dem wir uns immer wieder befinden:

> *Habt acht auf die Verborgenheit! Kapitel 5 und 6 prallen hart aufeinander. Das Sichtbare soll zugleich das Verborgene sein; das Sichtbare soll zugleich nicht gesehen werden können. Die Reflexion, von der gesprochen wurde, ist also gerade darauf zu richten, dass wir nicht in die Reflexion über unser Außerordentliches geraten. … Sonst ist das Außerordentliche nicht mehr das Außerordentliche der Nachfolge, sondern nur das Außerordentliche unseres Wollens und Gelüstens.*[30]

Verborgenheit des Handelns (Matthäus 6,1-18)

Außerordentlichkeit und Verborgenheit. Die zwei Seiten der Nachfolge. Das eine ist nicht ohne das andere zu haben. In der Abgeschiedenheit und Ruhe der Insel kann ich mich in diese »Dualität« hineindenken. Ihr nachspüren. Nachfolger sind bei all ihrer Außerordentlichkeit auch »Innehalter«, »Reaktions-Verzögerer« und »Automatismus-Unterbrecher«.

Das Bindeglied zwischen der Außerordentlichkeit und der Verborgenheit ist das Gebet (Matthäus 6,5-13). Denn im Gebet hält der Nachfolger inne, verzögert seine Reaktion und unterbricht den natürlichen Automatismus des Handelns. Es sollte nicht erst dann erfolgen, wenn seine eigenen Möglichkeiten an ihre Grenzen stoßen, sondern als paralleles Handeln. Dadurch wirken zwei Ebenen ganz natürlich ineinander.

Vor diesem Hintergrund folgt am Anfang des 6. Kapitels des Matthäusevangeliums nach dem Aufruf, im Verborgenen zu geben, eine Einführung in das Gebet. Bonhoeffer war es auf Fanö sehr wichtig, aus dem Gebet heraus zu handeln, und er hat dies auch seinen Zuhörern ans Herz gelegt. Bereits in der Zeit vor der Konferenz hat er sehr intensiv auf Gott und sein Wort gehört.

> Das Bindeglied zwischen der Außerordentlichkeit und der Verborgenheit ist das Gebet. Denn im Gebet hält der Nachfolger inne, verzögert seine Reaktion und unterbricht den natürlichen Automatismus des Handelns.

Jugendkonferenz: gemeinsames Hören

Am Morgen des 23. August 1934 beginnt der offizielle Teil der ökumenischen Jugendkonferenz mit einer Andacht von Dietrich Bonhoeffer. Er spricht vom Hören auf Gottes Stimme, wie es in Psalm 85,9 beschrieben ist. Ihm wird immer mehr bewusst, dass genau dieser Vers Gottes Wort für die Konferenz ist: »Könnte ich doch hören, was Gott der HERR redet, dass er Frieden zusagte seinem Volk und seinen Heiligen, damit sie nicht in Torheit geraten.«

»Unsere Arbeit kann und darf in nichts anderem bestehen als im gemeinsamen Hören auf das, was der Herr redet, im gemeinsamen Beten um das rechte Hören. Gläubiges Horchen auf das Bibelwort, einander hören als Horchende und Gehorchende, das ist der Kern aller ökumenischer Arbeit.«[31]

Die Worte Bonhoeffers sind eindringlich. Er versteht es, gleich zu Beginn die Aufmerksamkeit zu wecken. Die Teilnehmer spüren, dass seine Worte aus dem eigenen Hören auf das Bibelwort kommen; dazu hat er die Zeit der Vorbereitung genutzt. Jetzt kann er weitergeben, was er vernommen hat. Tiefe Zuversicht und Ruhe sprechen aus seinen Worten. Sie prägen die Atmosphäre der Jugendkonferenz und werden zu einer Art Losungswort, das über der ganzen Tagung steht. Gemeinsames Hören als Horchende und Gehorchende.

Bonhoeffers Worte sind den Teilnehmern im Ohr, als sie sich im weiteren Verlauf der Konferenz mit dem Verhältnis von Staat und Kirche beschäftigen. Aus dem Hören des Wortes erwächst das konkrete Handeln. Das gilt für den Einzelnen wie für die Kirche in ihrem jeweiligen Verhältnis zum Staat. Aber wie sieht dieses Handeln aus, wenn der Staat in einen Konflikt mit den christlichen Grundsätzen tritt?

Wer auf die politische Weltbühne blickt, sieht: Die Zeit der Zurückhaltung ist vorbei. Überall entwickeln sich Krisenherde. Offen wird über die Kriegsgefahr gesprochen. Die Teilnehmer der Jugendkonferenz sind sich darin einig, dass Krieg nicht dem Willen

Gottes entspricht. Deshalb formulieren sie einen Beschluss, dass die Kirche dem Krieg in keinem Fall ihren geistlichen Beistand leihen darf.

Das sind klare Worte. Kann jeder, der sich darum bemüht hat, auf Gottes Wort zu hören, diesem Satz zustimmen? Bedenken kommen auf. Es gibt Teilnehmer aus kleineren bedrohten Völkern, die sich der Gefahr eines Angriffskrieges gegenübersehen. Polnische und ungarische Delegierte scheuen sich, auch einen Verteidigungskrieg generell zu verdammen. Manche sehen gerade in dieser national begründeten Weigerung die Einmütigkeit gefährdet. Kann man wirklich gemeinsam auf das Wort Gottes hören? Sie sehen den Kern und die Handlungsfähigkeit der Ökumene in Gefahr. Die Diskussion nimmt an Schärfe zu. Im Ringen um den Frieden entsteht eine handfeste Auseinandersetzung.

Bonhoeffer, der dafür eintritt, jede Form des Krieges eindeutig abzulehnen, spürt, dass die Gemeinschaft, die aus dem Hören erwächst, in Gefahr ist. Er sieht auf die Uhr im Konferenzraum. Es ist kurz vor Mitternacht. Er sieht in die Gesichter der vielen Gesprächsteilnehmer. Ein anstrengender Tag liegt hinter ihnen. Sie haben zugehört und in den Pausen miteinander diskutiert. Jetzt, am Ende des Tages, werden Differenzen deutlich. Die unterschiedlichen Temperamente der Jugendlichen aus allen Teilen Europas kochen hoch. Er ahnt, dass sie an ihre Heimat denken. Sie wissen, dass sie die Beschlüsse der Konferenz dort erklären müssen. Er spürt die Leidenschaft seiner Studenten, die nichts lieber als Frieden wollen. Aber er versteht auch die Ängste der Polen und Ungarn. Ein Abbruch der Diskussion ist keine Lösung. Die Spannungen würden sich in der Nacht eher vertiefen.

Also spricht er davon, dass aus dem gemeinsamen Zuhören und Verstehen eine »Gemeinschaft des Leidens« wächst, die schließlich ins gemeinsame Gebet führt. Nach diesen eindringlichen Worten ist keiner überrascht, als trotz der späten Stunde eine Zeit der Stille, des Nachdenkens und des Hörens vorgeschlagen wird.

Danach hat sich die Atmosphäre spürbar verändert. Das Trennende ist in den Hintergrund getreten. Man beginnt, den anderen zu verstehen. Mitleiden ist möglich geworden. Menschliche Positionen und Rechthabereien haben sich gelegt. Sie haben auf das Wort Gottes gehört und können als Gemeinschaft diesem Wort gehorchen. Gemeinsam beschließen sie die Ablehnung jeglicher Form des Krieges.

Nicht der Text der Entschließung ist den Teilnehmern in Erinnerung geblieben, sondern vor allem die heilende Wirkung, die vom gemeinsamen Hören auf den anderen und auf Gott in schwierigen Situationen ausgehen kann. Hören und Gehorchen schafft Frieden und bewahrt vor Torheit. Um 0.30 Uhr wird die Sitzung geschlossen.

Für Bonhoeffer ist das Gebet in der Verborgenheit die Vorbereitung und Grundlage für unsere sichtbare Nachfolge. Wenn Jesus dazu mahnt, im Verborgenen zu handeln, geht es nicht in erster Linie darum, dass wir uns nicht zur Schau stellen, sondern dass wir beten. So leben wir unsere Bindung an Jesus Christus. Es ist ein Hören und Sein vor Gott, dem Vater, zu dem wir durch die Bindung an Christus einen Zugang bekommen haben. »Das rechte Gebet ist nicht ein Werk, eine Übung, eine fromme Haltung, sondern es ist die Bitte des Kindes zum Herzen des Vaters.«[32] Wieder so ein Satz wie ein Paukenschlag, der für mich nicht oft genug wiederholt werden kann.

Das Gebet ist eine ganz normale kindliche Regung des Christen. Es ist der »Königsweg« des Außerordentlichen im Verborgenen. Ja, erst jetzt kann das Außerordentliche seine Wirkkraft entfalten. Ich ahne, welche Schätze es gerade im Gebet zu finden gilt.

> Das Gebet ist der »Königsweg« des Außerordentlichen im Verborgenen.

Wenn ich von Bonhoeffers Leidenschaft für das Gebet lese, wächst auch bei mir die Sehnsucht. Letztlich drückt meine Sehnsucht nach Gebet meine Sehnsucht nach Gott konkret aus. Je mehr sie wächst, desto deutlicher wird aber auch die Kluft, die sich zwischen meinem Sehnen und meinem Leben auftut. Ich sehne mich nach Gebet, aber ich lebe es nicht.

Ich erinnere mich an eine Begebenheit vor einigen Jahren, in der ich meine Sehnsucht nach Gebet deutlich zum Ausdruck gebracht habe. Ich hatte bei einem Treffen von Leitern aus verschiedenen christlichen Gruppierungen die Aufgabe, einen kurzen Input über ein Thema zu geben, das mich zurzeit geistlich bewegt. Einen geistlichen Werkstattbericht. Was beschäftigt mich? Was ist meine Leidenschaft?

Während ich über diese Aufgabe nachdachte, blieb ich bei meinem Gebetsleben hängen. Wie oft hatte ich mir darüber in letzter Zeit Gedanken gemacht? Wie viele Verbesserungsversuche hatte ich unternommen? Wie oft war ich im »Zwanghaften« stecken geblieben? Mein Gebet war Dauergast in meiner »geistlichen Werkstatt«.

In meinem kurzen Impuls spreche ich deshalb zunächst darüber, wie traurig ich darüber bin, wie das Gebet in unseren Gemeinden und von mir persönlich gelebt wird. »Wir können in unseren Gemeinden miteinander diskutieren, planen, machen, streiten und freundschaftlich unterwegs sein. Aber wir können nicht zusammen beten. Das heißt nicht, dass wir überhaupt nicht beten. Aber es ist ein Gebet, das mich oft traurig macht. Wohlformulierte Worte. Selbstverständlich ehrlich gemeint. Aber oft leblos. Ich bin nach unseren Gebetsrunden eher traurig als ermutigt.«

Ich erzähle davon, dass ich dabei war, als jemand in einem Leitungsgremium einmal vorschlug, einen ganzen Abend zu beten. Betretene

Stille. Es kam mir vor, als ob jemand einen Skatclub dazu aufforderte, einen Marathon zu laufen. Die Begeisterung hielt sich in Grenzen. Der Vorschlag wurde zur Kenntnis genommen. Es wurde ein Arbeitskreis angeregt, der sich nie getroffen hat.

Ich komme mir beim Beten oft wie ein »Kegler« vor. Immer wieder scheint es mir, dass meine Gebete das Ziel verfehlen und in der Rinne landen. Dabei weiß ich doch, dass es beim Gebet nicht auf die Trefferquote ankommt, sondern auf die Leidenschaft. Beter sind eher »Pilzsammler«. Sie sind in aller Ruhe und mit ganz viel Leidenschaft unterwegs. Sie kennen die besten Orte und die besten Zeiten. Sie scheuen keine Mühe und können Stunden damit verbringen. In ihrer Leidenschaft gehen sie auf. So wie ein leidenschaftlicher Pilzsammler möchte ich beten. Nicht auf den Ertrag schielen, sondern einfach Freude haben an dem, was ich tue.

Ich beende meinen kurzen Werkstattbericht mit einem leidenschaftlichen Appell an mich selbst und die Zuhörer:

»Ich möchte ein Betender sein. Suchend.
    Mut haben, neue Formen zu finden, neue Räume zu nutzen und neue
    Worte zu finden.
Ich möchte ein Betender sein. Ausdauernd.
    Gebet ist Beziehungspflege. Gebet ist Dranbleiben. Gebet ist ein
    Teil meines Tages.
Ich möchte ein Betender sein. Hörend.
    Stille ertragen. Ahnen, was es in der Stille zu hören gibt. Immer
    wieder Stille wagen.
Ich möchte ein Betender sein. Ehrlich.
    Im Gebet gibt es keinen Grund und keine Möglichkeit, Gott etwas
    vorzumachen.
Ich möchte ein Betender sein. Kindlich.
    Kindlich mit dem Vater sprechen. Zeit mit ihm verbringen. Sich
    einfach geborgen und wohlfühlen.
Ich möchte ein Betender sein. Vertrauend.
    Wie ein Trapezspringer kurz vor dem Sprung. Loslassend beten.
    Voll Vertrauen.
Ich möchte ein Betender sein. Von Herzen.
    Schmunzeln und Weinen. Singen und Schimpfen. Alles gehört zum
    Gebet.

Ich möchte ein Betender sein. Ansteckend.

Die Freude wirkt auch aus der Verborgenheit des Gebetes heraus. Sie wird sichtbar.«

Nach meinem leidenschaftlichen Appell herrscht Stille. Betroffenheit. Was soll in »frommen Kreisen« auch zu so einem »Ausbruch an Gebetssehnsucht« gesagt werden. Leidenschaft. Pilzsammeln. Appelle. Etwas viel auf einmal. Die Reaktion ist dann auch eher verhalten: »Zu Martins Beitrag könnte jetzt viel gesagt werden. Wir wollen seine Worte einfach stehen, wirken lassen und wenden uns dem nächsten Punkt der Tagesordnung zu.« Und schon ist der Ausbruch von Gebetsleidenschaft verpufft. Die Tagesordnung regiert.

Mich begeistern Menschen, die nicht immer gleich zur Tagesordnung übergehen, sondern ihrer Leidenschaft Raum geben. Einer dieser Menschen ist Mark Batterson. Der amerikanische Pastor erzählt in seinem Buch *Kreiszieher* die alte jüdische Legende von Honi, der während einer Dürreperiode in Israel einen Kreis in den Sand zog und nicht eher aus diesem Kreis herausging, bis Gott sein Gebet um Regen erhört hatte. Batterson plädiert in seinem Buch dafür, dass wir unsere Anliegen im Gebet regelrecht einkreisen und mutig, intensiv und langfristig dafür beten.

Das Bild des »Einkreisens« gefällt mir. Pilssammler haben auch das Gebiet eingekreist, in dem sie sich auf die Suche machen. Sie gehen nicht blind durch die Gegend. Sie wissen, dass sie gerade hier fündig werden. Sie sind voller Zuversicht unterwegs.

Trotz aller Leidenschaft für das Gebet muss ich zugeben: Zwischen der Leidenschaft dafür bzw. meiner Sehnsucht danach und der Wirklichkeit meiner Gebete ist eine Kluft zu erkennen. Meine Ansprüche scheitern immer wieder an der Wirklichkeit. Ich merke, dass ich es nicht allein schaffe. Wenn mir die Worte fehlen, dann brauche ich Worte, die einfach schon da sind. Wenn meine Stimme verstummt, brauche ich jemanden, der mir eine Stimme gibt.

Jesus hat erkannt, dass seine Nachfolger in der Gefahr stehen, beim Gebet zu scheitern. Immer wieder sah er sich genötigt, seine Jünger zum Gebet zu motivieren (siehe z.B. Matthäus 26,41; Lukas 11,1-13; Lukas 18,1-8). Deshalb gab er ihnen mit dem Vaterunser eine Hilfe an die Hand, wenn die eigenen Gedanken und Worte versagen. Wenn die eigene Stimme stumm bleibt. Bonhoeffer trifft mich als jemand, der sich nach Gebet sehnt, wenn er schreibt:

Jesus hat seinen Jüngern nicht nur gesagt, wie sie beten sollen, sondern auch was sie beten sollen. Das Vaterunser ist nicht ein Beispiel für das Gebet der Jünger, sondern es soll gebetet werden, wie es Jesus sie gelehrt hat. Mit diesem Gebet werden sie von Gott erhört werden, das ist gewiss. Das Vaterunser ist das Gebet schlechthin. [33]

So wie das Gebet ein Wirkungsraum des Außerordentlichen im Verborgenen ist, so haben auch andere geistliche Disziplinen wie das tägliche Bibellesen und Fasten ihren Ort vorrangig im Verborgenen. Das bewahrt uns davor, unsere »Leistungen« zur Schau stellen zu wollen und daraus fromme Gesetze oder gar einen Wettbewerb zu machen. Das Handeln in der Verborgenheit öffnet die Tür zur Demut. Einer Demut, die sich nicht vor anderen produziert, sondern aus dem Miteinander mit Christus wächst. Einer Demut, die nicht falsche Bescheidenheit ist, sondern echter Herzenswunsch. Einer Demut, die sich nicht selbst reflektiert, sondern nur auf Christus sieht.

Ich merke, dass gerade im Gebet die Verborgenheit des Handelns konkret wird. Das Gebet bewahrt mich vor falschem sichtbarem Handeln und lenkt meinen Blick auf das, was wirklich zu tun ist. Das Gebet ist höchst aktives Handeln im Verborgenen. In der Bergpredigt geht Jesus neben dem Almosengeben und Fasten in diesem Zusammenhang vor allem auf das Gebet ein. Es steht für ihn im Zentrum des verborgenen Handelns.

Hier in der Abgeschiedenheit der Insel kann ich mich Jesu Anregung zum Gebet und meiner Gebetssehnsucht hingeben. Ich kann mich – wie Bonhoeffer schreibt – mit meiner Bitte des Kindes ganz im Verborgenen zum Herzen des Vaters wenden.

> Ich merke, dass gerade im Gebet die Verborgenheit des Handelns konkret wird. Das Gebet bewahrt mich vor falschem sichtbarem Handeln und lenkt meinen Blick auf das, was wirklich zu tun ist. Das Gebet ist höchst aktives Handeln im Verborgenen.

Stationen auf meinem Weg der Nachfolge

Außerordentlichkeit und Verborgenheit.
Beides weckt meine Sehnsucht.
Beides führt mich zu tieferem Verstehen.
Beides prägt meine Nachfolge.
Beides lebt aus dem Gebet.

Verborgenheit des Habens (Matthäus 6,19-34)

In der Bergpredigt ruft Jesus nicht nur dazu auf, im Verborgenen zu handeln. Er geht noch einen Schritt weiter. Er legt seinen Nachfolgern auch das »verborgene Haben« ans Herz. Ein Haben, das sowohl von einer entspannten Einstellung zum irdischen Besitz geprägt ist als auch von dem Wissen, dass die wirklich wichtigen »Schätze« nicht auf dieser Erde, sondern im Himmel sind.

Die Gefahren, die in einem auf öffentliche Wirkung ausgerichteten Handeln liegen, sind offensichtlich. Aber die Probleme, die aus einem falschen Umgang mit unserem Besitz entstehen können, lauern unterhalb der Oberfläche. Es besteht die Gefahr, dass wir unser Herz an materielle Dinge hängen und es mit Sorgen füllen. Die Bergpredigt beschreibt hier ein deutliches Entweder-oder. Entweder lernen wir, mit unserem Besitz in rechter Weise umzugehen, oder der Besitz wird von uns Besitz ergreifen.

Bonhoeffer legt uns einen möglichst »einfältigen Umgang« mit unserem Besitz nahe. »Die Einfalt des Auges und des Herzens entspricht jener Verborgenheit, die von nichts weiß als von Christi Wort und Ruf, die in völliger Gemeinschaft mit Christus besteht.«[34] Die unmittelbare Gemeinschaft mit Christus steht im Vordergrund, was wir haben, ist zweitrangig. Es hat keine existenzielle Bedeutung. Alles, was sich in unsere unmittelbare Beziehung zu Jesus drängt, zieht die Aufmerksamkeit auf sich. Nimmt uns gefangen. Saugt unsere Gedanken auf. Wir beginnen, uns zu sorgen.

Ich lese Bonhoeffers Ausführungen über die »Einfalt des sorglosen Lebens« und kann mich diesen Gedanken in der Abgeschiedenheit und Schönheit der Insel gut öffnen. Ja, es stimmt. Die Sorgen drängen sich dazwischen, sie belasten mein Leben. Ich weiß, dass ich an dieser Stelle sehr gefährdet bin. Aber ist es wirklich realistisch, zeitgemäß und verantwortlich, so leidenschaftlich für ein sorgloses Leben einzutreten? Und wie soll das ganz konkret bei mir aussehen?

Bonhoeffer ist in wohlhabenden Verhältnissen aufgewachsen. Der Vater ist ein angesehener Chefarzt für Psychiatrie an der Berliner Charité. Es gibt ein großzügiges Wohnhaus im Stadtteil Grunewald und ein Ferienhaus im Harz. Eberhard Bethge beschreibt in seiner Biografie die materiellen Verhältnisse, in denen Bonhoeffer aufwächst: »Der Bonhoeffersche Haushalt wurde nach heutigen Maßstäben unvorstellbar großzügig geführt; aber ebenso unvorstellbar ist, wie wenig der Vater ein Abweichen von persönlicher Bescheidenheit und Anspruchslosigkeit duldete. Von Geld wurde vor den Kindern nicht gesprochen.«[35] Der materielle Wohlstand der Familie Bonhoeffer wird vom Vater bewusst im Verborgenen gehalten. Die Eltern legen Wert darauf, dass die Kinder nicht nur in der »besseren Gesellschaft« des Grunewalds in Berlin aufwachsen, sondern auch Kontakt zur Dorfjugend in dem »einfachen« Friedrichsbrunn im Harz haben. Es ist offensichtlich, wie diese Erfahrungen das Denken und Handeln von Dietrich Bonhoeffer geprägt haben. Er erlebt einen Vater, der ohne viele Worte in der Lage ist, für die Familie und seine Kinder zu sorgen. Er erfährt in seiner Kindheit und Jugend ganz konkret diese »Einfalt des sorglosen Lebens«.

Die bewusste Einfachheit in der Erziehung der Eltern und in den Lebensumständen war nicht vorgespielt oder aufgesetzt. Sie wurde real erlebt. Sie durchzog die Kindheit und Jugend wie ein roter Faden. Von den Weihnachtsgeschenken in den Kinderjahren bis zu den begrenzten Mitteln in der Studienzeit: Immer wieder wurden die Bonhoeffer-Kinder zur Einfachheit ermahnt und dazu motiviert, mit anderen zu teilen, in dem Bewusstsein, dass es für sie selbst noch reichen würde.

Es fällt mir schwer, diese Einstellung so einfach zu übernehmen. Sie ist von einer besonderen Familien- und Lebenssituation geprägt und sicherlich nicht der Normalfall. Meine eigene Geschichte ist anders verlaufen. Kurz vor meinem sechsten Geburtstag stirbt mein Vater. Meine Mutter muss sich allein um unser Schuhgeschäft und den Lebensunterhalt kümmern. Jahr für Jahr hoffen wir auf einen schneereichen Winter, um viele Stiefel zu verkaufen, und einen heißen Sommer, damit sich die Leute neue Sandalen leisten. Jahr für Jahr müssen wir auf unseren Kontostand achten. Ich bin mit Sorgen groß geworden und habe mich selbst zu einem »Sorgenmacher« entwickelt. Wie sehr sich das Sorgenmachen bei mir verwurzelt hat, merke ich, als mein Sohn zu Besuch auf unsere abgeschiedene Urlaubsinsel Fanö kommt.

Ein Bote des Alltags bricht in meine neu entdeckte »Einfalt des sorglosen Lebens« ein. Die von mir selbst verhängte Nachrichtensperre wird durchbrochen. Unmittelbar nachdem er seine Koffer abgestellt und unser Ferienhaus begutachtet hat, beginne ich mit meinen Fragen. Nach dem klassischen: »Wie ist das Wetter daheim?«, komme ich zu den wirklich wichtigen Anliegen eines Sorgenmachers: »Wie läuft es zu Hause?« Ich weiß, dass ich durch seine Informationen nichts an der Situation verändern kann. Trotzdem frage ich. »Du kannst mir gern sagen, wenn etwas schiefgelaufen ist.« Das Nachbohren deutet schon an, dass mich keine Antwort wirklich zufriedenstellen wird. Gute Nachrichten sind für Sorgenmacher unglaubwürdig. Schlechte Nachrichten lösen eine Sorgenlawine aus. »Nein, es ist wirklich alles in Ordnung.« Mein Sohn ist sehr gnädig mit seinem Vater. Er kennt mich. Deshalb reagiert er ganz gelassen. Er ist sich seiner Sache ziemlich sicher.

Ich beginne, seine Informationsgrundlage zu untersuchen: »Bist du ab und zu im Laden?« Er schaut mich verständnisvoll an. Grinst innerlich und äußerlich. Er hat mich in der Hand. Er merkt, wie abhängig ich von seinen Informationen bin. »Nein, eigentlich nicht. Aber die Angestellten hätten sich gemeldet, wenn etwas passiert wäre.« Diese Antwort bringt mich nicht wirklich weiter. »Waren zu Hause irgendwelche Anrufe?« Ich lasse nicht locker. Ich möchte die ganze Bandbreite der Informationen abfragen. »Nein, aber ich bin auch nicht oft zu Hause.« Auch diese Antwort hätte ich mir selbst geben können. Ich beginne, meine Fragen in eine andere Richtung zu lenken. »Was macht ihr eigentlich die ganze Zeit?« Als erfahrener Sorgenmacher ahne ich allerdings schon, dass Nachfragen zum elternfreien Freizeitverhalten des erwachsenen Nachwuchses auch nicht viele brauchbare Informationen ans Tageslicht bringen werden. Außerdem löst dieses Thema nur einen weiteren »Sorgenkomplex« aus. Also ziehe ich die letzte Trumpfkarte meiner möglichen »Nachfassfragen«: »War irgendein wichtiger Brief in der Post?« Den Laden kann er ignorieren. Anrufe kann er überhören. Aber die Briefe wird er aus dem Briefkasten holen. Ich habe ihm genügend Neugier vererbt, damit er darauf achtet, welche Post er ins Haus holt. Er überlegt. Er weiß, dass eine zu schnelle Antwort mein Nachfragen nicht beenden wird. Gedanklich geht er den Posteingang der vergangenen Tage durch. »Ich weiß ja nicht, was wichtige Briefe sind …«

Aha. Er will ausweichen. Er versucht, etwas zu verbergen. Aber wie soll ich ihm erklären, was wichtige Briefe sind? Er selbst bekommt fast keine Briefe. »Ist denn überhaupt Post gekommen oder war nur Werbung im Briefkasten?« Er überlegt noch immer. Zumindest tut er so. »Na ja«, sagt er, »es sind schon Briefe gekommen. Einer war vom Finanzamt.« Volltreffer. So eine Nachricht ist genau das Richtige für einen echten Sorgenmacher. Jetzt kann ich aus dem Vollen schöpfen. Ich erwarte keine Post vom Finanzamt. Ich brauche auch keine Post vom Finanzamt. Schon gar nicht hier auf Fanö. Aber ich habe selbst

Schuld. Ich hätte nicht so nachfragen sollen. Jetzt habe ich den Salat. Natürlich habe ich keine Angst vor dem Finanzamt. Warum auch? Ich habe schließlich nichts zu verbergen. Aber man weiß ja nie. Briefe vom Finanzamt sind in der Regel keine »Gewinnmitteilungen«. Briefe vom Finanzamt sind oft recht »teuer«. Ich lasse meinen Sohn in Ruhe. Die übrige Post interessiert mich nicht mehr. Ich habe meinen Sorgen neue Nahrung gegeben und merke, wie weit ich noch von der »Einfalt des sorglosen Lebens« entfernt bin.

Es kommt nicht von ungefähr, dass mein Blick in dieser Phase des Sorgenmachens auf einen Vers in der Bergpredigt gelenkt wird, der an Eindeutigkeit nicht zu überbieten ist: »Wo dein Schatz ist, da ist auch dein Herz« (Matthäus 6,21). Dieser Satz bringt mein Problem mit den Sorgen auf den Punkt. Er provoziert mich. Er legt den Finger in meine Wunde. »Gib mir das Sorgen um deine Sicherheiten, dann ist dein Herz frei für mich.« Ich merke, wie mir die Frage der finanziellen Sicherheit zu Herzen geht. Meine Stimmung beeinflusst. Selbst in der besonderen Atmosphäre meiner Abgeschiedenheit auf der Insel. Jesus möchte mich davon frei machen. Er möchte in meinem Leben Wirklichkeit werden und meine Wirklichkeit gestalten. Mich motivieren, in unmittelbarer Gemeinschaft mit ihm zu leben und ihm das Sorgen zu überlassen.

Auch Bonhoeffer hat das erkannt: »Der Missbrauch der Güter besteht darin, dass wir sie zur Sicherung für den nächsten Tag gebrauchen. Sorge ist immer auf das Morgen gerichtet.« Damit diese Aussage nicht falsch verstanden wird, ergänzt er:

> *»Sorget nicht für den anderen Morgen« — das ist nicht zu begreifen als Lebensweisheit, als Gesetz. Es ist allein zu begreifen als das Evangelium von Jesus Christus. Nur der Nachfolgende, der Jesus erkannt hat, empfängt aus diesem Wort die Zusage der Liebe des Vaters Jesu Christi und die Freiheit von allen Dingen. Nicht die Sorge macht den Jünger sorglos, sondern der Glaube an Jesus Christus.*[36]

Aus diesen Worten spricht viel Zuversicht und Freiheit. Bonhoeffer ist in diese Zeilen trotz seiner sorgenfreien Herkunft authentisch. Er hat sie gelebt. Im Kirchenkampf und im Widerstand hatte er immer wieder Anlass zu existenziellen Sorgen. Seine beruflichen Perspektiven und später auch sein Leben waren ständig in Gefahr. Aber er ist die risikoreichen Wege im Vertrauen auf denjenigen, der ihn gerufen hat, gegangen. Seine Weggefährten hat er ebenfalls immer wieder aufgefordert, sich keine Sorgen zu machen. »Nicht die Sorge macht den Jünger sorglos, sondern der Glaube an Jesus Christus.« Auch diesen Satz kann ich nicht oft genug lesen. Nicht die Handlungen, die aus dem Sorgen entstehen, machen unser Leben sorglos. Sie ziehen in der Regel immer weitere Sorgen und weitere Handlungen nach sich: ein Hamsterrad aus Sorgen und sorgenvollem Handeln. Ich erlebe mich oft in diesem Hamsterrad und komme nicht heraus. Ich kann nicht einfach sorgenfrei leben. Ich kann mich aber darum bemühen, dass das Sorgen die Unmittelbarkeit zwischen Christus und mir nicht belastet. Dass ich seinen Ruf im Ohr behalte und seine Wirklichkeit in meinem Leben Gestalt gewinnt.

> Nicht die Handlungen, die aus dem Sorgen entstehen, machen unser Leben sorglos. Sie ziehen in der Regel immer weitere Sorgen und weitere Handlungen nach sich: ein Hamsterrad aus Sorgen und sorgenvollem Handeln.

Bonhoeffer beschließt seine Gedanken zur »Einfalt des sorgenfreien Lebens« mit einem Blick in die weite Zukunft, die für ihn gar nicht so weit entfernt ist. Er schreibt, ohne zu wissen, wie sein Weg der Nachfolge in den nächsten Jahren verlaufen wird: »Der Nachfolger Jesu wird noch nach langer Jüngerschaft auf die Frage des Herrn: ›Habt ihr auch je Mangel gehabt?‹, antworten: ›Herr, niemals!‹ Wie sollte der auch Mangel haben, der in Hunger und Blöße, in Verfolgung und Gefahr der Gemeinschaft Jesu Christi gewiss ist?«[37]

Stationen auf meinem Weg der Nachfolge

Ich mache mir Sorgen. Immer wieder.
Ich kann mich nicht dagegen wehren.
Stimmt: Ich kann mich nicht dagegen wehren.
Jesus sagt: »Komm zu mir und lerne von mir! Ich kann.
Gemeinsam können wir uns gegen deine Sorgen wehren.«

Kapitel 7

Nachfolge und die anderen – Nachfolge im Alltag

Die ersten beiden Kapitel der Bergpredigt machen deutlich, dass das Leben in der Nachfolge von Außerordentlichkeit und Verborgenheit geprägt ist. Sie wollen uns in eine enge Gemeinschaft mit Christus führen. Sie wollen uns Wege öffnen und Leitplanken bieten, wie die Wirklichkeit Christi in unserem Leben Gestalt gewinnen kann. Je mehr das geschieht, desto mehr unterscheiden wir uns von anderen. Es entsteht die Gefahr, dass wir uns abgrenzen und richten. Dass wir besserwisserisch und überheblich werden.

Über diese Gefahren, wenn wir mit anderen zusammen sind, handelt das dritte Kapitel der Bergpredigt. Bonhoeffer hat gerade an diesem Punkt immer wieder an sich arbeiten müssen. Er hat sich sowohl durch die Erkenntnis der Wirklichkeit Christi in seinem Leben als auch durch seine Herkunft und Bildung deutlich von seinen Mitmenschen unterschieden. Immer wieder sah er sich der Gefahr und dem Vorwurf der Überheblichkeit und Besserwisserei ausgesetzt. Auch ich habe erfahren müssen, dass gerade der Umgang mit anderen die »Nagelprobe« für die Nachfolge ist und immer wieder neue Lernschritte erforderlich sind.

> Bonhoeffer ist stets bemüht, die Grenze zwischen Bekenntnis und Urteil, zwischen der inhaltlichen und der persönlichen Auseinandersetzung zu beachten. Aber es fällt ihm vor dem Hintergrund seines klaren, durchdringenden Denkens und Verstehens nicht immer leicht.

Vom Richten und den Umgang mit anderen (Matthäus 7, 1-12)

Bonhoeffer muss in den Zeiten des Kirchenkampfes viele persönliche Konflikte ausfechten. Freundschaften zerbrechen. Beziehungen werden beendet. Oft muss er sich zwischen seinem Bekenntnis und den Menschen, die sich gegen dieses Bekenntnis stellen, entscheiden.

»Richtet nicht, damit ihr nicht gerichtet werdet« (Matthäus 7,1). Dieser Satz aus der Bergpredigt ist besonders in den Zeiten des Kirchenkampfes schwer zu leben. Bonhoeffer ist stets bemüht, die Grenze zwischen Bekenntnis und Urteil, zwischen der inhaltlichen und der persönlichen Auseinandersetzung zu beachten. Aber es fällt ihm vor dem

Hintergrund seines klaren, durchdringenden Denkens und Verstehens nicht immer leicht.

Im Januar 1936 treffen sich über 200 Pfarrer in Stettin-Bredow, um über den neu eingerichteten »Provinzialkirchenausschuss« zu diskutieren, dem sich alle Pfarrer nach dem Willen der Reichskirche zu unterstellen haben. Bonhoeffer und seine Seminaristen aus dem nahe gelegenen Finkenwalde sind strikt dagegen. Die Ausschüsse zu akzeptieren, käme für sie einem Verrat an der Barmer Erklärung gleich. Es kommt zu heftigen Auseinandersetzungen. Die Finkenwalder Seminaristen beteiligen sich aktiv und lautstark. Schließlich spricht sich die deutliche Mehrheit der Anwesenden gegen die Zusammenarbeit mit den Ausschüssen aus.

Einige Tage später erhält Bonhoeffer einen Brief, in dem sich ein angesehener Theologe über den »Richtgeist« im Verhalten der Seminaristen beschwert. Bonhoeffer antwortet ihm mit dem Hinweis auf die besondere Situation des Kirchenkampfes:

> Wenn es dann einmal in einer Stunde, in der es um den rechten oder unrechten Weg der Kirche, um Wahrheit oder Unwahrheit geht, einer Stunde, in der jeden Augenblick die Gefahr besteht, dass die Kirche auf einen furchtbaren Irrweg geführt wird, wenn es in einer solchen Stunde dann auch einmal zu einer leichten »psychischen« Explosion kommt, so kann ich mich darüber nicht so sehr ereifern. Es geht da wirklich um noch Wichtigeres. Nämlich darum, dass die Wahrheit des Wortes Gottes allein zur Geltung kommt. Verfehlungen im Ton der Rede und im zuchtvollen Verhalten sind reparabel. Das weiß ich von jedem meiner hiesigen Brüder, dass sie bereit sind, bei einer solchen erkannten Verfehlung um Verzeihung zu bitten, und das ist mir in diesem Falle die Hauptsache. Sehr viel schwerer reparabel aber ist es, wenn die Kirche in ihrem Zeugnis von Christus den Weg der Treue und der Wahrheit verlässt. [38]

Bonhoeffer unterscheidet in seinem Brief ganz deutlich zwischen dem Richten über eine objektive Entscheidung oder Handlung und dem Richten über eine Person. Wenn in der Auseinandersetzung das Verhalten eines Kirchenvertreters als Verrat am Barmer Bekenntnis bezeichnet wird, dann ist damit nicht gesagt, dass derjenige als Person ein »Verräter« ist.

Wie hart die Auseinandersetzungen geführt wurden, zeigt sich daran, dass der Theologe, der sich an Bonhoeffer wendet, in der Diskussion einem engagiert diskutierenden Seminaristen gesagt hat, dass aus ihm der

Satan gesprochen habe. Bonhoeffer stellt sich hinter seinen Seminaristen und schreibt dem Theologen: »Ich kann Ihr Urteil nur als unbarmherzig empfinden und höre aus ihm einen Richtgeist heraus, der mich vielmehr beunruhigt als der von Ihnen in unserer theologischen Haltung verurteilte Richtgeist.« Und etwas später schreibt er in dem Brief:

Es geht mir in allem kirchlichen Reden und Handeln um den Primat, die alleinige Ehre und Wahrheit des Wortes Gottes. Es gibt keinen größeren Dienst der Liebe, als den Menschen in das Licht der Wahrheit dieses Wortes zu stellen, auch wo es wehtut. Das Wort Gottes scheidet die Geister. Darin liegt kein Richtgeist, sondern nur die demütige und wahrhaftig erschrockene Erkenntnis der Wege, die Gott selbst mit seinem Wort in seiner Kirche gehen will. Die Grenzen dieses Wortes sind auch unsere Grenzen. Wir können nicht vereinen, wo Gott scheidet. Wir können nur die Wahrheit bezeugen, in der Demut bleiben, und füreinander beten.

In diesem seelsorgerischen Antwortbrief auf die Beschwerden des Theologen über das Verhalten der Seminaristen gibt Bonhoeffer einen tiefen Einblick, wie er um den richtigen Weg für die Kirche und das Miteinander ringt. Er erklärt aber auch, wie die Aussagen über den »Richtgeist« in der Bergpredigt zu verstehen sind. Es geht darum:

- die Wahrheit des Wortes Gottes als Maßstab für das eigene Reden und Handeln zu akzeptieren,
- diese Wahrheit in aller Demut, das heißt im Wissen um den »eigenen Balken im Auge« zu vertreten
- und füreinander zu beten.

In Anbetracht der besonderen Situation Bonhoeffers frage ich mich, ob dieser »Richtgeist« überhaupt mein Thema ist. Ich versuche doch eigentlich, die Menschen so zu nehmen, wie sie sind, und kein öffentliches Urteil über sie zu fällen. Aber schneller als mir lieb ist, bin ich doch mittendrin im Richten ...

Ich sitze im Zuschauerraum und höre dem Geschehen auf der Bühne zu. Engagiert und sorgfältig wird die Musik gespielt. Offensichtlich nicht sorgfältig genug. Hier und da scheint sich ein falscher Ton einzuschleichen. Ich merke es vor allem an den Gesichtsausdrücken der übrigen Zuhörer. Sie zucken bei manchen Tönen richtig zusammen und tauschen mit anderen »Fachleuten« kundige Blicke aus. Teilweise sehe ich auch leichtes Kopfschütteln und Lächeln über die begrenzten Fähigkeiten der Vortragenden. In diesen Situationen kommt es mir oft so vor, dass es auch ein Vorteil sein kann, wenn man wie ich mit äußerst geringen musikalischen Fähigkeiten ausgestattet ist. Wer die Fehler nicht wahrnimmt, kommt auch nicht in die Gefahr, darüber zu richten. Allerdings richte ich in solchen Situationen über etwas anderes, und das ist sicherlich nicht besser: Ich richte nicht über den Vortragenden, sondern über die anderen Zuhörer. Ich sehe die teilweise abschätzigen Reaktionen der anderen, die an manchen Stellen über berechtigte und notwendige Kritik hinausgehen. Wie kann man nur so hochmütig und lieblos sein! – denke ich, und schon bin ich mittendrin im Richten. Bin selbst hochmütig und lieblos. Ich maße mir kein Urteil über die Musik an, aber ich richte über die Reaktionen der anderen. Meistens nur innerlich. Manchmal aber auch öffentlich.

Wie schmerzhaft dieses Richten über den anderen sein kann, merke ich, als ich selbst in einen Konflikt gerate, in dem ich Urteile über mich höre oder zu hören glaube. Wie steht es mit dem Richten? Sind wir aufgefordert zu allem »Ja« und »Amen« zu sagen, nur um des lieben Friedens willen? Gibt es ein »gerechtfertigtes Richten«?

All diese Fragen werden lebendig, als ich in der Abgeschiedenheit der Insel über die Einstellung des Nachfolgers zu den anderen lese. Die Bergpredigt ist eindeutig: »Richtet nicht, damit ihr nicht gerichtet werdet« (Matthäus 7,1).

Offensichtlich gibt es einen Unterschied zwischen dem Richten und einer liebevollen Ermahnung, die Bonhoeffer später als Dienstbereich des gemeinsamen Lebens beschreibt. Den Schlüssel dafür, diesen Unterschied zu erkennen und zu leben, finden wir nach den Aussagen der Bergpredigt in Gottes Wort und im Gebet.

Das, was die Bergpredigt über den Umgang mit anderen sagt, trifft mich. Auch ich bin gemeint. Ich ahne, dass all die Gedanken über den außerordentlichen und verborgenen Weg nur eine Hinführung zu diesem Thema sind, an dem ich mich seit einiger Zeit reibe. Nicht richten. Wenig reden. Viel beten. Und vor allem: lieben.

Bonhoeffer schreibt, dass der Geist, der hinter dem Richten steht, nur durch die Liebe, die aus Christus erwächst, überwunden werden

> Bonhoeffer schreibt, dass der Geist, der hinter dem Richten steht, nur durch die Liebe, die aus Christus erwächst, überwunden werden kann. Gerade an diesem Punkt zeigt es sich, wie sehr Christus in unserem Leben Wirklichkeit geworden ist.

kann. Gerade an diesem Punkt zeigt es sich, wie sehr Christus in unserem Leben Wirklichkeit geworden ist. Aber Bonhoeffer weiß auch aus eigenen Erfahrungen, dass wir an dieser Stelle oft an unsere Grenzen stoßen.

> *Was sollen die Jünger tun angesichts der verschlossenen Herzen? Dort, wo der Zugang zum anderen nicht gelingt? Sie sollen anerkennen, dass sie in keiner Weise Recht oder Macht über den anderen besitzen, dass sie auch keinerlei unmittelbaren Zugang zu ihm haben, sodass ihnen allein der Weg zu dem bleibt, in dessen Hand sie selbst stehen wie auch jene anderen.*[39]

Keine Macht und kein Recht über den anderen ... verschlossene Herzen. Ich kenne das: Es gibt Situationen, in denen die Macht der eigenen Worte an ihre Grenzen stößt. Wir kommen mit unseren Mitteln nicht mehr weiter. Die Tür zum anderen ist verschlossen. Hilflos klopfen wir an die Tür. Sie bleibt versperrt. Vielleicht hatte Bonhoeffer so eine gestörte Beziehung, so eine verschlossene Tür vor Augen, als er davon schrieb, dass uns allein der Weg zu dem bleibt, in dessen Hand wir und die anderen stehen.

Ich merke, wie wichtig die Erfahrung ist, die Grenzen und das Scheitern des Miteinanders zu erleben. Ich merke aber auch, dass ich nicht allein bin mit dieser Erfahrung. Jeder von uns hat in irgendeiner Form solche Krisen im Miteinander erlebt. Es kommt darauf an, wie wir diese Krisen durchschreiten und was wir daraus lernen.

> *Die Jünger werden ins Gebet geführt. Es wird ihnen gesagt, dass kein anderer Weg zum Nächsten führt als das Gebet zu Gott. ... Die Verheißung, die ihrem Gebet gegeben ist, ist die größte Macht, die sie haben.*[40]

Das Gebet ist der Raum, der den Nachfolgern zur Verfügung steht, um der Wirklichkeit Christi im Leben eine konkrete Gestalt zu geben. In diesen Raum darf ich mit den Menschen gehen, die zu mir »Du bist mir egal« und »Du bist mein Gegner« sagen.

Ich beginne, neu zu beten. In aller Ruhe. Ich spüre, wie sich meine Gedanken den anderen gegenüber entspannen und ihre Sätze an Schärfe verlieren. Ich beginne, wieder für die anderen zu beten und erlebe, welche wohltuende Wirkung das hat. Mir wird deutlich, warum in der Bergpredigt – zwischen den Beschreibungen, welche Komplikationen es im Umgang mit den anderen gibt – dieser leidenschaftliche Aufruf zum Gebet steht:

> *Bittet, so wird euch gegeben; suchet, so werdet ihr finden; klopfet an, so wird euch aufgetan. Denn wer da bittet, der empfängt; und wer da sucht, der findet; und wer da anklopft, dem wird aufgetan. Wer ist unter euch Menschen, der seinem Sohn, wenn er ihn bittet um Brot, einen Stein biete? Oder, wenn er ihn bittet um einen Fisch, eine Schlange biete? Wenn nun ihr, die ihr doch böse seid, dennoch euren Kindern gute Gaben geben könnt, wie viel mehr wird euer Vater im Himmel Gutes geben denen, die ihn bitten! (Matthäus 7,7-11).*

Gerade im Miteinander mit den anderen erlebe ich meine Grenzen und mein Versagen. Gerade im Miteinander mit den anderen bin ich auf das Gebet angewiesen. Und hierauf liegt eine große Verheißung. Denn Gott will mir geben, worum ich bitte, wenn ich ihn anrufe. Ich darf um Gelassenheit, Durchhaltevermögen und neue Liebe zum anderen beten. Ich darf mich von Bonhoeffer daran erinnern lassen, dass »kein anderer Weg zum Nächsten führt als das Gebet zu Gott«.

Stationen auf meinem Weg der Nachfolge
Ich dachte, ich mache alles richtig.
Dieses »alles« öffnete dem Hochmut die Tür.
Dieses »alles« hatte den Richtgeist im Gepäck.
Schmerzhaft verabschiedete ich mich von diesem »alles«.
Schmerzhaft lernte ich, Schritte der Demut zu gehen.
Schmerzhaft lernte ich, mehr zu beten und weniger zu reden.

Von der Unterscheidungsfähigkeit und einem festen Fundament (Matthäus 7,13-29)

Ich habe bei meinen Lektionen in den Dünen sehr viel über mich lernen dürfen. Außerordentlichkeit. Verborgenheit. Wirklichkeit Christi. All das habe ich in der Abgeschiedenheit der Insel gut hören können. Aber ich bleibe nicht auf der Insel. Ich muss zurück in den Alltag. Ich werde mit meinen neuen Gedanken und Absichten auf meine Mitmenschen treffen. Es wird Konflikte geben. Alte Konflikte werden aufleben. Neue Konflikte entstehen.

Sich in die Wirklichkeit Christi stellen und für die anderen zu beten, statt über sie zu richten, heißt nicht, dass man nicht mehr über den anderen nachdenken dürfte. Die Bergpredigt ist an dieser Stelle sehr realistisch. Es gibt Konfliktsituationen, in denen man sich vor anderen in Acht nehmen muss. Unterscheidungsfähigkeit ist gefragt. Wo muss ich mich zurücknehmen und auf das richtende Urteil verzichten? Und wo muss ich bewusst Stellung beziehen und Unrecht beim Namen nennen? Bonhoeffer war an dieser Stelle besonders gefordert. Er musste sich im Miteinander mit anderen immer wieder zwischen Bekennen und Erdulden, zwischen Widerstand und Ergebung entscheiden.

Der Schriftsteller Hans Fallada veröffentlichte im Jahr 1937 – dem selben Jahr, in dem auch *Nachfolge* erschien – seinen Roman *Wolf unter Wölfen*. Es geht darin um die Geschichte eines jungen Mannes, der im Inflationsjahr 1928 erlebt, wie sich Menschen gegenseitig zerstören, wie sie zum »Wolf« werden. Es ist schwer, unter diesen Wölfen nicht selbst einer zu werden. Der Roman spielt in der Zeit vor der Machtübernahme durch die Nationalsozialisten, dennoch gibt er ein gutes Bild von dem Klima, in dem Bonhoeffer seine *Nachfolge* schreibt. Das Vertrauen unter den Menschen schwindet. Eine Atmosphäre des gegenseitigen Richtens und Bewertens entsteht. Was ist positiv? Was ist wertvoll? Was ist lebenswert? »Der Wolf im Schafspelz« zeigt in dieser Zeit immer deutlicher sein wahres Gesicht.

Gerade auf Fanö ist es für Bonhoeffer besonders gefährlich. Hier lauern Gegner, die sich teilweise recht geschickt verstellen. Hier hat er sehr genau auf falsche Propheten zu achten, die als Schaf verkleidet auftreten, in Wirklichkeit aber reißende Wölfe sind (Matthäus 7,15). Hier wird die Warnung der Bergpredigt Realität.

Wölfe im Schafspelz

Bonhoeffer hat darauf hingearbeitet, dass auf der Konferenz von Fanö über die Lage der Kirche in Deutschland diskutiert und eine Resolution verabschiedet wird, die das Verhalten und die Irrlehren der deutschen Reichskirche kritisiert und die sich eindeutig auf die Seite der Bekennenden Kirche stellt.

Gleich zu Beginn der Konferenz wird ein Ausschuss eingesetzt, der eine solche Resolution diskutieren und vorbereiten soll. Der Vertreter der Reichskirche, Theodor Heckel, versucht alles, um eine Kritik an dem Weg seiner Kirche und eine Aufwertung der Bekennenden Kirche vor der Weltöffentlichkeit zu vermeiden. Die Delegierten der Konferenz reagieren auf diese »Schönfärberei« ausgesprochen zurückhaltend. Zu gewichtig sind die kritischen Stimmen. Zu offensichtlich sind die Übergriffe auf Vertreter der Bekennenden Kirche. Zu eklatant sind die Verfälschungen der biblischen Botschaft.

Als sich die Stimmung der Konferenz deutlich in Richtung der Bekennenden Kirche neigt, schickt die Leitung der Reichskirche mit einem Sonderflugzeug den Oberkirchenrat Birnbaum als Sondergesandten auf die Insel Fanö. Er soll zusätzlich zu den anderen Delegierten der Reichskirche einen Bericht über die Lage der Christen und des Evangeliums in Deutschland geben. Man kann sich die Spannung vorstellen, in der Bonhoeffer als einziger Vertreter der Bekennenden Kirche auf der Hauptkonferenz diesen Sonderbericht des Sondergesandten erwartet.

Oberkirchenrat Birnbaum erhält fünfzehn Minuten Redezeit. Gespannte Stille herrscht während des Vortrags. Der Theologe versucht, die Konferenz auf der emotionalen Ebene anzusprechen. Keine theologischen Ausführungen über eine neue Sicht der Dinge. Keine Rechtfertigung für die Einführung undemokratischer Strukturen in der Reichskirche. Keine Diffamierung der Bekennenden Kirche. Der Oberkirchenrat erzählt persönliche Erlebnisse von Menschen, die durch den Nationalsozialismus zu Christen geworden sind. Er versucht zu erklären, wie gerade der Nationalsozialismus die Menschen für die Botschaft des Evangeliums öffnet.

Bonhoeffer werden diese fünfzehn Minuten zur Qual. Er könnte stundenlang Beispiele erzählen, wie sich Menschen durch die Verblendung des Nationalsozialismus vom christlichen Glauben entfernt haben und wie andere wegen ihres Bekenntnisses zu den Worten der Bibel verfolgt werden. Wenn es ein Beispiel für einen falschen Propheten und einen »Wolf im Schafspelz« gibt, dann ist es dieser Auftritt des Sondergesandten auf der Konferenz von Fanö. Herzergreifende Geschichten über Menschen, die zum Glauben finden, als unheilvolle Waffe im Kirchenkampf. »Seht euch vor den falschen Propheten vor, die in Schafskleidern zu euch kommen, inwendig aber sind sie reißende Wölfe« (Matthäus 7, 15).

Der Auftritt von Oberkirchenrat Birnbaum verfehlt seine Wirkung. Zu deutlich hat der Nationalsozialismus schon sein wahres Gesicht gezeigt. Ein Zuhörer erlebt die Ausführungen als »einen ungeheuer lächerlichen Kram«[41]. In der Resolution der Konferenz von Fanö wird das Vorgehen der Nationalsozialisten im Kirchenkampf deutlich kritisiert.

Die Unterschiedlichkeit lässt sich auf Dauer nicht verschleiern. Sie wird irgendwann zutage treten, wird an den Früchten der Taten zu erkennen sein. Im Blick auf den Nationalsozialismus und die Deutschen Christen sind die Früchte im Laufe der Jahre mehr als deutlich geworden.

Diejenigen, die in einem Atemzug »Herr, Herr« und »Heil Hitler« gerufen haben, können schließlich nichts mehr verschleiern. Sie hinterlassen nur noch Trümmer. Ihre Früchte sind eindeutig; ihre Ideologie ist auf keinem guten Boden gebaut. Der Sturm, den sie selbst entfacht haben, hat alles zum Einsturz gebracht. Die Kirche und das Land sind zerstört. Ihr Fundament hat nicht gehalten. Letztlich ist die Unterschiedlichkeit daran zu erkennen, wie belastbar das Fundament ist, auf dem wir stehen. Auf das Fundament kommt es an. Das Fundament macht den eigentlichen Unterschied aus (Matthäus 7,24-27). Nicht immer ist sofort zu erkennen, auf welchem Fundament der eine oder andere steht. »Wölfe im Schafspelz« und »falsche Propheten« können eine Zeit lang ihr Unwesen treiben. Aber ihr Wirken wird keinen Bestand haben, wenn ihr Fundament nicht solide gebaut ist. Die Tragfähigkeit und Außerordentlichkeit dieses Fundamentes wird sich in den Krisen des Lebens und des Miteinanders zeigen.

Bonhoeffer nimmt die Wegweisungen der Bergpredigt sehr persönlich. Er richtet sein Leben danach aus. Er will nicht nur Hörer, sondern auch Täter dieses Wortes sein. Damit fordert er uns immer wieder heraus: »*Menschlich gesehen gibt es jetzt unzählige Möglichkeiten, die Bergpredigt zu verstehen und zu deuten. Jesus kennt nur eine Möglichkeit: einfach hingehen und gehorchen.*«[42]

Den Ruf in die Nachfolge hören und gehorchen. Ich denke an all die Situationen aus meinem Leben, die durch das Lesen der Bergpredigt und die Gedanken Bonhoeffers angestoßen wurden. Hören und gehorchen. So einfach. So schwer. Ich weiß, dass ich es nicht allein schaffe. Ich bin auf Gott angewiesen. Aber ich weiß auch, dass ich nicht allein unterwegs bin. Jesus ist den Weg schon vor mir gegangen. Er hat schon alles erlitten, was mir jetzt Schmerzen bereitet. Sein Leiden macht ihn zu einem authentischen Weggefährten. Seine Wirklichkeit gewinnt in meinem Leben Gestalt und verändert mich.

Ich muss an den kleinen Jungen auf der Bank denken, der sich ganz einfach Jesus anschließt, weil er gemerkt hat, dass er es allein nicht hinbekommt. Ich bin dieser kleine Junge. Ich kriege es allein nicht hin. Ich stehe auf und folge Jesus. Ganz einfach.

> Hören und gehorchen. So einfach. So schwer. Ich weiß, dass ich es nicht allein schaffe. Ich bin auf Gott angewiesen. Aber ich weiß auch, dass ich nicht allein unterwegs bin. Jesus ist den Weg schon vor mir gegangen.

Stationen auf meinem Weg der Nachfolge

Es ist kein leichter Weg, auf dem ich unterwegs bin.
Der Weg geht rauf und runter. Ist eben und uneben.
Ich merke, dass mein Schritt immer fester wird.
Ich merke, wie einer diesen Weg mit mir geht.
Wir sind gemeinsam unterwegs.

Nachfolge im Alltag

Die Tage auf der Insel gehen zu Ende. Was bringe ich nach Hause
mit? Ich habe Fotos. Ich habe Erinnerungen. Aber ich suche auch nach
etwas Greifbarem. Am letzten Tag streife ich daher durch Nordby. Die
kleinen Läden bieten den Urlaubern etwas an, das sie als Mitbringsel
von der Insel mitnehmen können. Maritimes. Kleine Schiffchen, so
wie sie in der Kirche hängen. Oder Muscheln, schon fertig abge-
packt und gesäubert. T-Shirts mit Inselmotiv und Namenszug, damit
jeder lesen kann, wo man im Urlaub war. Bilder von Inselkünstlern,
Käse von Inselkühen, Marmelade von Inselfrüchten oder Honig
von Inselbienen. Kitschiges. Teller und Tassen mit bunten Motiven
und Botschaften, die mehr oder weniger Schmunzeln hervorrufen.
Robben, die wie kleine Dackel mit dem Kopf wackeln, und Delfine,
die wenig mit dieser Insel zu tun haben.

Nichts davon reizt mich zum Kauf. Trotzdem genieße ich es, hier
zu sein und an dem Schauen und Suchen teilzuhaben. Ich freue mich
an den kleinen Gassen, den hübschen Häusern, der entspannten
Stimmung und den Menschen, die ausgelassen in den Souvenirläden
stöbern.

Was bringe ich mit? Was bleibt von all den guten Gedanken:
während des Laufens um die Insel, in den Dünen am Strand und bei
der Wanderung auf den schmalen Wegen? Ich habe viele Anregungen
bekommen. Bin aufgeschreckt. Immer wieder wurde mir deutlich: Hier
geht es um mich. Ich bin gemeint. Bonhoeffers Gedanken und sein
Lebensweg haben mich wieder neu auf den Ruf Christi aufmerksam
gemacht und mich für meinen Weg der Nachfolge ausgerichtet. Ich
habe Momente erlebt, in denen meine Augen für Jesu Gegenwart
und Wirklichkeit in meinem Leben weit geöffnet waren. Er hat die
Abgeschiedenheit der Insel genutzt, um an meinen Einstellungen
zu arbeiten.

- Wenn ich mich auf Christus und das außerordentliche Leben in seiner Nachfolge einstelle, kann ich – im wahrsten Sinn des Wortes – verheißungsvoll in den Tag gehen. Mich auf diese Verheißungen einzustellen heißt, mich auf den einstellen, der die Verheißungen ausspricht. Heute ist ein Tag meines außerordentlichen Lebens mit ihm.

- Wenn ich mich auf Christus einstelle, dann werde ich Salz und Licht sein. Ich darf aufrecht durch das außerordentliche Leben gehen. Ich bin von ihm gerufen und geliebt. Mein Leben hat eine Wirkung. Ich darf eine positive Einstellung zu mir haben. Ich darf sein.

- Wenn ich mich auf den außerordentlichen Weg der Nachfolge einstelle, dann ist mein Weg von einem Wort geprägt: Liebe. Diesen außerordentlichen Weg der Liebe kann ich nur mit und durch Christus gehen. Er ist ihn vor mir gegangen.

- Wenn ich mich auf Christus einstelle, werde ich mit neuer Leidenschaft in seinem Wort lesen und mit ihm sprechen – beten. Ich werde aus dem Hören auf ihn heraus handeln und nicht mehr auf die Wirkung meines Handelns bei den anderen achten. Mein Tun und Machen bekommt eine neue Motivation, einen neuen Antrieb. Ich kann im Verborgenen handeln.

- Wenn ich mich auf Christus einstelle, werde ich auch eine neue Sicht auf meinen Besitz bekommen. Die Prioritäten werden neu verteilt. Seine Wirklichkeit beeinflusst alle Bereiche meines Lebens.

- Wenn ich mich auf Christus einstelle, verändert sich meine Sicht der anderen. Menschen sind unterschiedlich. Ich werde geduldig auf die Früchte des menschlichen »Machens« achten. Nicht richten. Wenig reden. Viel beten. Und vor allem: lieben.

- Wenn ich mich auf Christus einstelle, hat mein Leben ein stabiles Fundament. Auf sein Wort will ich mich stellen, will es hören und ihm gehorchen.

Ich ahne, wie diese Einstellungen mich verändern können. Sie sind keine geistliche To-do-Liste, kein Gesetz, das ich mir auferlege. Sie sind eine Beschreibung dessen, was passiert, wenn ich wirklich auf den Ruf der Nachfolge höre, mich voll und ganz auf die Wirklichkeit Christi in meinem Leben einstelle und es von ihm gestalten lasse. Diese Einstellungen sind Schallwellen des Rufes. Sie schwingen mit. Sie wirken. Sie verändern.

Stationen auf meinem Weg der Nachfolge

Die Begegnung mit Christus verändert mich.
Er zeigt mir, wie wertvoll ich für ihn bin.
Er spricht meine wunden Punkte an.
Er ruft mich, ihm zu folgen.
Er wird Wirklichkeit in meinem Leben.
Zusammen mit ihm betrete ich Neuland.

Am Ende meiner Entdeckungsreise in Bezug auf die persönliche Nachfolge bei Bonhoeffer wird mir deutlich, was mir Gott zeigen und ans Herz legen wollte:

- Er will mir immer wieder helfen, wahrhaft demütig und gleichzeitig in guter Art und Weise selbstbewusst zu sein. In diesem Spannungsfeld werde ich mit seiner Hilfe immer wieder Antworten auf die Frage: »Wer bin ich?« finden.
- Er will mir immer wieder helfen, mit beiden Beinen in meinem Alltag und meinen Beziehungen zu stehen und gleichzeitig den Blick auf seine verändernde Wirklichkeit zu richten. In diesem Spannungsfeld werde ich mit seiner Hilfe immer wieder Antworten auf die Frage: »Wie kann ich heute leben?« finden.
- Er will mir immer wieder helfen, den außerordentlichen Weg der Nachfolge zu gehen. Voller Leidenschaft. Voller Sehnsucht. Eine Station nach der anderen. Schritt für Schritt. Wenn ich mit ihm unterwegs bin, werde ich immer wieder Antworten auf die Frage: »Was bedeutet Nachfolge heute für mich?« finden.

Zingst: ein Seeheilbad auf der Halbinsel Fischland-Darß-Zingst. Zwischen Ostsee im Norden und Barther Bodden im Süden erstreckt sich ein schmaler Landstreifen. Etwas außerhalb von Zingst liegt der Zingsthof. Hier beginnt Bonhoeffer 1935 mit der praktischen Ausbildung angehender Pastoren der Bekennenden Kirche. Sie wird kurz darauf in Finkenwalde in der Nähe von Stettin fortgesetzt.

Der Zingsthof hat, im Gegensatz zu den Gebäuden in Finkenwalde, die Wirren der Zeit überstanden und steht noch wie zu Bonhoeffers Zeiten direkt an der Ostsee. Heute wird hier eine Familienferienstätte der Berliner Stadtmission betrieben. Das ursprüngliche Fachwerkhaus und verschiedene Nebengebäude sind nur durch einen kleinen Dünenstreifen vom feinen Sandstrand und dem Meer getrennt. Das Gelände des Zingsthofes liegt mitten in einem kleinen Kiefernwäldchen

Zingst und Finkenwalde: gemeinsame Nachfolge

und bietet selbst bei sonnigem Seewetter eine Fülle von schattigen Entspannungsmöglichkeiten. Ein malerischer Ort in einer einmalig schönen Lage.

Hier setze ich meine Entdeckungsreise auf Bonhoeffers Spuren fort. Nun geht es um gemeinsames Leben. Was treibt mich bei meinem Wunsch, mit anderen gemeinsam unterwegs zu sein, an? Welche Bilder einer christlichen Gemeinschaft habe ich? Wie kann gemeinsames Leben heute gelingen? Was ist an Rahmenbedingungen zu berücksichtigen? Welches Maß an Vertrautheit kann entstehen? Wie wirkt sich die Gemeinschaft auf die persönliche Nachfolge des Einzelnen aus? Wie geht man mit Konflikten um, die untereinander entstehen?

Diese Fragen beschäftigen Bonhoeffer, als er mit der Ausbildung der angehenden Pastoren beginnt.

Bonhoeffer in Zingst und Finkenwalde

Auf der Bekenntnissynode in Dahlem wird beschlossen, eigene Ausbildungswege für die angehenden Pastoren der Bekennenden Kirche einzurichten. Die theologische Ausbildung an den Universitäten ist stark vom nationalsozialistischen Zeitgeist geprägt und bietet keine »bekenntnistreue Grundlage«. In den sogenannten »Predigerseminaren« können angehende Pastoren – unabhängig von der universitären Ausbildung – ihr theologisches Wissen vertiefen und praktische Erfahrungen sammeln. Der altpreußische Bruderrat richtet für die Bekennende Kirche insgesamt fünf dieser Predigerseminare in ganz Deutschland ein. Die Leitung des neu entstehenden pommerschen Seminars übernimmt Dietrich Bonhoeffer im April 1935. Bis zu diesem Zeitpunkt hat er als Auslandspastor zwei Kirchengemeinden in London betreut.

Dietrich Bonhoeffer reizt diese Aufgabe. »Mit einem überschaubaren und geschlossenen Kreis von Schülern konnte er sich ungeteilt seinem neuen theologischen Thema, der Nachfolge, zuwenden«, schreibt Eberhard Bethge in seiner Biografie.[43]

Nach vorläufiger Klärung der Standortfrage öffnet das Seminar am 26. April 1935 auf dem Zingsthof direkt an der Ostsee seine Pforten. Die Juristen der Bekennenden Kirche haben den Verantwortlichen zu einer eher abgelegenen ländlichen Lage geraten, um nicht so sehr im Fokus der staatlichen Kirchenverwaltung zu sein. Die Abgeschiedenheit erweist sich aber auch für Bonhoeffer und seine Seminarteilnehmer als Vorteil. Hier können sie sich in aller Ruhe auf die Inhalte und das Miteinander konzentrieren.

Doch nicht nur die Abgeschiedenheit und Schönheit der Landschaft rund um den Zingsthof und später in Finkenwalde machen das Besondere dieses Predigerseminars aus. Es sind die täglichen Abläufe, das Miteinander, die behandelten Themen und die Art und Weise, wie Bonhoeffer das Seminar leitet. Er hat sich auf diese neue Aufgabe sehr gewissenhaft vorbereitet. Am Ende seiner Zeit in England hat er verschiedene Kommunitäten auf der Insel besucht und sich für ihre Erfahrungen mit dem gemeinsamen Leben interessiert.

Auch inhaltlich ist Bonhoeffer als Direktor des Predigerseminars bestens gerüstet. Aus seiner eigenen Studentenzeit und der Zeit als Dozent an der Berliner Universität hat er klare Vorstellungen davon, wie er die angehenden Pastoren in diesen besonderen Zeiten auf ihren Dienst vorbereiten will. Er brennt darauf, mit den jungen Menschen über den Ruf und die Schritte in die Nachfolge zu sprechen.

Einige der Seminaristen kennen Bonhoeffer bereits aus seiner Berliner Dozententätigkeit. Sie haben mit ihm schon Ausflüge aufs Land nach Prebelow oder Biesenthal unternommen. Ein paar gehörten sogar zur Delegation der Jugendkonferenz auf Fanö. Andere kennen Bonhoeffer gar nicht und sind gespannt auf die Zeit, die sie erwartet. Zu ihnen gehört Eberhard Bethge, der aus einer sächsischen Pastorenfamilie stammt.

Insgesamt 23 Kandidaten finden sich Ende April 1935 für den ersten sechsmonatigen Kurs auf dem Zingsthof ein. Sie werden von Bonhoeffer und dem ihm an die Seite gestellten Studieninspektor Wilhelm Rott begrüßt.

Während Bonhoeffer klare Vorstellungen über die Inhalte des Kurses hat, muss in organisatorischen Fragen stark improvisiert werden. Der Zingsthof steht nur bis Mitte Juni zur Verfügung, da dann die Ferien beginnen und das Haus für Urlauber gebraucht wird. Das Seminar zieht daher in ein ehemaliges Gutshaus nach Finkenwalde bei Stettin um, das allerdings erst hergerichtet und möbliert werden muss. In diese Aufgabe werden die Kandidaten miteinbezogen: Sie sollen Spenden sammeln und auch praktisch mithelfen.

Trotz der vielen zusätzlichen Aufgaben in den Anfangsmonaten des Seminars steht die inhaltliche Arbeit im Mittelpunkt. Dafür sorgt »Bonhoeffers Tageseinteilung und der Ansporn, der von seiner Arbeitsweise ausging«[44].

Der Tag beginnt mit einer klar strukturierten Andacht und einer halbstündigen persönlichen Meditationszeit der Kandidaten. Auf eine Auslegung der biblischen Texte verzichtet Bonhoeffer. Gottes Wort soll im Mittelpunkt stehen. Für die Seminarteilnehmer ist das neu und ungewohnt. Aber sie lernen, diese Form der Andacht zu schätzen. Zu Beginn der Sommerferien des ersten Kurses schreiben sie in einem Rundbrief: »Jeder Morgen und Abend erinnert uns an die Stunden gemeinsamer Andacht. Durch den Verzicht auf das auslegende Wort in der täglichen Abendandacht hat uns P. Bonhoeffer das biblische Wort in seiner Objektivität teuer gemacht. Wohl keiner von uns möchte die Andachten gerade in der Gestalt missen, wie wir sie im Seminar kennengelernt haben.«[45]

Der Lehrplan des Predigerseminars in Zingst und Finkenwalde orientiert sich an den üblichen theologischen Fächern wie Homiletik, Katechetik oder Liturgik. Lediglich die Vorlesungen zum Thema »Nachfolge« sind ungewöhnlich. Doch gerade dieses Thema, bei dem die persönliche Betroffenheit und Begeisterung Bonhoeffers zu spüren ist, fesselt die Kandidaten. »Das Kolleg, das uns wohl alle am stärksten beeindruckt, heißt: Nachfolge im Neuen Testament. … Wohl niemand kann sich dem Ernst entziehen, mit dem wir durch den NT-Befund auf das Faktum Nachfolge hingewiesen werden.«[46] Auch Eberhard Bethge hebt die besondere Bedeutung der Nachfolge-Vorlesungen hervor: »Den Neulingen wurde schon nach den ersten Stunden deutlich, dass hier das Herz des Ganzen schlug, und sie merkten, dass sie ein theologisches Ereignis miterlebten, durch welches die anderen Fächer ihre beherrschende Mitte und auch frische Blutzufuhr erhielten.«[47]

Das gemeinsame theologische Arbeiten und die gemeinsame Freizeitgestaltung gehen fließend ineinander über. Die von Bonhoeffer eingeführte Regel, dass nicht über den anderen in dessen Abwesenheit gesprochen werden darf, schafft eine Vertrauensbasis, die das Miteinander prägt. »Im Scheitern an dieser einfachen Regel und in ihrer neuen Beachtung wurde fast so viel gelernt wie an Exegesen und Predigten.«[48]

Das Miteinander wird aber auch von der besonderen Umgebung und der notwendigen Improvisation in der Aufbauphase des Seminars beeinflusst. In dem bereits zitierten ersten Rundbrief heißt es: »Die primitiven Verhältnisse und die Nähe der See in Zingst ließen uns alle überflüssige Steifheit abtun, wie man ja am Strande und in Jugendherbergen innerlich gelöster und lockerer miteinander verkehrt als sonst im bürgerlichen Leben.«[49] In dieser Atmosphäre werden auch die wöchentlichen Diskussionsabende über allgemeine Themen zu einem besonderen Erlebnis für die Kandidaten. Bonhoeffer öffnet ihnen eine ganz andere Sicht auf die politische Entwicklung ihrer Zeit, als sie es von ihrem bisherigen Umfeld gewohnt sind. Einige von ihnen haben auf Fanö bereits die politischen und persönlichen Konsequenzen der Nachfolge entdeckt. Für andere ist es sehr überraschend, dass die Bergpredigt auch konsequente Schritte der Gewaltlosigkeit einfordert, die im Gegensatz zu dem von Hitler am 1. Mai 1935 verkündeten »Wiedererstehen einer wehrhaften Nation« stehen.

Die entspannte Atmosphäre des Seminars und die ländliche Umgebung machen es möglich, dass bei schönem Wetter der Unterricht verschoben wird, um die Zeit zum gemeinsamen Spielen in der Natur zu nutzen. Bonhoeffer, der über spielerisches Geschick, Leidenschaft und eine gute Kondition verfügt, mischt sich meistens mitten unter die Kandidaten. Die Vielfalt und Offenheit des Seminars zeigt sich auch daran, dass Bonhoeffer in der gemeinsamen Freizeit oft Bücher bekannter Erzähler wie Stifter, Keller oder Droste-Hülshoff vorlesen lässt. Er will die Kandidaten vor einer einseitigen Verengung auf theologische Fragen oder Literatur bewahren und deutlich machen, dass die Nachfolge jedes einzelnen Christen mitten im Leben stattfindet.

Deshalb versucht Bonhoeffer auch, die Ausbildung der angehenden Pastoren eng mit der gemeindlichen Praxis zu verzahnen. Er bemüht sich um Predigt- und sonstige Einsatzmöglichkeiten für seine Kandidaten und sich in den umliegenden Gemeinden, in denen Pastoren der Bekennenden Kirche tätig sind. Mit dem Fahrrad fahren sie zu Vertretungseinsätzen oder halten »volksmissionarische Abende«. Beide Seiten profitieren davon. Die Pastoren werden bei ihren Bemühungen in der Gemeinde unterstützt und die Seminaristen können das Gelernte in der Praxis umsetzen.

Bonhoeffer ist es ein Anliegen, dass sich die Arbeit seines Predigerseminars auf die Umgebung auswirkt. Dazu dienen zum einen die verschiedenen Einsätze, aber auch die regelmäßigen Gottesdienste, die in Finkenwalde gehalten werden. Eine alte Turnhalle wird dort zu einer einfachen Kirche umgebaut. Man führt schließlich auch Freizeiten durch und empfängt Besuchergruppen, für die unter anderem die landschaftlich schöne Umgebung interessant und reizvoll ist. »Die Umgebung des Seminars ist schöner Laubwald und Wasser mit Boot!«, schreibt Bonhoeffer bereits im September 1935, um eine Besuchergruppe zu motivieren, sich auf den

Weg nach Finkenwalde zu machen.[50] So entsteht in dem kleinen Ort am Stettiner Haff ein geistliches Zentrum, das vielfältige praktische Einsatzmöglichkeiten für die Kandidaten mit sich bringt.

Bonhoeffer trägt sich schon lange mit dem Gedanken, dem gemeinsamen Leben im Predigerseminar einen festen Rahmen zu geben. »Der Gedanke an eine überschaubare, gebundene Kommunität war bei ihm von dem Augenblick an vorhanden, als er über Nachfolge nachzudenken begann«, schreibt sein Freund Bethge später.[51]

Die positiven Erfahrungen, die Bonhoeffer mit den offenen und begeisterungsfähigen jungen Männern macht, ermutigen ihn ab Ende Juli 1935, in einzelnen Gesprächen die Idee eines »Bruderhauses« im Predigerseminar Finkenwalde anzusprechen. Er sieht die Notwendigkeit, die jungen Pastoren auch nach Ende ihrer Ausbildung in ihrem Dienst und ihrer Nachfolge weiter zu begleiten und ihnen eine Gemeinschaft von »Brüdern« an die Seite zu stellen – gerade in diesen schwierigen Zeiten. Darüber hinaus wächst die organisatorische Arbeit des Seminars durch die vielfältigen Tätigkeitsbereiche und die »Brüder« könnten hierbei unterstützen. Diese Gedanken werden von den Kandidaten des ersten Kurses ausgesprochen positiv aufgenommen. So stellt Bonhoeffer bereits im September 1935 den Antrag an den Rat der Evangelischen Kirche der Altpreußischen Union, die Errichtung eines »Bruderhauses« im Predigerseminar zu genehmigen.

In groben Zügen skizziert er, was er sich vorstellt: »Die Brüder des Bruderhauses leben zusammen in strenger gottesdienstlicher Ordnung des Tages. Nicht kultische Formen, sondern das Wort der Bibel und das Gebet führt sie durch den Tag. Durch brüderliche Vermahnung und Zucht und durch freie Beichte sollen sie verbunden sein. Gemeinsame theologische und kirchliche Besinnung auf die Verkündigung und das biblische Wort soll sie nüchtern und sachlich werden lassen. Unter Verzicht auf alles, was die einfachsten Lebensansprüche übersteigt, verpflichten sie sich, ihr Leben gemeinschaftlich zu führen.« Bonhoeffer hat dabei das Bild eines Diakonissenmutterhauses vor Augen, dessen Mitglieder gleichzeitig verschiedene Dienste in der Kirche übernehmen. »Nicht klösterliche Abgeschiedenheit, sondern innerste Konzentration für den Dienst nach außen ist das Ziel.«[52] Zum Lebensunterhalt sollen die Pfarr- oder Hilfspredigergehälter der Brüder sowie private Mittel, die zu einem großen Teil von Bonhoeffer selbst stammen, dienen.

Nach Genehmigung von Bonhoeffers Antrag bleiben sechs Kandidaten des ersten Kurses als verbindliche Gemeinschaft weiter im Predigerseminar wohnen und übernehmen verschiedene kirchliche Aufgaben innerhalb und außerhalb des Seminars. Bonhoeffer hat von seinen Brüdern nicht die Ehelosigkeit verlangt, aber für sich persönlich private Entscheidungen getroffen. Eberhard Bethge, der mit zu den ersten Mitgliedern des Bruderhauses gehört, berichtet davon, dass Bonhoeffer sich von einer Bekannten trennt, da es für ihn bei diesen ersten Versuchen eines gemeinsamen Lebens ein Entweder-oder gibt. Es ist für ihn nicht vorstellbar, in der Aufbauphase des Seminars und Bruderhauses einen zweiten privaten Schwerpunkt neben dem Leben mit den Brüdern zu haben. »Ganz und mit aller seiner Habe gehörte er diesem Haus.«[53]

Doch schon im Herbst 1937 wird das Finkenwalder Predigerseminar von der Gestapo aufgelöst. Dem Versuch eines gemeinsamen Lebens wird damit ein Ende gesetzt. In der Folgezeit werden sogenannte »Sammelvikariate« eingerichtet. Gemeinden mit Pastoren der Bekennenden Kirche, die räumlich eng zusammenliegen, nehmen eine größere Anzahl von Vikaren auf. Diese Vikare treffen sich dann gemeinsam mit Bonhoeffer zur Ausbildung. Zunächst in Köslin und Groß-Schlönwitz, dann in dem abgelegenen Sigurdshof. Im Unterschied zu Zingst und Finkenwalde gibt es nun keinen gemeinsamen Lebensmittelpunkt der Brüder mehr. Aber das geistliche Band, das sich durch die »Finkenwalder Rundbriefe« zu über 200 Pastoren in Deutschland gebildet hat, besteht bis weit in die Kriegsjahre hinein. In diesen Rundbriefen, die häufig durch persönliche Briefe Bonhoeffers ergänzt werden, stehen Berichte aus der Arbeit mit den Seminaristen, Kommentare zur kirchlichen Entwicklung, Anregungen für die gemeindliche Arbeit in Form von Predigtentwürfen und Textvorschläge für die persönliche Meditation, wie sie die Briefempfänger aus ihrer Seminarzeit gewohnt sind.

Im Rückblick auf die zwei Jahre gemeinsamen Lebens schreibt Bonhoeffer das gleichnamige Buch. Es soll die Erfahrungen der Zeit in Zingst und Finkenwalde festhalten und Anregungen für ein gemeinsames Leben geben, in dem »das Wort Christi reichlich unter uns wohnt« (Kolosser 3,16).

Teil 3

Christliche Gemeinschaft

Strand auf Zingst

Ich fahre ganz bewusst nicht allein Richtung Zingst. Es hat sich eine Gruppenreise entwickelt. Die ganze Familie ist dabei. Es ist ein wunderschöner Frühlingstag Anfang April und wir haben etwas zu feiern: den Geburtstag meiner Frau. Alle wollen bei diesem besonderen Ausflug dabei sein. Gemeinsam unterwegs sein und gemeinsam feiern.

Die Symbolkraft und Besonderheit dieses Tages lässt meine Vorfreude schon fast bedenkliche Ausmaße annehmen. Ich liebe solche besonderen Tage. Und ich liebe es, solche Tage zu planen. Meine Familie ahnt, dass es ein »vollgepackter Tag« wird. Meine Familie kennt mich und meinen Planungseifer. Meine Familie erträgt mich.

Wir müssen einen Bus mieten. Normale Autos sind zu klein für unsere mittlerweile größer gewordene Familie, die auch die Freundinnen meiner Söhne umfasst. So wird allein schon die Anreise nach Zingst zu einem Erlebnis. Eng zusammengedrängt schaukeln wir auf den Landstraßen

Vorpommerns dem Ziel auf der Halbinsel Fischland-Darß-Zingst entgegen. Ich genieße die Fahrt am Steuer des Busses und drehe mich ab und zu nach hinten, um mich an meinen Mitfahrern zu erfreuen. »Sieh nach vorne«, heißt es dann von meiner langjährigen Weggefährtin. Recht hat sie.

Die Stadt Barth liegt direkt am Übergang zur Halbinsel. Schon in einiger Entfernung wird für das »Niederdeutsche Bibelzentrum« geworben. Was für eine Freude wäre es für Bonhoeffer gewesen, mit seinen Seminaristen ein Bibelzentrum zu besuchen, das die Geschichte des »Barther Bibeldrucks« von 1588 zeigt und neue Zugänge zur Bibel vermitteln will.

In der Gemeinde Zingst angekommen, geht es uns genauso wie Bonhoeffer und seinen Seminaristen: Wir müssen den Zingsthof suchen. Die Ausschilderung ist eher sparsam. Auf ein Navigationssystem habe ich bei der Anmietung des Busses verzichtet. Warum soll ich mich freiwillig des Abenteuers der Wegfindung berauben? Der Zingsthof liegt außerhalb des Ortes und hat nicht die Bedeutung der großen Hotelkomplexe und Ferienanlagen. Es ist eine beschauliche Familienferienstätte, die sich hinter dem kleinen Kiefernwäldchen vor dem Betrieb des Seeheilbades »versteckt«. Auf dem Gelände wurde zur Erinnerung an Bonhoeffer eine Kapelle errichtet. Uns zieht es nach der Besichtigung des Zingsthofes ans Meer. Geradezu magnetisch werden wir von der Ostsee angezogen.

Die Ruhe dieses einsamen Strandabschnittes – weit entfernt vom touristischen Zentrum der Gemeinde Zingst mit Strandpromenade und Seebad – lädt zum gemeinsamen Spielen und Verweilen ein. Es ist ein Ort zum Wohlfühlen. Das herrliche Wetter, der weiche warme Sand des Strandes, das beruhigende Meer mit seiner gleichmäßigen Wellenbewegung und vor allem das ausgelassene, spielerische, glückliche Miteinander sind ein wirkliches Geburtstagsgeschenk. »Hier ist es einfach schön. Hier lasst uns Hütten bauen.« Überschwang macht sich breit.

Vom Strand aus gehen Pfahlreihen ins Meer. Sie lenken die Wellenbewegung und verhindern, dass der Strand abgespült wird. Ich kann der Versuchung nicht widerstehen, auf diesen Pfählen zu balancieren. Schritt für Schritt verlasse ich die Sicherheit des Strandes. Die Ostsee ist hier sehr flach. Es besteht keine wirkliche Gefahr. Nur meine Kleidung könnte nass werden. Je weiter ich gehe, desto wackliger werde ich. Die Angst vor dem Fallen nimmt zu, der Überschwang und die Lebenslust nehmen ab. Der Held bekommt weiche Knie. Die anderen beobachten mich vom Strand aus. Wie weit wird er noch gehen? Klappt es mit dem Umdrehen? Ich kann nicht einfach stehen bleiben und auf die Ebbe warten. Das klappt an der Nordsee, aber nicht hier an der Ostsee. Langsam starte ich das »Umdrehmanöver«. Zentimeterweise ändere ich die Richtung, bis ich nicht mehr das offene Meer, sondern den sicheren Strand vor Augen habe.

Ob die Pfähle schon zu Bonhoeffers Zeiten hier waren? Wie weit mögen er und seine Seminaristen auf den Pfählen balanciert sein? Sicherlich hatte er den Ehrgeiz, am weitesten aufs Meer hinauszugehen. Vielleicht hat er den Gang auf den Pfählen sogar als Beispiel in seine Andachten und Vorlesungen eingebaut.

Meine Mitreisenden haben es sich mittlerweile am Strand gemütlich gemacht. Die Bewegungsfreude hat sich in entspannte Ruhe verwandelt. Wir sind für das Strandleben gut vorbereitet: Decken, Proviant, eine Frisbee-Scheibe und sogar zwei Gitarren. Und ich habe noch etwas ganz Besonderes mitgenommen: die Predigt, die Bonhoeffer am 2. Juni 1935 in der Dorfkirche von Zingst über Psalm 42 gehalten hat. Nach dem Toben am Strand sind die Mitfahrer in der richtigen Stimmung, um entspannt und gelassen zuzuhören. Anders ausgedrückt: Sie wehren sich nicht mehr dagegen.

Bonhoeffer betrachtet in seiner Predigt jeden der zwölf Verse des Psalms und hat dazwischen jeweils ein Gebet und einen Liedvers eingebaut. Der Psalm handelt von der Sehnsucht des Menschen nach Gott. Gott wird als Quelle des Lebens und als Fels in den Wirren der Zeit beschrieben. Zeile für Zeile lese ich Bonhoeffers Predigt vor.

Die wenigen Strandspaziergänger sehen auf die merkwürdige Gruppe, die eng zusammengekauert am Strand sitzt und jemandem zuhört. Einige bleiben stehen, als wir kurze Liedverse singen. Sicherlich wären sie bereit gewesen, einige Münzen in einen Hut zu werfen, wenn wir das musikalische Programm ausgebaut hätten.

Es ist zu spüren, dass es allen aus der Gruppe Freude macht, gemeinsam etwas Besonderes zu erleben. Etwas außerhalb des Üblichen. Es ist ein Erlebnis, ein Bild, das bleiben wird. Es ist aber auch zu spüren, wie zerbrechlich Gemeinschaft ist. Falsche Worte oder Taten können

Es ist zu spüren, dass es allen aus der Gruppe Freude macht, gemeinsam etwas Besonderes zu erleben. Etwas außerhalb des Üblichen. Es ist ein Erlebnis, ein Bild, das bleiben wird. Es ist aber auch zu spüren, wie zerbrechlich Gemeinschaft ist.

weitere falsche Worte oder Taten nach sich ziehen. Freude an der Gemeinschaft und ihre Zerbrechlichkeit liegen sehr eng zusammen. Wie kann Gemeinschaft in diesem Spannungsfeld gelebt werden? Wie können die Freuden genossen werden? Wie kann den Gefahren bewusst begegnet werden? All das beschäftigte Bonhoeffer, als er ab 1935 jeweils für ein halbes Jahr mit einer festen Gruppe über »Gemeinschaft« und »Nachfolge« im Gespräch ist und beides ganz praktisch lebt.

Kapitel 8

Sehnsucht nach Gemeinschaft

Auch am Anfang der Gedanken zur gemeinsamen Nachfolge steht die Sehnsucht. So wie eine tiefe Sehnsucht nach Gott in uns verwurzelt ist, so tragen wir eine Sehnsucht nach Gemeinschaft in uns. Gottes Beobachtung, dass es nicht gut ist, »dass der Mensch allein sei« (1. Mose 2,18), steht wie eine Bestimmung über unserem Lebensweg. Wir sehnen uns nach einem »Gegenüber«, nach einem »Miteinander«. Dabei kommt es gar nicht so sehr darauf an, ob es sich dabei um eine Partnerschaft mit einem einzelnen Menschen oder um eine Gruppe handelt. In der Regel blühen wir auf, wenn wir die Grenzen unseres Alleinseins überwinden und echte Gemeinschaft erleben. Der Wert und die persönliche Beutung dieser Gemeinschaft wird uns allerdings häufig erst richtig klar, wenn wir sie verloren haben und vermissen. Je intensiver und je positiver wir Gemeinschaft erlebt haben, desto schmerzlicher fehlt sie uns, wenn wir sie nicht mehr haben.

> Nach vier Jahren intensiven gemeinsamen Lebens in ländlicher Abgeschiedenheit ist Bonhoeffer plötzlich allein. Das Bild von echter, tiefer Gemeinschaft, das sich in den vergangenen Jahren in seinem Kopf und Herzen verwurzelt hat, beginnt immer mehr zu leuchten.

Diese Sehnsucht nach Gemeinschaft hat Bonhoeffer in besonders existenzieller Art und Weise erleben und erleiden müssen. Aus den Sammelvikariaten werden Anfang 1939 immer mehr junge Männer zum Wehrdienst eingezogen. Vor dem Hintergrund der sich für ihn persönlich zuspitzenden Lage kurz vor Ausbruch des Krieges nimmt Bonhoeffer eine Einladung des Union Theological Seminary in New York an, um seine eigene drohende Einberufung zu umgehen und den Schaden, der für die Bekennende Kirche durch seine Verweigerung entstehen würde, abzuwenden. Bonhoeffer kennt dieses theologische Seminar bereits. Hier hat er in den Jahren 1930 und 1931 studiert. Schweren Herzens muss er sich aus dem Sammelvikariat auf dem Sigurdshof verabschieden und die Leitung in andere Hände geben. Nach vier Jahren intensiven gemeinsamen Lebens in ländlicher Abgeschiedenheit ist Bonhoeffer plötzlich allein. Allein in einer großen Stadt. In einem fremden Land. Und zunächst ohne Kontakt zur Heimat. Das Bild von echter, tiefer Gemeinschaft, das sich in den vergangenen Jahren in seinem Kopf und Herzen verwurzelt hat, beginnt immer mehr zu leuchten. Der erlittene Verlust wird immer deutlicher und die Sehnsucht immer größer.

Am Hudson

Juni 1939. Es sind wieder einmal recht heiße Tage in New York. Bonhoeffer hält es im Union Theological Seminary nicht aus. Weder in der Bibliothek noch in seinem Zimmer. Man hat ihm das Gästezimmer, das sogenannte »Prophecy Chamber« direkt über dem Eingang der Universität, gegeben. Alle meinen es sehr gut mit ihm. Alle bemühen sich um ihn. Trotzdem ist er unruhig. Es sind nicht nur die Temperaturen, die ihn immer wieder nach draußen treiben. Er mag nicht allein in seinem Zimmer sitzen. Er ist einsam. Es sind die Gedanken an Deutschland und die Brüder. Nichts kann ihn so recht ablenken und begeistern. Der Gottesdienst am Sonntagmorgen in der Riverside Church ist für ihn »einfach unerträglich … eine dezente, üppige, selbstzufriedene Religionsfeier«[54]. Am Abend sucht er noch einen Gottesdienst in der Broadway Presbyterian Church auf. In der Predigt geht es darum, wie wir Christus ähnlich werden. Dieser Gottesdienst spricht ihn eher an. Hier hört er eine biblische Predigt. Hier lebt das Wort Gottes. Der abendliche Weg zur Kirche hat sich gelohnt. »So lange es einsame Christen gibt, so lange wird es auch noch Gottesdienste geben«, schreibt er an diesem Sonntagabend in sein Tagebuch. Er hat den ganzen Tag mit niemandem gesprochen. Nur zweimal hat er eine Predigt zu sich sprechen lassen. Immer deutlicher wird ihm, was für ein Schatz es ist, in einer Gemeinschaft von Brüdern zu leben. Was hat er nicht alles aufgegeben!

Dann ist Montag. Heute gibt es keine Gottesdienste. Nicht einmal für einsame Christen. Er flieht aus seinem Zimmer. Mit der klimatisierten U-Bahn fährt er zum Times Square. Er will unter Menschen sein. Aber sie sprechen eine andere Sprache. Er ist in dieser Sprache nicht zu Hause. Er ist hier nicht zu Hause. Obwohl er zwei Jahre als Gemeindepfarrer in London war, ist er mit seinem Englisch nicht zufrieden. »Die Sprache macht mir viel Not. Man sagt, ich spreche gut englisch, und ich finde es völlig unzureichend. Wie viele Jahre, Jahrzehnte hat man gebraucht, um deutsch zu lernen, und man kann es bis jetzt noch nicht. Ich werde nie Englisch lernen. Schon das ist ein Grund, bald wieder nach Hause zu gehen. Ohne Sprache ist man verloren, hoffnungslos einsam.«[55]

Nach einer Stunde am Times Square gibt er die Versuche auf, der Einsamkeit mitten unter den Menschen zu entfliehen. Sie ist geblieben. Nicht einmal das Gebet für seine Brüder macht ihm Freude. Wie gern würde er zeitgleich mit ihnen beten. Ihre Nähe spüren. Aber in Deutschland schlafen sie längst. Solche Abende sind am schlimmsten für ihn. Die Einsamkeit ist nicht auszuhalten. Die Sehnsucht nach Gemeinschaft wird immer größer.

Die nächsten Tage ist er hin- und hergerissen. Er will am liebsten sofort wieder zurück. Er will nicht hier bleiben, trotz aller Gefahren in der Heimat. Die Nachrichten lassen nichts Gutes erwarten. Überall stehen die Zeichen auf Krieg. Er schreibt in sein Tagebuch: »Während einer Katastrophe hier zu sein, ist einfach undenkbar, wenn es nicht so gefügt wird. Aber selbst daran schuld zu sein, sich selbst Vorwürfe machen zu müssen, unnötig herausgegangen zu sein, ist gewiss vernichtend.«[56]

Bonhoeffer wird den Gedanken an die Brüder, die er in dieser Situation alleingelassen hat, nicht los. Alleingelassen. Wer ist eigentlich allein? Die Brüder haben sich. Er ist allein. Tagsüber kann er sich mit der Arbeit in der Universität ablenken. Aber abends ist er mit sich und seinen Gedanken allein. Oft macht er dann noch kurze Spaziergänge. Das Seminar liegt direkt am Broadway. Ganz im Norden von Manhattan. Er kann die Straße einfach nach Süden gehen und an den Querstraßen abzählen, wie weit er gekommen ist. 116th Street, 115th Street, 114th Street. Der Broadway bietet in dieser Gegend allerdings wenig Ablenkung. Er muss schon sehr weit gehen oder die U-Bahn nehmen, bis das »Leben« beginnt. Er kann aber auch an den Hudson gehen. Natur suchen. An der Riverside Church vorbei. Über den Riverside Drive, der hier nur wenig befahren ist. Und schon ist er im Riverside Park.

Am Ufer des Hudson ist es auszuhalten. Hierher zieht er sich oft zurück. Hier ist für ihn ein Stück Heimat. Es weht ein angenehm leichter Wind und auf der gegenüberliegenden Seite ist jeden Abend der Sonnenuntergang zu beobachten. Stundenlang kann er hier auf einer Bank sitzen und dem ruhigen Lauf des Flusses zusehen.

Wie gern würde er diesen Blick mit seinen Brüdern teilen. Er hat es in den letzten Jahren verlernt, allein zu genießen. Er hat immer geteilt. Er denkt an die unzähligen Diskussionsabende mit seinen Kandidaten. Und die Zeit am Ostseestrand. Wie oft hat er mit ihnen dort gesessen, gespielt und gesungen. Sich einfach wohl gefühlt. Man brauchte nur aus dem Seminargebäude zu gehen, eine Straße und den kleinen Deich zu überqueren, um an den Strand zu gelangen. Der Hudson ist von der Universität nicht viel weiter entfernt als die Ostsee vom Zingsthof. Trotzdem sitzt er hier allein. Kein Student verirrt sich hierher. Und erst recht keiner der Professoren.

Welche Möglichkeiten hätte das Union Theological Seminary hier in New York! Warum versammeln die Professoren nicht regelmäßig ihre Studenten in diesem Park am Hudson, um mit ihnen über die Dinge zu sprechen, die wirklich wichtig sind? Was verpassen die Professoren und die Studenten, weil sie nicht gemeinsam unterwegs sind? Keine Gemeinschaft bilden? Was ist so besonders am Miteinander mit seinen Brüdern?

Es ist der gemeinsame Hunger nach dem Wort Gottes und nach Erkenntnis, der sie treibt. Hier in New York hat er noch keinen wirklichen Hunger erlebt.

Es ist der gemeinsame Kampf um das Bekenntnis und die Wahrheit, in dem er mit den Brüdern steht. Hier in New York gibt es keinen echten Kampf. Hier ringen allenfalls Liberale und Fundamentalisten um Einfluss und Ansehen.

Es ist das gemeinsame Leben mit den Brüdern, das sie zusammengeschweißt hat. Sie haben nicht nur zusammen studiert. Sie haben auch zusammen gelebt. Gemeinsame Andachten. Gemeinsames Gebet. Gemeinsame Mahlzeiten. Gemeinsames Diskutieren. Gemeinsames Spielen.

Was er alles für Gespräche mit seinen Brüdern geführt hat! Er wusste, woher die einzelnen Kandidaten kamen und wohin sie nach dem Kurs gingen. Er wusste, welche Geschichte sie hatten und welche Last sie mit sich trugen. Er kannte die Stärken und Schwächen. Man ermutigte und ermahnte sich gegenseitig. Jeden Einzelnen von ihnen hat er noch vor Augen. Hier in New York gibt es kein gemeinsames Leben so wie in Zingst, Finkenwalde oder auf dem Sigurdshof. Nirgendwo auf der Welt sind so viele Menschen auf so engem Raum zusammen. Trotzdem leben sie weit voneinander entfernt.

Welche Briefe er von seinen Brüdern bekommen hat! Er antwortete ihnen immer mit ganz großer Freude. Doch wer antwortet jetzt, wenn ein ehemaliger Kandidat von seiner Not erzählt, dass die Menschen in seiner Gemeinde auf seine Bemühungen als Pastor mit Gleichgültigkeit reagieren?[57] Wer antwortet jetzt, wenn ein anderer von seinen Depressionen berichtet, die angesichts seines Glauben nicht da sein sollten, aber sich trotzdem nicht vertreiben lassen?[58]

Hier in New York bekommt er keine Briefe. Er kann nicht antworten. Er kann nicht helfen. Er ist wie abgeschnitten.

Abgeschnitten? Ein wichtiges Band, das ihn mit den Brüdern der verschiedenen Kurse verbindet, sind die Meditationstexte. Sie sind in den Rundbriefen an die ehemaligen Kandidaten enthalten. Viele von ihnen gestalten ihre persönliche Andacht damit und spüren die Verbundenheit, die von der gemeinsamen Betrachtung ausgeht. In seinem letzten Brief hat er sich von seinen Brüdern für die Zeit in New York verabschiedet und als Meditationstext für genau diese Juniwoche das hohepriesterliche Gebet Jesu aus Johannes 17 angegeben. Wenn er jetzt in diesem Abschiedsgebet Jesu für seine Brüder liest, merkt er, wie er diese Situation selbst durchlebt: »Ich bitte für sie ... die du mir gegeben hast; denn sie sind dein« (Johannes 17,9). Auch er kann den Brüdern nicht mehr persönlich helfen. Aber er kann beten. So ist er immer noch mitten unter ihnen. Dieses Band ist nicht abgeschnitten. Er kann für die bitten, die an ihrer Arbeit als Pastor leiden oder mit sich ringen, den Weg des Bekenntnisses zu verlassen.

Je mehr er an die Brüder denkt, desto deutlicher wird ihm, dass er hier nicht am richtigen Platz ist. Je mehr er seine Situation in Amerika mit der in der Heimat vergleicht, desto deutlicher wird ihm, was er hier vermisst. Er kommt ins Fragen. »Es kommt scheint´s überhaupt kaum zur ›Begegnung‹ in diesem großen Land, in dem einer dem *anderen immer ausweichen kann. Wo es aber zu keinen Begegnungen kommt, wo nur liberty das Vereinende ist, dort weiß man natürlich auch nichts von Gemeinschaft, die durch Begegnung geschaffen wird. Das ganze Zusammenleben wird dadurch anders. Gemeinschaft in unserem Sinne, weder kulturell noch kirchlich, kann hier nicht wachsen. Ist das wahr?«*[59]

Das Bild von echter, tiefer Gemeinschaft wird immer deutlicher für ihn. Die Sehnsucht wächst. Im Timotheusbrief liest er eine Bitte des Paulus, die ihn aufhorchen lässt: »Beeile dich, dass du vor dem Winter kommst« (2. Timotheus 4, 21). Paulus bittet seinen Weggefährten Timotheus, möglichst schnell zu kommen, damit er die Leiden mit ihm teilen kann. Wie gern würde er eine so deutliche Bitte von seinen Brüdern hören! Warum schreibt keiner: »Komme noch vor dem Winter«?

Er fühlt sich wie ein Soldat, der im Urlaub ist und all die Annehmlichkeiten genießt. Trotzdem möchte er wieder zurück. Es geht um mehr als Kameradschaft. Der Soldat spürt, dass er einfach an die Front gehört. Er will dort sein, wo seine Brüder kämpfen. Dort ist sein Leben. Nicht hier in der Ruhe am Hudson und in dieser begegnungsarmen, großen Stadt. Seine Gedanken sind dort, wo er hingehört. *»Wir kommen nicht mehr davon los. Nicht als wären wir nötig, als würden wir gebraucht (von Gott!?), sondern einfach weil dort unser Leben ist und weil wir unser Leben zurücklassen, vernichten, wenn wir nicht wieder dabei sind. Es ist gar nichts Frommes, sondern etwas fast Vitales. Aber Gott handelt nicht nur durch fromme, sondern auch durch solche vitalen Regungen.«*[60]

Langsam, aber sicher wächst in Bonhoeffer die Entscheidung, wieder zurückzukehren. Er kann nicht hierbleiben. Er will zurück – noch vor dem Winter. So rational verständlich seine Fahrt nach Amerika war und so bemüht seine Gastgeber auch um ihn sind, hier ist nicht sein Platz und hier ist nicht die Gemeinschaft, nach der er sich sehnt.

Bonhoeffer buchstabiert hier in der Einsamkeit der großen Stadt den existenziellen Wert der Gemeinschaft neu durch. Es geht für ihn deshalb nicht mehr um die Frage, ob er zurückfahren soll, sondern nur noch darum, wann. Da die Nachrichten im Sommer 1939 immer mehr darauf hindeuten, dass ein Krieg unmittelbar bevorsteht, möchte er keine Zeit mehr verstreichen lassen. In der Nacht zum 8. Juli 1939 verlässt er New York auf einem Schiff in Richtung Europa – knapp einen Monat nach seiner Ankunft.

Auf dem Schiff schreibt er in sein Tagebuch: »Halb zwölf Abschied, halb eins Abfahrt. Manhattan bei Nacht, der Mond steht über den skyscrapers. Es ist sehr heiß. Die Reise ist zu Ende. Ich bin froh, dass ich drüben war, und froh, dass ich wieder auf dem Heimweg bin. Ich habe vielleicht mehr gelernt in diesem Monat als in dem ganzen Jahr vor neun Jahren; mindestens habe ich für alle zukünftigen Entscheidungen Wichtiges eingesehen. Wahrscheinlich wird sich diese Reise sehr bei mir auswirken.« Und schon am zweiten Tag der Schiffsreise stellt er erleichtert fest: »Seit ich auf dem Schiff bin, hat die innere Entzweiung über die Zukunft aufgehört. Ich kann ohne Vorwürfe an die *abgekürzte Zeit in Amerika denken. – Losung: ›Ich danke dir, dass du mich gedemütigt hast und lehrst mich deine Rechte‹ (Ps. 119,71). Aus meinem liebsten Psalm eins der mir liebsten Worte.«*[61]

Bonhoeffer sieht die Enttäuschung und das Unverständnis seiner amerikanischen Gastgeber darüber, dass er die großen akademischen Chancen und die Sicherheit, die ihm geboten werden, einfach ausschlägt. Er weiß, dass er normalerweise zu einmal getroffenen Entscheidungen steht und einen Weg konsequent geht. So betrachtet ist seine stark emotional begründete Rückkehr eine »Demütigung« für den sonst so rational denkenden und handelnden Bonhoeffer.

In Amerika wird ihm deutlich, wo der Ort, die Aufgabe und auch die Gemeinschaft sind, zu denen er wirklich berufen ist. Er erfährt aus Gottes Wort eine Wegweisung, die eindeutig in Richtung seiner Brüder in der Heimat zeigt. In Amerika spürt er seine Sehnsucht nach Gemeinschaft und erlebt, dass es nicht gut ist, wenn der Mensch allein ist.

Bonhoeffer beginnt sein Buch *Gemeinsames Leben*, das er bereits vor seinem New-York-Aufenthalt verfasste, mit dem ersten Vers aus Psalm 133. Er drückt sein Bild von Gemeinschaft aus: »Siehe, wie fein und lieblich ist es, wenn Brüder einträchtig beieinander wohnen.« Als er diesen Buchanfang im September 1938 schreibt, wird er an die unzähligen Erlebnisse mit seinen Brüdern in Zingst und Finkenwalde gedacht haben. Ja, »lieblich und fein« war die Zeit, die sie gemeinsam erlebt haben, bis die Gestapo im Winter 1937 das Predigerseminar schloss. Dieses Bild von Gemeinschaft hat sich bei Bonhoeffer fest eingeprägt. Die Sehnsucht danach hat ihn selbst in Amerika nicht mehr losgelassen.

Es ist offensichtlich etwas in uns Menschen hineingelegt, das uns nach Gemeinschaft streben lässt. Wenn wir positive Erfahrungen mit ihr gemacht haben und sie dann wieder verlieren, wird das besonders deutlich. Heimweh, so wie Bonhoeffer es in Amerika spürte, ist die Sehnsucht nach Menschen und Orten, die unser Bild von unbekümmertem Miteinander und Heimat prägen. Heimweh ist ein starkes, schmerzhaftes Empfinden dieser Sehnsucht nach Gemeinschaft, die wir einmal erlebt haben. Je ferner uns diese Gemeinschaft rückt, desto wertvoller erscheint sie uns. Je geringer das Angebot an echter Gemeinschaft, desto höher steigt ihr Wert.

> Heimweh ist die Sehnsucht nach Menschen und Orten, die unser Bild von unbekümmertem Miteinander und Heimat prägen.

Es kommt sicherlich nicht von ungefähr, dass ich ausgerechnet während unseres lang geplanten Amerikaurlaubs in Bonhoeffers Buch *Gemeinsames Leben* lese und meinem eigenen Bild von Gemeinschaft nachspüre. Auch ich habe echte, tiefe Gemeinschaft erlebt und sie ein Stück weit verloren. Auch ich habe – wie Bonhoeffer – in gewisser Weise selbst Schuld, dass eine Distanz entstanden ist. Aber die Sehnsucht nach Gemeinschaft ist geblieben. Das Bild lebt und bekommt aus der Distanz eine neue Schärfe. Wieder erlebe ich, dass ich an die Hand genommen werde und Schritt für Schritt von Bonhoeffer lerne, wie Gemeinschaft mit allen erfreulichen Höhen und notwendigen Tiefen gelebt werden kann.

Erlebte christliche Gemeinschaft

Mein Bild von Gemeinschaft ist von einer gemeinsamen Leidenschaft, einer gemeinsamen Aufgabe und einem unbekümmerten Miteinander geprägt. So wie ich es vor ein paar Jahren erlebt habe ...

Zusammen mit ein paar anderen, bereiten meine Frau und ich einen Gesprächskreis vor, für Menschen, die am christlichen Glauben interessiert sind. Kein erprobtes Team, das gewohnt ist, gemeinsam unterwegs zu sein. Kein eingeschworener Freundeskreis. Aber auch keine Gruppe, die erst mit Überredungskunst gebildet werden muss. Die Begeisterung für diese Gesprächsabende führt uns zusammen. Jeder von uns hat Menschen vor Augen, mit denen er gerne über den Glauben reden möchte, und die Hoffnung, dass es in einer größeren Gruppe leichter sein könnte. Jeder von uns will gern etwas von dem weitergeben, was ihn innerlich erfüllt und ihm Freude macht. Jeder von uns ist mit Leidenschaft dabei.

Es sind zwölf Abende geplant. Wir wollen mit den Gästen über die Grundfragen des christlichen Glaubens ins Gespräch kommen. Nicht in der Gemeinde, sondern bei uns zu Hause. In einer persönlichen und entspannten Atmosphäre. Zuerst ist es eine riesige Herausforderung. Ein Abenteuer. Ein Berg, der unglaublich hoch erscheint. Wer wird sich anmelden? Interessiert sich überhaupt jemand dafür? Welche Fragen werden uns erreichen? Werden wir den Anforderungen genügen? Wir sind unsicher. Wie wird es werden?

Als die ersten Anmeldungen kommen, wächst die Spannung. Manche Gäste kennen wir. Andere sind gänzlich unbekannt. Es werden immer mehr. Wie werden die Gespräche laufen? Was kommt auf uns zu?

Der erste Abend ist an Spannung kaum zu überbieten. Jedes neue Klingeln an der Tür läutet eine neue Begegnung ein. Jedes neue Klingeln führt unsichere Menschen zusammen. Jedes neue Klingeln ist ein weiteres Abenteuer.

Aber schon am ersten Abend springt der Funke über. Damit haben die Gäste nicht gerechnet: Das gemeinsame Essen überrascht sie. Es schlägt eine Brücke. Es lässt eine Gemeinschaft entstehen. Eine Tischgemeinschaft. Ungezwungen genießen Gäste und Gastgeber das Miteinander und unterhalten sich. Der anschließende inhaltliche Teil des Abends ist kein Fremdkörper. Er setzt die Gesprächsatmosphäre des Essens fort. Erst ein kurzes Referat – es wird gespannt zugehört. Dann ein Austausch in kleineren Gruppen, verteilt im ganzen Haus. Die Gäste lassen sich auf die Themen ein. Es werden tatsächlich Fragen gestellt. Das Gespräch lebt. Wir versuchen zu antworten. Wir geben unsere Erfahrungen und Gedanken weiter. Anstöße, Impulse und Anregungen werden ausgetauscht. Es herrscht eine große Bereitschaft, sich gegenseitig zuzuhören. Es ist zu spüren, wie einzelne Beiträge von den anderen aufgenommen und weiter bedacht werden. Wir diskutieren ohne »Visier«. Die Fragesteller fragen das, was sie wirklich bewegt, ohne auf die Wirkung der Frage zu achten. Die Antwortversucher lassen immer wieder erkennen, dass ihre Erkenntnisse aus dem eigenen Suchen und Fragen stammen. Die Worte erreichen den jeweils anderen. Sie regen zum Nachdenken an, und das über die Gesprächsrunde hinaus.

Nach dem Abschluss des Abends gehen nicht alle Gäste sofort nach Hause. Manche wollen das Gespräch fortsetzen. Sie haben Freude aneinander.

Das Team, das den Abend vorbereitet hat, kommt aus dem Staunen nicht heraus. Aus der Unsicherheit am Anfang ist Vertrauen geworden. Aus Angst ist Freude geworden. Die Begeisterung der Gäste ist ansteckend. Hier wirkt mehr als ein gutes Konzept. Hier wirken mehr als gute Gastgeber und Gesprächsleiter. Hier ist Gott am Werk, sein Geist. Die besondere Atmosphäre ist nicht machbar. Sie liegt außerhalb unserer Möglichkeiten. Sie wird geschenkt.

Nachdem der letzte Gast gegangen ist, tauscht sich das Vorbereitungsteam über das Erlebte aus. Es ist, als müssten wir uns gegenseitig kneifen: Ja, es ist wahr. Wir haben diese Atmosphäre tatsächlich miteinander erlebt. Diese Begeisterung und Offenheit. Das sind nicht wir. Das ist *er*. Wir sind Zeugen dieses besonderen Wirkens Gottes.

Das Staunen setzt sich an den folgenden Gesprächsabenden fort. Die Gemeinschaft mit den Gästen und im Team wird immer intensiver. Zum Beispiel weiten sich unsere Vorbereitungstreffen auf andere Themen aus. Was bewegt uns gerade? Die Offenheit bleibt, auch wenn die Gäste gegangen sind. Wir achten mehr als sonst darauf, dass keine negativen Gedanken unter uns entstehen. Wir sind miteinander unterwegs. Wir setzen uns gemeinsam ein. Jeder Beitrag ist wichtig. Es gibt keinen wichtigen und keinen unwichtigen Einsatz. Keine begabten und keine unbegabten Mitarbeiter. Kein: »Was denkt der andere über mich?«, und kein: »Was kann ich schon beitragen?« Unbekümmert staunen wir über Gottes Wirken unter uns. Sein Geist ist spürbar. Nicht nur, weil einzelne Elemente des Abends gelingen, sondern auch, weil der Austausch untereinander ungewohnt tief und offen ist. Es knistert geradezu.

Nach dem Abend beten wir als Vorbereitungsteam gemeinsam. Christus, um den es an diesem Abend in Bezug auf Grundfragen des christlichen Glaubens ging, wird nun als direkter Gesprächspartner in die Runde miteinbezogen. Aus der Tischgemeinschaft am Anfang des Abends wird eine Gebetsgemeinschaft. Nicht zwanghaft. Nicht weil »man es so macht«. Sondern weil sich der Abend ganz natürlich dahin entwickelt hat und es unendlich viel mit Christus zu besprechen gibt.

So wird aus dem Vorbereitungskreis eine ganz besondere christliche Gemeinschaft, die von mehr zusammengehalten wird als einer gemeinsamen Aufgabe. Es ist die von jedem Einzelnen erlebte Berufung, an den Abenden mitzuwirken. Es ist das spürbare »Eines Sinnes«-Sein. Es ist das Staunen über das deutlich wahrgenommene Wirken des Geistes Gottes.

Selbst Jahre später lässt mich dieser Vorbereitungskreis erahnen, was Bonhoeffer meint, wenn er schreibt: »Christliche Gemeinschaft heißt Gemeinschaft durch Jesus Christus und in Jesus Christus.«[62]

Durch Jesus Christus und in Jesus Christus

Vor dem Hintergrund der Erfahrungen, die Bonhoeffer mit seinen Seminaristen in Zingst und Finkenwalde gemacht hat, ist ihm das Wesen der christlichen Gemeinschaft – durch Jesus Christus und in Jesus Christus – sehr deutlich geworden. Sie ist geistlich und nicht rein menschlich.

Bonhoeffer versucht, den Unterschied zu beschreiben: »Innerhalb der geistlichen Gemeinschaft gibt es niemals und in keiner Weise ein »unmittelbares« Verhältnis des einen zum anderen … Christus steht zwischen mir und dem anderen.«[63]

In der menschlichen Gemeinschaft – die Bonhoeffer »seelische Gemeinschaft« nennt – sucht die menschliche Seele die unmittelbare Nähe zum anderen. Sie braucht ihn. Auf diese Weise entstehen häufig Unterdrückung und Abhängigkeit. »Hier lebt der seelisch Starke sich aus und schafft sich die Bewunderung, die Liebe oder die Furcht des Schwachen.« Der andere wird für seine Leistung geliebt. Menschliche Gemeinschaft basiert auf Liebe und Gegenliebe.

Christliche Gemeinschaft hingegen sieht den anderen durch Christus. Sie braucht den anderen nicht für das eigene Ego. Sie basiert auf der Liebe, die Christus den Menschen entgegenbringt. Diese Liebe können wir selbst nicht »machen«. Sie entsteht, wenn wir Christus zwischen uns stehen und wirken lassen. Wenn wir unser Bild vom anderen von dem Bild prägen lassen, das Christus von ihm hat.

Bonhoeffer schildert ein klares Entweder-oder:

- Entweder eine Gemeinschaft der von Christus Berufenen oder eine Gemeinschaft der »frommen Seelen«.
- Entweder eine Gemeinschaft, die allein von Gottes Wort bestimmt wird, oder eine Gemeinschaft, in der das menschliche Wort den Ton angibt.
- Entweder eine Gemeinschaft, in der »brüderliche Liebe« lebt, oder eine Gemeinschaft, in der ein billiger Abklatsch von Liebe glüht.
- Entweder eine Gemeinschaft, in der der Heilige Geist regiert, oder eine Gemeinschaft, in der die Methode das Sagen hat.

Die Radikalität, die Bonhoeffer hier an den Tag legt, schreckt mich auf. Darf man so extrem denken? So schwarz-weiß malen?

Ich denke an meine persönliche Erfahrung von christlicher Gemeinschaft damals in dem Gesprächskreis. Ja, wir erlebten uns als in die Aufgabe Berufene. Wir haben uns von Gottes Wort bestimmen lassen. Wir haben erlebt, dass der Heilige Geist wirkt, und es war echte brüderliche Liebe unter uns. Es war diese christliche Gemeinschaft, wie Bonhoeffer sie beschreibt. Allerdings führt er weiter aus: »Wir haben keinen Anspruch auf solche Erfahrungen, und wir leben nicht mit anderen Christen zusammen um solcher Erfahrungen willen.... Im Glauben sind wir verbunden, nicht in der Erfahrung.«[64] In diesem Sinne will ich mich nicht an meine Erfahrungen klammern, sondern die Sehnsucht nach echter christlicher Gemeinschaft wachhalten und mich danach ausstrecken, auch wenn es so scheint, als wenn ich davon zeitweise – so wie Bonhoeffer – durch einen ganzen Ozean getrennt bin.

Jeder hat unterschiedliche Erfahrungen mit christlicher und menschlicher Gemeinschaft gemacht. Häufig verschwimmen die Grenzen. Bonhoeffer schärft unseren Blick und hilft uns trotz aller Erfahrungen, die Sehnsucht nach christlicher Gemeinschaft wachzuhalten. Er stellt diese Sehnsucht aber auch infrage. Wonach sehnen wir uns? Streben wir vorrangig nach positiven Erfahrungen des Miteinanders oder streben wir danach, die Wirklichkeit Christi in der Gemeinschaft wahrzunehmen? Sind wir durch Christus und in Christus miteinander verbunden?

Bonhoeffer schließt seine Ausführungen zu dem Bild einer christlichen Gemeinschaft mit einem erneuten Blick auf Psalm 133,1 und weist noch einmal auf Jesus als Mitte hin:

> »Siehe, wie fein und lieblich ist es, wenn Brüder einträchtig beieinander wohnen«, das ist der Lobpreis der Heiligen Schrift auf ein gemeinsames Leben unter dem Wort. In rechter Auslegung des Wortes »einträchtig« aber darf es nun heißen: »wenn Brüder durch Christus beieinander wohnen«, denn Jesus Christus allein ist unsere Eintracht ... Durch ihn allein haben wir Zugang zueinander, Freude aneinander, Gemeinschaft miteinander.[65]

Stationen auf meinem Weg der Nachfolge

Wenn ich mich nach Gemeinschaft sehne,
muss ich aufhören, mich um mich selbst zu drehen,
und Christus in die Mitte lassen.
Wenn ich mich nach Gemeinschaft sehne,
muss ich mich fragen:
Bin ich bereit zu lieben?

Kapitel 9

Gottes Wort ganz neu zu sich sprechen lassen

Während der Vers aus Psalm 133 das Bild einer christlichen Gemeinschaft vor Augen führt, beschreibt ein Vers aus dem Brief des Paulus an die Kolosser einen ganz konkreten Aspekt des Miteinanders.

> *Lasst das Wort Christi reichlich unter euch wohnen: lehrt und ermahnt einander in aller Weisheit; mit Psalmen, Lobgesängen und geistlichen Liedern singt Gott dankbar in euren Herzen. Und alles, was ihr tut mit Worten oder Werken, das tut alles im Namen des Herrn Jesus und dankt Gott dem Vater durch ihn (Kolosser 3,16-17).*

Wenn das »Wort Christi« in seiner ganzen Fülle unter uns wohnt, dann wird alles, was wir reden und tun, durch den, der dieses Wort gesagt hat, geprägt. Ob wir das wollen oder nicht. Diese Wahrheit hat Bonhoeffer während der gemeinsamen Zeit im Predigerseminar immer wieder erleben dürfen. Er hat mit sehr viel Sorgfalt und Konsequenz darauf geachtet, dass das Wort Christi den Tagesablauf umfasste und durchwob. Und er hat darauf vertraut, dass es sich ganz unwillkürlich auf das gemeinsame Leben auswirken würde. Gerade bei Menschen, die sich beruflich mit dem Wort Gottes beschäftigen, sah er die Gefahr, dass sie es nur noch »verzweckten«, nur noch im Rahmen von Predigtvorbereitungen und Ähnlichem lasen. Dem wollte er entgegenwirken.

Wie Bonhoeffer dafür sorgen wollte, dass das Wort Gottes den Tagesablauf bestimmte, erfuhren die Seminaristen direkt nach ihrer Ankunft auf dem Zingsthof.

Ankunft auf dem Zingsthof

Kräftige Frühjahrswinde empfangen die jungen Männer, als sie am Abend des 26. April 1935 im Ostseebad Zingst ankommen. Die See zeigt sich von ihrer rauen und unangenehmen Seite. Kein Badewetter, kein Wohlfühlklima. An diesem Ort soll also ihr Predigerseminar beginnen. Von ihren jeweiligen Kirchenleitungen wurden sie nach dem ersten theologischen Staatsexamen zur Vorbereitung auf die abschließenden Prüfungen und den Dienst als Pfarrer in das neu gegründete Seminar entsandt. Ein halbes Jahr intensiven Miteinanders und Lernens liegt vor ihnen.

An diesem Abend trifft zunächst nur ein Teil der jungen Männer zusammen mit dem Leiter des Seminars, Dietrich Bonhoeffer, in Zingst ein. Der Rest wird in den nächsten Tagen dazustoßen. Sie kommen aus verschiedenen Teilen Deutschlands. Aus Sachsen, aus Ostpreußen oder Pommern. Mehr als die Hälfte kommt aus Berlin-Brandenburg.

Die Kandidaten treffen mit gemischten Gefühlen in Zingst ein. Es sind unruhige Zeiten. Voller Veränderungen und Unsicherheiten. Eines haben die jungen Männer allerdings gemeinsam. Sie haben sich bewusst für einen theologischen Abschluss bei der Bekennenden Kirche entschieden, da sie sich der Reichskirche, die unter dem Einfluss der Deutschen Christen steht, nicht unterordnen wollen. Sie haben sich für den schmalen und gegen den breiten Weg entschieden. Für den Weg, der sie ganz offensichtlich in eine unsichere und gefährliche Zukunft führt. Auf dem sie aber zu ihrem Bekenntnis und ihrem Glauben stehen können.

Die jungen Männer müssen einen recht langen Fußmarsch unternehmen, bevor sie endlich an das Ziel ihrer Reise kommen, da der Zingsthof außerhalb des Ortes liegt.

»Weiter in diese Richtung. Dann kommt der Zingsthof irgendwann auf der rechten Seite.« Immer wieder fragt Bonhoeffer nach dem Weg. Er ist hier auch noch nie gewesen. Die Richtungsangaben wirken nicht sehr präzise, aber sie machen sich mit ihrem Gepäck auf den Weg. Die komfortablen Hotels und Herbergen im Ortskern lassen sie hinter sich. Die breite Strandpromenade wird zu einem einfachen Weg am Deich. Ab und zu schützen sie kleine Kiefernreihen vor der Ostsee. Einige von ihnen unterhalten sich. Lernen sich kennen. Andere kämpfen schweigend mit dem Wind und dem Gepäck.

Die Lichter des Ortes werden weniger. Dafür nehmen der Wind und die Dunkelheit zu. Sie können kaum noch erkennen, was sich am Wegrand befindet. Immer geradeaus. Links der Deich und die Ostsee. Rechts die flache Boddenlandschaft. Sie gehen ins Ungewisse. Was für ein Bild? Sind sie mit der Bekennenden Kirche nicht genauso unterwegs? Das Klima um sie herum wird immer rauer und gefährlicher. Sie lassen die sichere und wohlhabende Umgebung hinter sich. Die Dunkelheit um sie herum nimmt zu. Und die Leitung der Bekennenden Kirche kennt den Weg auch nicht so richtig.

Nach einer halben Stunde erkennen sie tatsächlich rechts vom Weg einige Lichter. Sie kommen an eine hölzerne Gartenpforte, an der ein Schild hängt: »Zingsthof«. Das Ziel ist erreicht. Sie öffnen die Pforte. Durchqueren den kleinen Kiefernwald und einen Garten. Der Weg führt sie direkt zum Eingang eines Fachwerkhauses. Hier werden sie erwartet. Sie sind die einzigen Gäste, denn die Saison dieses Freizeitheims beginnt erst Mitte Juni. So lange können sie bleiben. Eine Übergangslösung. Aber immerhin. Für die nächsten sechs Wochen haben sie das ganze Haus für sich allein. Diese Zeit wollen sie nutzen. Wer weiß, was danach kommen wird.

Während die jungen Männer ihr Gepäck in die einfachen Schlafsäle bringen, wird das Abendessen für sie bereitet. Dampfende Bratkartoffeln stehen auf dem Tisch, als sie sich zum ersten Mal im Essensraum versammeln. Genau das Richtige nach der langen Anfahrt und dem Marsch durch Wind und Dunkelheit. Das Essen riecht nicht nur gut – es schmeckt auch. Und es gibt reichlich Nachschub. Die Küche hat sich darauf eingestellt, junge und hungrige Männer zu versorgen. Und genau das sind sie. Schon die ersten Gespräche am Essenstisch zeigen, dass sie viel miteinander verbindet.

Nachdem die leeren Schüsseln und Teller abgeräumt sind, gibt Bonhoeffer einen kurzen Überblick darüber, was sie in der nächsten Zeit erwartet. Tagesablauf, Lehrplan und einige Regeln des Miteinanders.

Vor dem Frühstück eine Morgenandacht mit Psalmen, Schriftlesung, Liedern und Gebet. Nach dem Frühstück eine halbstündige Meditationszeit mit einem vorgegebenen Text, an den alle sich halten sollten. Danach beginnen um neun Uhr die Vorlesungen und theologischen Übungen.

Die jungen Männer hören gebannt zu. Morgenandacht, Frühstück und Meditationszeit. Und um neun beginnen schon die Vorlesungen. Der Tag wird in Zukunft sehr früh anbrechen. Und er wird auch spät enden. Am Abend ist ebenfalls eine Andacht geplant. Aber das ist noch nicht alles. Der Direktor des Predigerseminars will nicht nur über das »Was, Wann und Wo« reden. Ihm kommt es auch auf das »Wie« an. Dazu gehört für Bonhoeffer vor allem, auf »das Wort« zu achten. In jeder Hinsicht.

Er ist es von seiner Familie gewohnt, dass man sehr genau darauf achtet, wie viel und was man sagt. Das soll auch hier in seiner »neuen Familie« gelten. So bittet er darum, dass morgens vor der Andacht kein Wort gesprochen wird. Als Erstes sollen alle Gottes Wort hören. Außerdem fordert er die angehenden Pastoren dazu auf, während der Zeit des Predigerseminars kein Wort über jemanden zu sagen, der nicht anwesend ist.

Die jungen Männer, die eine lange Anreise hinter sich und reichlich Bratkartoffeln in sich haben, hören gebannt und etwas irritiert zu. Kann das klappen? Was bedeutet es, nicht über den anderen zu reden? Wo sind die Grenzen? Und – eine halbe Stunde morgens über einen Text meditieren? Fallen da nicht die Augen zu?

Bevor all die Fragen ausgesprochen werden, beginnt Bonhoeffer mit der Abendandacht. Schließlich soll der Tag morgen früh beginnen. Sehr früh. Ganz bewusst bleibt er am Esstisch sitzen. Gottes Wort soll da gehört werden, wo sie leben. Der Hunger nach dem Wort soll da gestillt werden, wo auch der leibliche Hunger gestillt wird. So schwebt der Duft der Bratkartoffeln noch im Raum, als sie mit der gemeinsamen Lesung eines Psalms beginnen. Auf diese Weise stimmen sie sich auf die Worte der Bibel ein. Die Gedanken, die um so vieles kreisen, sammeln sich. Die aufkommende Müdigkeit wird vertrieben. Sie müssen sich konzentrieren, um mitzulesen. Nach einem Lied beginnt Bonhoeffer damit, erst ein Kapitel aus dem Alten und dann aus dem Neuen Testament zu lesen. Sie alle sind Theologen. Sie haben jahrelang studiert. Teilweise haben sie schon ihr Vikariat hinter sich. Die Texte sind ihnen bekannt. Sie haben sie tausendmal gehört. Und doch: Dieses bewusste Vorlesen bringt die Texte in besonderer Weise zum Klingen. Es ist Gottes Wort, das ihnen in all der Unsicherheit, in der sie leben, zugesprochen wird.

Trotz der späten Stunde können sie zuhören. Sie sind hellwach. Sie hören auf den Text. Sie hören Gottes Wort. Nicht als Vorlesung, so wie sie es gewohnt sind. Es ist eher ein Hineinbegeben. Echtes Zuhören. Als Bonhoeffer das Kapitel aus dem Neuen Testament beendet, klingt das Gehörte noch nach. Er hat die besondere Gabe, den Worten Gewicht und Wirkung zu verleihen. Keiner sagt etwas. Es fällt ihnen leicht, auf eigene Worte zu verzichten.

Bonhoeffer beendet die Andacht mit einem persönlichen Gebet. Auch hiermit überrascht er die Anwesenden. Es sind sehr persönliche Worte. Er spricht zu Gott von seinen Erwartungen für die vor ihnen liegende Zeit, von seinen Sorgen über den zukünftigen Weg der Bekennenden Kirche und über ihren Dienst als Pastor. Er greift aber auch ihre Gedanken auf, die um die Familien kreisen, die sie zurücklassen mussten. Als er schließlich das Gebet beendet, ist es längst zu ihrem Gebet geworden.

Es bedarf keiner besonderen Hinweise mehr. Die jungen Männer gehen ohne viele Worte zu ihren Schlafplätzen. Das Gehörte klingt nach.

Als sie sich am Morgen auch wieder im Essensraum treffen, setzt sich die Atmosphäre des Abends ganz natürlich fort. Es fällt ihnen nicht schwer, zu schweigen und Gottes Wort als erstem Wort am Tag die Ehre zu geben. Die Morgenandacht hat den gleichen Ablauf wie die am Abend. Gemeinsames Psalmlesen, jeweils ein Kapitel aus dem Alten und Neuen Testament und ein abschließendes persönliches Gebet. Unterbrochen von gemeinsamen Liedversen. Die Schlichtheit der Andacht hat auch am Morgen eine besondere Wirkung auf die jungen Männer. Alles klingt ganz anders, als sie es bisher gewohnt sind. Bewusster. Authentischer. Echter.

Beim anschließenden Frühstück tauschen sie ihre Eindrücke aus. Diejenigen, die Bonhoeffer von der Universität und den Freizeiten kennen, berichten von ihren Erfahrungen mit ihm und seinen Andachten. Andere fragen ihn direkt: »Direktor Bonhoeffer, wie ist dieser besondere Stil der Andachten und der Tagesablauf entstanden?«

Bonhoeffer überlegt kurz. Sie merken, wie er zögert. Er denkt über die Anrede nach. »Direktor Bonhoeffer«? Diese Formulierung drückt eine Distanz aus, die er vermeiden möchte. Zunächst bittet er darum, ihn Bruder Bonhoeffer und nicht Direktor zu nennen. Dann beantwortet er die eigentliche Frage und erklärt ihnen, dass er am Ende seiner Zeit in England einige Kommunitäten aufgesucht hat, um Erfahrungen mit dem gemeinsamen Leben zu sammeln. Er ist überzeugt, dass durch diese Form der Andacht und den besonderen Tagesablauf Gottes Wort viel Raum gegeben wird. Auf diese Weise kann es jeden Einzelnen ganz persönlich ansprechen.

Im Anschluss gibt er ihnen den ersten Meditationstext und schickt sie für eine halbe Stunde in die Stille. Viele der jungen Theologen betreten nun Neuland. So haben sie sich einem Text noch nicht genähert. Bonhoeffer gibt ihnen kleine Hilfestellungen: immer wieder die gleichen Worte lesen, Gedanken aufschreiben oder auch Verse auswendig lernen. Aber vor allem die Nöte und Schwierigkeiten mit dem Text immer wieder geduldig im Gebet bedenken.

Unsicher, zögerlich, aber auch etwas erwartungsvoll verteilt sich die Gruppe im Zingsthof. Ruhige Plätze gibt es genug. Sie sind ja die einzigen Gäste. Trotzdem fällt es ihnen schwer, sich auf den Text zu konzentrieren. Zu vielfältig sind die Eindrücke. Der lange Spaziergang durch die undurchdringliche Dunkelheit, die duftenden Bratkartoffeln und die Andachten. Wie hat Bonhoeffer gesagt? »Wenn die Gedanken zu Menschen oder Orten gehen, die uns bewegen, dann verweile dort und beginne mit der Fürbitte.«

Diese Ankunft auf dem Zingsthof und die ersten Erfahrungen mit Bonhoeffer sind für alle ein prägendes Erlebnis. Die Seminarteilnehmer lassen sich von Bonhoeffer anstecken und spüren bald selbst die Sehnsucht, ganz neu auf Gottes Wort zu hören.

Die Anregungen Bonhoeffers für einen meditativen Zugang zum Wort Gottes sprechen auch in meine Situation. Viel zu oft nähere ich mich sehr »verkopft« einem Bibeltext. Bonhoeffer empfiehlt seinen Seminaristen, einen Bibeltext nicht als einen zu analysierenden Text zu verstehen, sondern als das Wort eines uns nahestehenden Menschen, das wir nicht im Kopf, sondern im Herzen bewegen sollen. So wie Maria es mit der Botschaft der Engel tat (Lukas 2,19). In einer Anleitung zur Meditation wird sein Freund Bethge später die Empfehlungen Bonhoeffers so zusammenfassen:

> *Suche nicht neue Gedanken und Zusammenhänge im Text wie zur Predigt! Frage nicht: wie sage ich es weiter, sondern: was sagt es mir! Dann bewege dieses Wort lange in deinem Herzen, bis es ganz in dich eingeht und Besitz von dir genommen hat.*[66]

Weil einige Schwierigkeiten mit der persönlichen Meditationszeit haben, wird ab und zu auch gemeinsam meditiert. Jeder bringt dann ein, welche Gedanken ihm beim Lesen des Textes kommen. Dadurch öffnen sich immer wieder neue Verständnistüren und es werden Zugänge zum Text aufgezeigt, die dann am nächsten Tag persönlich weiter bedacht werden können. Langsam lernen die jungen Männer, den wöchentlichen Meditationstext für sich zu lesen und sich mit ihm anzufreunden. Sie gewöhnen sich nicht nur daran – sie gewinnen diese Zeiten richtig lieb.

Bonhoeffers konsequente Art und seine spürbare Begeisterung helfen ihnen. Aber sie machen auch erste eigene Erfahrungen mit den Bibeltexten, die plötzlich eine persönliche Bedeutung für sie gewinnen. Darüber hinaus ist es eine besondere Art von Gemeinschaftserlebnis zu wissen, dass die anderen den gleichen biblischen Text bewegen. Sie können sich später darüber austauschen.

Am Ende der Woche nutzt Bonhoeffer jeweils die Abendandacht für ein persönliches Wort an die jungen Männer. Er spricht über den Meditationstext, aber auch darüber, was ihm am Miteinander der vergangenen Woche aufgefallen ist. So arbeitet er sehr bewusst mit seinen Studenten an dem Experiment des gemeinsamen Lebens.

> Mich beeindruckt es, wie konkret Gottes Wort unter ihnen gewohnt hat, wie lebendig der Vers aus dem Kolosserbrief wurde. Unwillkürlich stelle ich mir die Frage, wie das bei mir, bei uns heute ist.

Mich beeindruckt es, wie konkret Gottes Wort unter ihnen gewohnt hat, wie lebendig der Vers aus dem Kolosserbrief wurde. Unwillkürlich stelle ich mir die Frage, wie das bei mir, bei uns heute ist. Auf der einen Seite erlebe ich mich oft sprachlos, wenn es darum geht, Gottes Wort im Miteinander einzubringen. Es hat häufig nur einen sehr begrenzten Raum am Beginn eines Treffens oder Gesprächs. Offensichtlich fällt es uns schwer, diesen Raum auf das ganze Miteinander auszuweiten.

Auf der anderen Seite erlebe ich mich wirklich angeregt und beglückt, wenn Gottes Wort eine entscheidende Rolle einnimmt und das Miteinander bestimmt. Es können einzelne Verse sein, die im Gespräch zum Dreh- und Angelpunkt werden und wirkliche Veränderungen herbeiführen. Ich erinnere mich daran, wie mir jemand einmal den Satz aus dem dritten Kapitel des Prediger-Buches »Alles im Leben hat seine Zeit« sagte. Er blieb eine Zeit lang im Verborgenen und wurde mir erst später wirklich wichtig und zu einer großen Hilfe.

Gottes Wort kann zu einem großen Schatz werden, wenn wir ihm in guter Art und Weise unter uns Raum geben und es bei uns wohnen lassen. Wie das konkret aussehen kann, dafür finden sich bei Bonhoeffer und seinem Miteinander mit den Seminaristen gute Anstöße.

Stationen auf meinem Weg der Nachfolge

Gottes Wort Raum geben.
Gottes Wort sprechen und wirken lassen.
Gottes Wort hören und aufnehmen.
Gottes Wort im Herzen bewegen.
Und schließlich:
Gottes Wort ernst nehmen.
Gottes Wort lieben.

Kapitel 10

Gemeinsames Hören am Morgen

Die Zeit des Morgens ist Bonhoeffers Erfahrung nach besonders geeignet dafür, intensiv auf Gottes Wort zu hören. Die eigenen Gedanken sind nach der Nacht noch frisch und ausgeruht. Von den Aufgaben des Tages ist man noch unbelastet. Die Ruhe und Einsamkeit der frühen Stunde sind wohltuend.

Neben diesen eher pragmatischen Aspekten hat der Morgen für Bonhoeffer aber auch eine besondere geistliche Bedeutung. Es ist die Zeit der Erfüllung. Die Zeit der Auferstehung. Der Tag des Neuen Testamentes beginnt gewissermaßen am Morgen. Er erinnert Christen immer wieder daran, dass Christus auferstanden ist und die Grundlage für ein wirklich erfülltes Leben geschaffen hat. Jeden Morgen können wir uns neu darauf ausrichten und darüber freuen, was Christus für uns getan hat. Der Morgen macht so auch den Unterschied zwischen Altem und Neuem Testament deutlich. Der Tag im Alten Testament beginnt nämlich mit dem Abend und endet, wenn am nächsten Tag die Sonne untergeht. Er lebt von der Erwartung, dass der neue Tag nach dem Ende der Nacht anbricht. Nicht Erfüllung, sondern Erwartung prägt das Alte Testament.

> Der Tag des Neuen Testamentes beginnt gewissermaßen am Morgen. Er erinnert Christen immer wieder daran, dass Christus auferstanden ist und die Grundlage für ein wirklich erfülltes Leben geschaffen hat. Jeden Morgen können wir uns neu darauf ausrichten und darüber freuen, was Christus für uns getan hat.

Bonhoeffer versuchte, seinen Studenten die Bedeutung und die Freude des Morgens ans Herz zu legen. Er wollte sie ganz neu für den Morgen begeistern:

Der Anfang des Tages soll für den Christen nicht schon belastet und bedrängt sein durch das Vielerlei des Werktages. Über dem neuen Tag steht der Herr, der ihn gemacht hat. ... Darum mögen in der Frühe des Tages die mancherlei Gedanken und die vielen unnützen Worte schweigen, und der erste Gedanke und das erste Wort möge dem gehören, dem unser ganzes Leben gehört.[67]

Das Wort Gottes, das wirklich das erste Wort und der erste Gedanke des Tages ist, hat für Bonhoeffer eine besondere Verheißung und ist leichter »hörbar« als die Fülle der Worte, die im Laufe des Tages auf uns einströmen. Darüber hinaus ist es aber auch »gelebter Lobpreis«, wenn man Gott die Frühe des Morgens widmet und ihn so ganz praktisch an die erste Stelle des Tages stellt.

> Wollen wir wieder etwas lernen von dem Lobpreis, der am frühen Morgen dem dreieinigen Gott gebührt, Gott, dem Vater und Schöpfer, der unser Leben bewahrt hat in der finsteren Nacht und uns aufgeweckt hat zu einem neuen Tag, Gott, dem Sohn und Weltheiland, der für uns Grab und Hölle überwand und als Sieger mitten unter uns ist, Gott, dem heiligen Geist, der uns in aller Frühe des Morgens Gottes Wort als einen hellen Schein in unser Herz gibt, alle Finsternis und Sünde vertreibt und uns recht beten lehrt ...[68]

Vor diesem Hintergrund hat Bonhoeffer eine besondere Form mit seinen Seminaristen in Zingst und später Finkenwalde entwickelt, wie der Morgen gemeinsam gestaltet wurde. Er wollte ihnen zeigen, welche Chancen diese Zeit mit sich bringt, damit sie auch später für sich allein eine Form finden, wie sie persönlich in den Tag starten. In seinem Buch *Gemeinsames Leben* beschreibt Bonhoeffer den Ablauf und die einzelnen Gestaltungselemente, ohne eine Gesetzmäßigkeit daraus zu machen. »So mannigfach die Gemeinschaften sind, so mannigfach wird sich die Morgenandacht gestalten. Das muss so sein.«[69]

Gemeinsames Psalmengebet

Die Psalmen sind das Gebetbuch Christi. Wenn wir uns ernsthaft auf den Weg der Nachfolge begeben und uns an Christi Beispiel orientieren, dann werden wir lernen, aus und mit den Psalmen zu beten, so wie Christus es tat. Bonhoeffer beschreibt drei Aspekte, die wir ganz automatisch beim Beten der Psalmen lernen werden:

- Die Psalmen lehren uns, aufgrund der Verheißungen Gottes zu beten.
- Die Psalmen lehren uns, aus der ganzen Bandbreite der Gefühle des Menschen zu beten.
- Die Psalmen lehren uns, gemeinsam vor Gott zu stehen und zu beten.

Gemeinsame Schriftlesung

Gottes Wort in der Bibel ist ein lebendiges Ganzes, das eine andere Wirkung auf uns hat, wenn wir es fortlaufend lesen, als wenn wir es nur in kleinen »Dosen« zu uns nehmen. Den Blick für das Ganze erhalten wir erst, wenn wir uns mit längeren Abschnitten und größeren Zusammenhängen beschäftigen. Das Wort Gottes zieht den wirklich Hörenden in das Geschehen hinein. Es ergreift Raum. So bekommt es einen festen Platz in uns und kann ein »breiteres Wirkungsspektrum« entfalten.

Gemeinsamer Lobpreis

Am Morgen werden Loblieder gesungen, denn die Tageszeit macht deutlich, dass mit Christus etwas Neues angefangen hat. Jeden Morgen dürfen wir uns neu daran freuen, dass Christus am Ostermorgen auferstanden ist und die Verheißung erfüllt hat.

- Beim gemeinsamen Singen wird Gott in einer anderen Art und Weise gelobt, als es mit dem gesprochenen Wort möglich ist.
- Beim gemeinsamen Singen vereinen sich die Worte der Einzelnen in harmonischer Form.
- Beim gemeinsamen Singen kann der Einzelne nicht unbeteiligt bleiben. Er muss sich einbringen. Entweder grenzt er sich aus und bleibt stumm. Oder er stimmt ein.
- Beim gemeinsamen Singen entsteht eine ganz besondere Form der Gemeinschaft.

Gemeinsames Beten

Während bei der Psalm- und Schriftlesung und auch beim gemeinsamen Singen Gottes Wort im Mittelpunkt steht, wird beim Gebet *unser* Wort gesprochen. Es geht um unsere Anliegen für den Tag, der vor uns liegt, oder für die Gemeinschaft, in der wir leben. Aus dem gemeinsamen Hören und Aussprechen des Wortes Gottes fließt das gemeinsame Gebet. Das Hören ist die Grundlage, der Boden, auf dem das eigene Wort als Gebet gesprochen werden kann. So entsteht eine noch tiefere Form der Gemeinschaft als beim Singen. Die anderen tragen das Gebet des Beters mit. Sie bestätigen es durch ihr Mitbeten und ihr Amen.

Es sind ganz besondere Zeiten, wenn wir uns gemeinsam mit anderen auf den Tag ausrichten und uns in ihn hineinnehmen lassen können. In der Regel sind wir jedoch allein. Bonhoeffer hat den gemeinsamen Start in den Tag mit seinen Seminaristen daher auch als Vorbereitung auf die Zeiten verstanden, in denen sie allein unterwegs sein würden. Nach der gemeinsamen Andacht folgte die persönliche Meditationszeit.

Wenn ich über die einzelnen Elemente der gemeinsamen Andacht nachdenke, merke ich, wie sehr mich dieser Orientierungsrahmen anspricht. Psalmgebet, Schriftlesung, Lobpreis, persönliches Gebet. Das kann ich durchaus auch alleine machen. Viele der Vorteile, die Bonhoeffer für die gemeinsame Andacht anführt, gelten genauso für meine persönliche Andacht.

Aber auch die Begeisterung, mit der er für den Morgen als Zeit des Hörens plädiert, beeindruckt mich. Nur zu gern stimme ich da mit ein. Es ist auch meine Zeit. Ich spüre den Charme, der davon ausgeht, wenn Gottes Wort wirklich das erste Wort des Tages ist. Nicht das Radio. Nicht die Zeitung. Nicht der Terminkalender. Ich erlebe die besondere Wirkung, die von Gottes Wort am Morgen ausgeht. Mal mehr, mal weniger intensiv. Diese Zeit ist mir auf jeden Fall sehr wichtig geworden. Es ist die Zeit, in der ich mich auf den Tag ausrichte und einstimme. Eine kurze Phase der Konzentration und Ruhe, die sich unterscheidet von den übrigen Zeiten des Tages.

Mein Alltag kommt mir oft wie ein Drahtseilakt vor. Ich bin ein Seiltänzer, der immer in der Angst und der Gefahr lebt, einen verhängnisvollen Fehler zu machen. Meine Zeit am Morgen ist wie der kurze Moment, den sich ein Seiltänzer nimmt, bevor er zum Gang über das Seil startet. Ich sehe auf die andere Seite und konzentriere mich auf das Ziel, das ich erreichen will. Ich richte die Balancierstange aus, damit ich meinen Gang im Gleichgewicht beginnen kann. Ich atme tief durch. Erinnere mich an meine Berufung als Seiltänzer und die Freude, die ich in der Regel an meinem Tun habe.

Mir hilft es, in diesem kurzen Moment am Morgen, bevor mein »Alltags-Drahtseilakt« beginnt, mit Gottes Wort ins Gespräch zu kommen. Es in meinen Tag hineinzunehmen. Es bei mir wohnen zu lassen. Ich bin nicht allein mit meinen Gedanken. Und im Bild des Seiltänzers gesprochen: Gottes Wort wird mir zur Balancierstange. Es hilft mir, mich ausgeglichen auf den Tag einzustimmen. Das Ziel vor Augen zu haben. Dann kann ich in den Tag starten.

So wie seine Seminaristen begeistert Bonhoeffer auch mich für die Zeit am Morgen. Aber er macht mir gleichzeitig deutlich, dass es um mehr als eine bloße Konzentrationsphase und Ausrichtung auf Gottes Wort geht. Die Zeit am Morgen hat eine tiefe geistliche Bedeutung. Sie lässt mich teilhaben am Schöpfungsgeschehen Gottes, der jeden Tag als neues Zeichen seines Wirkens in der Welt und seiner Liebe zu dieser Welt versteht. Ich stehe mittendrin und bin ein Teil davon.

Stationen auf meinem Weg der Nachfolge

Es ist noch still im Haus,
der Rest der Familie schläft.
Neben mir eine erste Tasse Kaffee,
vor mir ein biblischer Meditationstext.
Ich lese. Ich suche nach einzelnen Worten.
Worten, die sich in meinen Gedanken festsetzen.
Ich höre. Ich lausche auf eine Stimme.
Eine Stimme, die es gut mit mir meint.

Kapitel 11

Gemeinsam leben und hören: ein Experiment

Eberhard Bethge spricht sich im Nachwort von *Gemeinsames Leben* zu Recht dagegen aus, die Erfahrungen, die Bonhoeffer in Zingst und Finkenwalde gemacht hat, einfach auf andere Formen christlicher Gemeinschaft zu übertragen. Es ist immer zu berücksichtigen, in welcher Zeit sie gemacht wurden. Bonhoeffers Gedanken können daher nur Anstöße für unsere heutigen Formen gemeinsamen Lebens sein.

Daraus ergibt sich die Frage: Welche der Erfahrungen, die Bonhoeffer in Zingst und Finkenwalde gemacht hat, sind relevant für das Miteinander von Christen heute? Wie kann das gemeinsame Hören in unserer Zeit aussehen? In unseren Gemeinden? In unseren Hauskreisen? Oder in Gruppen, die bunt zusammengewürfelt sind, wie in Zingst und Finkenwalde? Diesen Fragen kann man sich am besten nähern, wenn man eigene Erfahrungen sammelt.

Die Chance dazu bietet sich mir bei einer Freizeit zum Thema »Nachfolge im Alltag – Bonhoeffer für mich entdecken« im christlichen Tagungszentrum Dünenhof, die ich zusammen mit meiner Frau organisieren und leiten darf.

Der Dünenhof befindet sich in einem kleinen Vorort von Cuxhaven. Direkt am Deich. Dahinter nur noch Salzwiesen und schließlich die Nordsee. Endlose Weite. Ein Ort der Ruhe. Hier treffen sich nun Menschen, um für eine Woche persönlich zu entspannen, auszuruhen, aufzutanken und dem gemeinsamen Leben, wie Bonhoeffer es aus Zingst und Finkenwalde beschreibt, nachzuspüren.

Nicht nur der abgelegene Ort weist Parallelen auf, auch die angebotenen Programmpunkte orientieren sich an dem, was Bonhoeffer seinen Studenten vorgab: Morgenandacht, Meditationszeit, Vortrag, Austausch, Vorlesen und gemeinsame Aktivitäten mit sportlichen und spielerischen Elementen. Mich interessiert dabei die Fragestellung: Ist es möglich, den in *Gemeinsames Leben* beschriebenen Tagesablauf in die heutige Zeit zu übertragen? Ist es möglich, gemeinsam zu hören?

Verschiedene Lernfelder

Die Erwartungen der Teilnehmer sind unterschiedlich. Genauso wie damals bei Bonhoeffer und seinen Studenten. Die ersten Tage sind vom Ankommen geprägt. Die Gruppe lernt sich kennen und es werden erste Erfahrungen mit dem Tagesablauf gesammelt. Je nachdem, wie weit die Erwartungen an die gemeinsame Zeit von dem vorgefundenen Ablauf abweichen, kommt es zu ersten positiven oder auch negativen Reaktionen. Ich beginne, mein geplantes Programm ein wenig zu verändern. Wo Vorträge zu lang sind oder das Programm zu kompakt ist, versuche ich, zu kürzen. Es wird deutlich, dass sich nicht alles so umsetzen lässt, wie es vorher geplant war. Aber das ist kein Problem – so ein Experiment braucht die Bereitschaft zur Anpassung. Von beiden Seiten – der Leitung und der Teilnehmer. Das erste Lernfeld des gemeinsamen Lebens in dieser Woche ist es daher, eigene Erwartungen und Wünsche anzupassen.

Wieder einmal merke ich, wie ich alle Erwartungen erfüllen möchte. Ich bin ein »Einhundert Prozent«-Typ. Dabei geht es mir nicht um Perfektion, sondern um Harmonie. Ich bin kein Perfektionist. Eher ein »Harmonist«. Schade, dass sich dieses Wort noch nicht etabliert hat. Fünfundneunzig Prozent Zustimmung reichen mir nicht. Ich sehne mich danach, von allen geliebt zu werden. An diesem Anspruch scheitere ich immer wieder. Aber ich lerne, mit den Enttäuschungen umzugehen. Einhundertprozentige Zustimmung gibt es nur in totalitären Systemen. Und da ist sie nicht ehrlich. Langsam schaffe ich es, mich an den ehrlichen fünfundneunzig Prozent Zustimmung zu freuen, ohne das Ziel der Harmonie aus den Augen zu verlieren.

Auch auf zwischenmenschlicher Ebene werden erste Erfahrungen gemacht. In dieser Woche sind Menschen zusammengekommen, die sich vorher noch nie begegnet sind. Der christliche Glaube ist das einzige Band, das sie miteinander verbindet und sie in diesem christlichen Tagungszentrum zusammengeführt hat. Sorgfältig wird auf das Verhalten und die Reaktionen der anderen geachtet. Es gibt Starke und Schwache. Laute und Leise. Ältere und Jüngere. Zufriedene und Unzufriedene. Fröhliche und Traurige. Wie gehen die Teilnehmer der Gruppe miteinander um? Allen ist von Anfang an klar, dass sie während der gemeinsamen Woche als Gruppe unterwegs sind. Gegenseitig aufeinander Rücksicht zu nehmen und zu achten, ist so selbstverständlich, dass man nicht erst darum bitten muss.

Schon am ersten Abend führt die Vorstellungsrunde dazu, dass man den anderen bewusst wahrnimmt und kennenlernt. Die Offenheit einiger Teilnehmer ermutigt die anderen, sich auch zu öffnen. So bekommen die Einzelnen ein Bild voneinander. Sie lernen ein Stück der Geschichte des anderen kennen, nehmen die Unterschiedlichkeiten und Besonderheiten untereinander wahr. Persönliche Gespräche setzen sich bei den gemeinsamen Mahlzeiten und Aktivitäten fort. Ein vertrauter Raum bildet sich. Ein Raum, in dem Rücksichtnahme und gegenseitiges Ertragen möglich ist.

Die Schnellen müssen die Langsamen und die Starken müssen die Schwachen ertragen. Immer wieder heißt es: warten. Am Beginn der gemeinsamen Veranstaltungen und bei den Aktivitäten. Warten. Eine Disziplin, die selbst im Urlaub nicht immer leichtfällt. Aber auch die Fröhlichen und die Traurigen müssen sich gegenseitig ertragen. Der Fröhliche darf angesichts der Traurigkeit des anderen seine Sprachfähigkeit nicht verlieren. Und der Traurige muss lernen, dass auch für seine Traurigkeit ein Raum in der Gruppe ist.

Immer wieder müssen wir einüben, mit der Vielfalt und Unterschiedlichkeit umzugehen. Während solch einer besonderen gemeinsamen Zeit, aber auch in unseren Alltagszusammenhängen. Unterschiedliche Charaktere, Erfahrungen und Erwartungen prägen das Miteinander. Wir müssen gemeinsam lernen, von unseren eigenen Ansprüchen abzusehen und die Unterschiedlichkeit nicht als Bedrohung, sondern als Schatz und Chance wahrzunehmen.

> Unterschiedliche Charaktere, Erfahrungen und Erwartungen prägen das Miteinander. Wir müssen gemeinsam lernen, von unseren eigenen Ansprüchen abzusehen und die Unterschiedlichkeit nicht als Bedrohung, sondern als Schatz und Chance wahrzunehmen.

Je länger wir in unserer Woche gemeinsam unterwegs sind, desto intensiver werden die Gespräche. Die Vielfalt beginnt, Freude zu machen. Wir lernen uns besser kennen. Es wird deutlich, wie reizvoll unsere Unterschiedlichkeit ist. Das Miteinander der Gruppe ist nicht so, als säße man gemeinsam im Wartezimmer eines Arztes und schweigt. Es ist eher wie der interessierte Austausch bei einem Klassentreffen. Was hast du gemacht? Welche Erfahrungen hast du gesammelt? Die Bilder, die sich der eine vom anderen macht, bekommen klarere Konturen. Die Worte, die gewechselt werden, bekommen mehr Gewicht, je besser sich die Gruppe kennenlernt. Gerade für die zwischenmenschliche Ebene ist es gut, dass am Anfang der gemeinsamen Zeit – wie bei Bonhoeffer – darauf hingewiesen wurde, dass nicht übereinander, sondern miteinander geredet werden soll. Aber auch die Worte, die miteinander gewechselt werden, müssen sorgfältig bedacht werden. Denn sie können Sprengkraft entfalten und zerstörerisch wirken. Doch die Gefahr ist in dieser Gruppe nicht sehr groß. Ein ermutigender Grundton ist in den gemeinsamen Gesprächen zu hören. Es ist zu spüren, dass sich die Teilnehmer der Gruppe gegenseitig aufbauen wollen.

Ein weiteres zentrales Lern- und Erfahrungsfeld des gemeinsamen Lebens ist also, wie man miteinander redet. Die Worte, die wir wechseln, stehen immer auf dem Prüfstand. Egal, ob man sich erst vor Kurzem kennengelernt hat oder schon lange miteinander unterwegs ist. Bonhoeffers Seminaristen haben das auch so erlebt. Oft waren es nicht die Inhalte der Vorlesungen, sondern die Erlebnisse in der Gemeinschaft, die die jungen Leute in ihrer Persönlichkeit reifen ließen.

Im Laufe der gemeinsamen Zeit merke ich, welcher Schatz in jedem Einzelnen verborgen liegt und welche Freude es macht, diesen zu entdecken. Ich bin ein »Menschenbeobachter«. Ich mag es, anderen Menschen zuzusehen. Mir Gedanken über ihre Geschichte und Situation zu machen. In ihnen zu lesen. Mich in sie hineinzuversetzen.

Während unserer gemeinsamen Woche geht es allerdings über das Beobachten hinaus. Ich lerne die Menschen kennen. Ich höre ihre Geschichte. Darf ein Stück des Weges mit ihnen teilen. Von ihnen lernen und selbst Anstöße geben. Wir öffnen uns voreinander und beschenken uns gegenseitig. Das braucht eine gewisse Zeit. Aber es ist möglich, wenn man wirklich gemeinsam unterwegs ist. Wir lernen von der Geschichte des anderen. Durch den Austausch werden seine Erfahrungen auch zu unseren. Ich merke, welcher Reichtum im anderen verborgen liegt.

Je länger wir zusammen sind, desto mehr kommt es dazu, dass wir auch gemeinsam hören. Wir tauschen uns darüber aus, welche Erfahrungen wir mit den persönlichen Meditationstexten und dem anschließenden Gespräch machen.

»Du betonst die Sprengkraft menschlicher Worte und mahnst zum vorsichtigen Umgang«, sagt einer der Teilnehmer beim Essen zu mir. »Das ist sicher richtig. Aber sollte nicht genauso deutlich gesagt werden, dass Worte auch Quellen des Glücks sein können und dass wir uns gegenseitig auf diese Weise ermutigen können?«

Worte als Quellen des Glücks. Mir gefällt diese Formulierung. Sie ist für mich mehr als nur ein guter Beitrag. Sie hilft mir persönlich. Ich habe in letzter Zeit viel zu sehr die Sprengkraft menschlicher Worte erlebt und meine Ohren vor der wohltuenden Wirkung, die sie auch haben können, verschlossen. Hier spricht jemand etwas aus, das mich persönlich betrifft und für mich hilfreich ist. Ich ahne, dass es hier auch um die geistliche Ebene geht und Gott zu mir sagt: »Höre auf die Worte, die ich dir zusprechen lasse. Sie sollen für dich Quellen des Glücks sein.« Indem ich lerne, auf den anderen zu hören, werde ich auch offen für das, was Gott mir durch den anderen sagen will.

So ist die gemeinsame Woche voller spannender Lernfelder. Erwartungen und Wünsche werden ausgetauscht und angepasst. Das Verhalten untereinander gibt Anregungen und Anstöße. Bei den Gesprächen beginnen wir, gegenseitig aufeinander zu hören.

Abendmahl feiern

Zum Abschluss der gemeinsamen Zeit werden die gemachten Erfahrungen betrachtet und wir feiern das Abendmahl. Alles, was wir in unserer Zeit erlebt und aufgenommen haben, fließt ein. Die Ärgernisse und die Wohlfühl-Momente. Die erlebte Unterstützung und die Einsamkeit in der Gruppe. Die Worte, die Quellen des Glücks waren, und die, die Sprengkraft hatten. Die Freude über die Gemeinschaft und die Angst vor dem Alltag. Das gemeinsame Abendmahl versichert uns, dass etwas unter uns gewachsen ist. Es versichert uns aber auch unserer geistlichen Erfahrungen während der gemeinsamen Woche. Es rüstet uns für die Zeit aus, die jetzt vor jedem Einzelnen liegt, und gibt uns eine Wegzehrung mit für das Leben zu Hause.

Am Ende seines Buches schreibt Bonhoeffer von der Beichte und dem Abendmahl: gemeinsam über das sprechen, was belastet, und gemeinsam die Gemeinschaft mit Christus im Abendmahl feiern.

> *Die Gemeinschaft des heiligen Abendmahls ist die Erfüllung der christlichen Gemeinschaft überhaupt … Hier ist die Gemeinschaft am Ziel. Hier ist die Freude an Christus und seiner Gemeinde vollkommen. Das gemeinsame Leben der Christen unter dem Wort ist im Sakrament zu seiner Erfüllung gekommen.*[70]

Das Experiment des gemeinsamen Lebens während dieser einen Woche ist eine wertvolle und wohltuende Erfahrung. Ja, es ist möglich, diesem

Das Experiment des gemeinsamen Lebens während dieser einen Woche ist eine wertvolle und wohltuende Erfahrung. Ja, es ist möglich, diesem Schatz nachzuspüren.

Schatz nachzuspüren. Mit wahrnehmenden, offenen Augen, die nicht nur auf einen selbst, sondern auch auf den anderen sehen, kann man in einer gemeinsamen Zeit viel lernen und Freude erleben.

»Die Zeit mit euch war vielfältig ein Gewinn«, bemerkt eine Teilnehmerin nach der Woche. Ein Satz, der für mich persönlich zu einer Quelle des Glücks geworden ist. Ein Satz, der mich ermutigt, weiterhin nach Formen des gemeinsamen Lebens mit anderen zu suchen.

Gemeinsames Leben – vielfältige Möglichkeiten

Nun bietet sich nicht immer die Möglichkeit zu solch einem »Finkenwalde-Experiment«, wie ich es durchführen durfte. Aber gemeinsames Leben ist auch heute noch möglich und es gibt viele verschiedene spannende Formen gemeinsamen Lebens (ein Buchtipp dazu *Es gibt was anderes!* von Astrid Eichler und Thomas und Irene Widmer-Huber): Dabei kann es sich sowohl um das räumlich konzentrierte gemeinsame Leben in einer Gemeinde, einem Hauskreis oder einem Freundeskreis handeln als auch um eine räumlich breit gestreute Weggemeinschaft von Menschen, die sich geistlich verbunden wissen. Bonhoeffer hat beides gelebt. Das Miteinander in Finkenwalde wie auch die geistliche Verbundenheit mit den ehemaligen Seminaristen, die über ganz Deutschland verstreut waren. Je mehr ich darüber nachdenke, desto deutlicher wird mir, dass sich diese beiden Formen nicht gegenüberstehen, sondern ergänzen.

> Aber gemeinsames Leben ist auch heute noch möglich und es gibt viele verschiedene spannende Formen gemeinsamen Lebens.

Für eine geistliche Weggemeinschaft von Menschen, die räumlich weit auseinander leben, lassen sich bei Bonhoeffer einige konkrete Anregungen finden:

- Geistliche Weggemeinschaften brauchen einen Ort, der eine herausgehobene Bedeutung im Miteinander hat. Einen Ort, an dem gemeinsame Erfahrungen gesammelt wurden und an dem man sich immer wieder treffen kann. Einen Ort, der mit prägenden geistlichen Erlebnissen in Verbindung gebracht wird. Für Bonhoeffer und seine Seminaristen war das Finkenwalde. Dieser Ort hat sie geprägt, inspiriert und verbunden. Hier haben sie sich auch nach der Seminarzeit zu gemeinsamen Freizeiten getroffen.
- Geistliche Weggemeinschaften brauchen eine verbindende Vision, eine gemeinsame geistliche Grundlage und Lebensregel, die das

Miteinander und das Leben des Einzelnen prägen. Dieses gemeinsame geistliche Band wird die Weggemeinschaft zusammenhalten, auch wenn sie räumlich voneinander getrennt lebt. Die Mitglieder werden Erfahrungen austauschen und sich gegenseitig ermutigen, an der gemeinsamen Grundlage festzuhalten. Bonhoeffer hat mit dem Thema »Nachfolge Christi« so ein geistliches Band beschrieben und seinen Seminaristen ans Herz gelegt.

- Geistliche Weggemeinschaften brauchen das gemeinsame Dienen, den Einsatz für eine Aufgabe, die ihnen am Herzen liegt. Dieses gemeinsame Dienen kann an dem Ort geschehen, der sie verbindet, oder im Zusammenhang mit einem gemeinsamen Projekt stehen. Dadurch wird eine zusätzliche Verbundenheit geschaffen. Der Einsatz in der Bekennenden Kirche war für Bonhoeffer und seine Seminaristen die gemeinsame Aufgabe. Sie unterstützten sich gegenseitig in ihrem Dienst und standen sich in schwierigen Situationen zur Seite.

- Die Mitglieder geistlicher Weggemeinschaften brauchen regelmäßige Kommunikation. Bonhoeffer hat seinen Seminaristen nach der gemeinsamen Zeit in Finkenwalde Rundbriefe geschickt, in denen er vom Fortgang der Arbeit berichtet und gemeinsame Meditationstexte aus der Bibel vorgeschlagen hat. Es war ihm eine große Freude zu wissen, dass sich die Menschen, mit denen er geistlich verbunden war, mit demselben Wort Gottes auseinandersetzten. Er hat auch immer wieder dazu ermutigt, sich die Erkenntnisse aus dem Wort Gottes und in der Nachfolge gegenseitig mitzuteilen und sprachfähig zu bleiben.

- Geistliche Weggemeinschaften von Menschen, die räumlich weit voneinander getrennt leben, brauchen eine Einbindung in eine christliche Gemeinde vor Ort. Eine geistliche Weggemeinschaft kann das Leben in einer Gemeinde nicht ersetzen, sondern nur ergänzen. Bonhoeffer hat seine ehemaligen Seminaristen immer in ihre örtlichen Gemeinden entlassen und sie durch den regelmäßigen Kontakt in ihrer Arbeit vor Ort unterstützt. Nur sehr wenige seiner Seminaristen sind in Finkenwalde geblieben und haben von dort aus ihren Dienst getan.

So beschriebene geistliche Weggemeinschaften sind auch heute möglich. Und angesichts der veränderten Kommunikationsmöglichkeiten sicherlich noch leichter lebbar als zu Bonhoeffers Zeiten. Es wird mir immer mehr deutlich, wie konkret die Anregungen und Anstöße Bonhoeffers noch heute sind und wie stark sie meine Sehnsucht nach einem geistlichen Miteinander wecken. Er beschreibt eine christliche Gemeinschaft, die Christus als Mitte Wirklichkeit werden lässt und in der das Wort Gottes gehört und im Herzen bewegt wird.

Christus als Mitte und Gottes Wort im Herzen – das sind Bonhoeffers Erfahrungen des gemeinsamen Lebens und das sind seine Anfragen an jeden, der eine Sehnsucht nach Gemeinschaft verspürt. Ist Christus in der Mitte unserer Beziehungen und unserer Gemeinschaften? Ist das Wort Gottes unser gemeinsamer Schatz, den wir miteinander und im Herzen bewegen?

Stationen auf meinem Weg der Nachfolge

Gemeinsames Leben ist zwiespältig:
Anstoßen und anpassen.
Betrüben und beglücken.
Verunsichern und vertrauen.
Ertragen und erfreuen.
Gemeinsames Leben ist vielfältig:
Übereinander schweigen.
Aufeinander hören.
Voneinander lernen.
Füreinander beten.
Miteinander unterwegs sein.

Teil 4

Gemeinsam Konflikte bestehen

Auf dem Gelände des Zingsthofes 1935

Nachdem wir uns nun mit der Sehnsucht nach Gemeinschaft und den Freuden des gemeinsamen Unterwegsseins beschäftigt haben, müssen wir unseren Blick auch auf die Schwierigkeiten des gemeinsamen Weges richten. Bonhoeffer ist überzeugt, dass es ein notwendiger Prozess ist, diese Schwierigkeiten zu durchleben. Die Sehnsucht nach Gemeinschaft verleitet uns nämlich dazu, dass wir bei einem Traumbild stehen bleiben. Wir malen uns die Gemeinschaft, nach der wir uns sehnen, in den buntesten Farben aus. Ein Bild voller Harmonie, Freude und Liebe.

Obwohl es durchaus gut ist, so ein Bild vor Augen zu haben und sich danach zu sehnen, muss es sich doch in der Realität bewähren. Aus dem Traumbild muss ein reales Gruppenbild der Gemeinschaft werden, auf dem auch die Verschiedenartigkeit der einzelnen Charaktere zu erkennen ist. Bonhoeffer beschreibt diesen notwendigen Prozess vor dem Hintergrund der Erfahrungen in Zingst und Finkenwalde auch in seinem Buch. Er stellt fest: »Wo die Frühnebel der Traumbilder fallen, dort bricht der helle Tag christlicher Gemeinschaft an.«[71]

Kapitel 12

Notwendige Enttäuschungen

Während ich dieses Kapitel über »notwendige Enttäuschungen« schreibe, ist die Welt vor meinem Fenster tatsächlich in einen weißen, undurchdringlichen Frühnebel gehüllt. Die Sicht auf die Nachbarhäuser ist verschwommen. Nur schemenhaft sehe ich die Umrisse der Gebäude, die ich gestern noch in aller Klarheit erkennen konnte. Dennoch sind ihr Aussehen und ihr Standort gleich geblieben. Nur meine Sicht auf das, was mich umgibt, hat sich durch den Frühnebel verändert. Etwas ist zwischen uns geraten. Ich weiß, dass das in diesem Fall nur eine zeitlich begrenzte Erscheinung ist. Sobald der neue Morgen seine Kraft entfaltet und die Sonne scheint, wird der Frühnebel genauso schnell verschwinden, wie er entstanden ist. Was für ein besonderer Moment, wenn die Sonne das Grau durchdringt und mit einem besonderen Glanz belegt! Ganz langsam verzieht sich dann der Frühnebel. Er hat seine Zeit gehabt. Die Sonne verändert die Szenerie. Die Sicht auf das, was mich umgibt, ist wieder klar. Nichts, aber auch gar nichts, erinnert noch an die Zeit des Frühnebels. Er ist wie weggeblasen. Er hat sich in Luft aufgelöst. Ein klarer, heller und schöner Tag beginnt.

Bonhoeffer vergleicht die Wirkung unserer Traumbilder von Gemeinschaft mit so einem Frühnebel. Er führt dazu, dass unsere Sicht auf die Menschen, mit denen wir unterwegs sind, vernebelt wird. Wir sehen sie nur noch durch die Brille unserer Wunschvorstellungen und unserer Erwartungen an sie. Wir sehen sie nicht mehr richtig. Den Prozess, bei dem aus der von Traumbildern vernebelten Sicht auf den anderen wieder die klare Sicht auf das wirkliche Wesen des anderen wird, nennt Bonhoeffer »die große Enttäuschung«.

> Den Prozess, bei dem aus der von Traumbildern vernebelten Sicht auf den anderen wieder die klare Sicht auf das wirkliche Wesen des anderen wird, nennt Bonhoeffer »die große Enttäuschung«.

Bonhoeffer hat diese Erfahrung selbst gemacht. Sein Traumbild einer Gemeinschaft unter Brüdern, die einmütig gemeinsam unterwegs sind, ist immer wieder auf den harten Boden der Realität gefallen und hat Kratzer bekommen. Gerade mit dieser Ehrlichkeit, die weit davon entfernt ist, die christliche Gemeinschaft zu glorifizieren, kommt mir Bonhoeffer sehr nah. Er schreibt:

> Gott lässt es aus lauter Gnade nicht zu, dass wir auch nur wenige Wochen in einem Traumbild leben, uns jenen beseligenden Erfahrungen und jener beglückenden Hochgestimmtheit hingeben, die wie ein Rausch über uns kommt ... Wer sich das Bild einer Gemeinschaft erträumt, der fordert von Gott, von dem anderen und sich selbst die Erfüllung. Er tritt als Fordernder in die Gemeinschaft der Christen, richtet ein eigenes Gesetz auf und richtet danach die Brüder und Gott selbst. Er steht hart und wie ein lebendiger Vorwurf für alle anderen im Kreis der Brüder.[72]

Man spürt es diesen Zeilen ab, dass Bonhoeffer über eigene Erlebnisse schreibt. Man ahnt die Spannungen im Kreis der jungen Männer, die mit so vielen unterschiedlichen Erwartungen und Erfahrungen in das Seminar gekommen sind. Sie treffen auf einen Direktor, der klare Vorstellungen vom Miteinander hat und sie auch durchsetzt. Bonhoeffer selbst wird sich von manchen Traumbildern verabschiedet und Enttäuschungen erlebt haben. Letztlich haben diese Enttäuschungen aber zu einer klareren Sicht geführt. Der Frühnebel hat sich gelichtet. Die Sonne lässt alles in einem hellen Licht erscheinen. Über seine Erfahrungen schreibt Bonhoeffer weiter:

> Die große Enttäuschung über die andern, über die Christen im Allgemeinen und, wenn es gut geht, auch über uns selbst, muss uns überwältigen, so gewiss Gott uns zur Erkenntnis echter christlicher Gemeinschaft führen will. ... Erst die Gemeinschaft, die in die große Enttäuschung hineingerät mit all ihren unerfreulichen und bösen Erscheinungen, fängt an zu sein, was sie vor Gott sein soll, fängt an, die ihr gegebene Verheißung im Glauben zu ergreifen.

Hinter diesen reflektierten und abgeklärten Gedanken Bonhoeffers steht ein langer Prozess, bei dem er auch eigene Enttäuschungen verarbeitet hat. Diese Zeilen wurden rückblickend nach zwei Jahren enger Gemeinschaft geschrieben, und nicht während der ersten Tage in Zingst.

- Die große Enttäuschung über die Gemeinschaft mit anderen Christen ist notwendig. Sie ist erforderlich, um zu wirklicher Gemeinschaft durchzudringen.

- Die große Enttäuschung ist ein Durchgangsstadium. Sie ist nicht das Ende. Sie geht vorüber, wie sich der Frühnebel verzieht, wenn die Sonne ihre Kraft entfaltet.

Unwillkürlich kommen mir eigene Enttäuschungen in den Sinn. Wie leicht bleibe ich bei ihnen stehen? Wie schnell zerbricht eine Gemeinschaft auf diese Weise? Wie schwer ist es, durch die Enttäuschungen wirklich zu neuer Gemeinschaft durchzudringen? Wie rasch geben wir die Hoffnung auf und beenden die Gemeinschaft?

Überwältigt zur Erkenntnis

Bonhoeffer schreibt, dass uns die große Enttäuschung »über die andern, über die Christen im Allgemeinen und, wenn es gut geht, auch über uns selbst« überwältigen muss. Erst dann kann uns Gott zur Erkenntnis echter christlicher Gemeinschaft führen.

»Wenn es gut geht, auch über uns selbst.« – Die große Enttäuschung über andere und über mich selbst. Diese beiden Seiten der großen Enttäuschung gehören – nach Bonhoeffer – im besten Fall zusammen. Ich persönlich wehre mich gegen den Gedanken, von der großen Enttäuschung überwältigt zu werden. Ich will nicht auf den Boden geworfen werden. Ich will stehen bleiben. Gut dastehen. Und doch scheint es nicht ohne dieses Überwältigtwerden zu gehen.

> Ich persönlich wehre mich gegen den Gedanken, von der großen Enttäuschung überwältigt zu werden. Ich will nicht auf den Boden geworfen werden. Ich will stehen bleiben. Gut dastehen. Und doch scheint es nicht ohne dieses Überwältigtwerden zu gehen.

Ich erinnere mich an eine Zeit, in der mein Bild einer harmonischen Gemeinschaft ins Wanken geriet: Das Traumbild zerplatzt. Kritische Stimmen werden laut. Anklagen werden vorgetragen. Nachfragen scharf formuliert. Es fällt mir schwer, ruhig zu bleiben. Einfach zuzuhören, den anderen ausreden zu lassen. Ich werde dünnhäutig.

Es ist, als ob etwas zwischen uns geraten ist. Etwas, das nicht so leicht zu beschreiben ist, aber doch schon lange da gewesen zu sein scheint. Aus Nähe wird Distanz. Aus Sprachfähigkeit wird Sprachlosigkeit. Aus Verständnis wird Unverständnis. Aus Unbekümmertheit wird Bekümmertheit.

Mein Bild des gemeinsamen Miteinanders beginnt sich zu verändern. Aus dem Bild, das in den hellen Farben des Wohlwollens gemalt ist, wird ein dunkleres Bild, das gegenseitige Enttäuschung und Entfremdung zeigt. Die dunklen Farben lassen sich nicht mehr übermalen. Es ist das Ende einer Täuschung. Ich hatte gedacht, dass sich das einmal erlebte Bild der Gemeinschaft nicht mehr verändern kann. Aber eine Bestandsgarantie gibt es nicht.

Schließlich durchbreche ich den Kreislauf aus Versuchen, das Bild zu retten, erneutem Versagen, verstärkter Kritik und wieder neuen Versuchen. Ich bin überwältigt von dieser großen Enttäuschung – in Bezug auf andere und mich selbst. Ich trete aus diesem Kreislauf heraus und versuche, die Enttäuschung zu verstehen. Ich brauche einen Neuanfang.

Ich spüre, wie konkret Bonhoeffers Erfahrungen über die notwendigen Enttäuschungen in meine konkrete Situation hineinsprechen und mir helfen, das alles als weiterführenden Prozess zu verstehen. Aber es ist und bleibt ein mühevoller und schmerzhafter Weg.

Die große Enttäuschung bringt das Bild ins Wanken, das ich gern von unserem Miteinander sehen würde. Dieses Bild vernebelt meine Sicht auf die anderen und auf mich.

Die große Enttäuschung macht mich bedächtiger und vorsichtiger. Sie lässt mich klarer auf andere und mich sehen. Sie lässt mich reifen und tiefer werden. Sie macht mich demütiger.

Wir brauchen in der Regel viel Zeit, um die großen Enttäuschungen des Miteinanders zu verarbeiten. Wir brauchen Abstand und Ruhe, um besser zuhören und beobachten zu können. Wir brauchen Verständnis für die Geschichte der anderen und unsere eigene. Wir brauchen Erkenntnis für die falschen Bilder, die unser Miteinander belasten. Wir brauchen Menschen, die uns wohlgesonnen sind und uns die Augen für Gottes verborgenes Wirken auch durch Enttäuschungen hindurch öffnen.

Bonhoeffer hat mir Mut gemacht, dass durch die Enttäuschung hindurch etwas Neues entstehen kann. Enttäuschungen müssen nicht immer zu einer Beendigung der Gemeinschaft führen. Sie können bestehende Gemeinschaften verändern. Wenn die Frühnebel endlich verzogen sind, kann wirklich etwas ganz Neues beginnen. Dann kann echte, nicht vernebelte, christliche Gemeinschaft entstehen.

> Bonhoeffer hat mir Mut gemacht, dass durch die Enttäuschung hindurch etwas Neues entstehen kann. Enttäuschungen müssen nicht immer zu einer Beendigung der Gemeinschaft führen. Sie können bestehende Gemeinschaften verändern.

Ich sehe aus meinem Fenster. Draußen scheint die Sonne. Alles ist in frische Farben getaucht. Ein wirklich herrlicher Tag beginnt. Die Frühnebel sind Geschichte.

Stationen auf meinem Weg der Nachfolge

Manchmal scheint die Nebelwand undurchdringlich.
Ich sehe nicht mehr klar.
Das übrige Leben ist wie ausgesperrt.
Grau. Grau. Überall ist es grau.
Aber ich weiß, dass das Grau nicht das Letzte ist.
Alles im Leben hat seine Zeit: auch das Grau.
Das Grau ist immer nur vorübergehend.

Kapitel 13

Ein verändertes Bewusstsein

Bonhoeffer bleibt nicht bei der Beschreibung der notwendigen Enttäuschung stehen. Denn sie führt letztlich zu einem veränderten Bewusstsein. Diese Erkenntnis muss vor dem Hintergrund der Erfahrungen, die Bonhoeffer von 1935 bis 1937 mit insgesamt fünf Kursen gemacht hat, gesehen werden. Er hat Enttäuschungen im Miteinander erlebt. Immer wieder neu. Aber ein Stamm von fünf bis acht jungen Männern blieb als feste Bruderschaft im Seminar zusammen, sodass es neben der halbjährlich wechselnden Gruppe auch einen festen Kern gab, der die gemachten Erfahrungen miteinander bewegen konnte.

Bonhoeffer hat einige Punkte herausgearbeitet, die das veränderte Bewusstsein beschreiben.

Bewusstsein dafür, dass eine Gemeinschaft ständig in Gefahr ist

Die Gefahr für eine christliche Gemeinschaft setzt häufig an einem ganz bestimmten Punkt an. Auch Jesus und seine Jünger waren nicht davor gefeit. »Es kam aber unter ihnen der Gedanke auf, wer von ihnen der Größte sei« (Lukas 9,46). Dieses Denken ist zutiefst menschlich. Es entsteht ganz automatisch und gehört zu dem Bild, das wir von uns und anderen malen. Wer ist größer? Wer ist schöner? Doch es wirkt wie Unkraut. Es wächst einige Zeit im Verborgenen, streut seine Saat und tritt dann erschreckend deutlich hervor. Es hat die Kraft, das ganze Beet oder Feld zu zerstören. Mit der Zeit wird es immer schwerer, dieses Unkraut zu beseitigen.

Bonhoeffer hat diese Gefahr immer wieder im Miteinander erlebt. Er beschreibt die Wirkung des vergleichenden Denkens und trifft damit meine eigenen Erfahrungen:

> Kaum dass Menschen beieinander sind, müssen sie anfangen, einander
> zu beobachten, zu beurteilen, einzuordnen. … »Es kam unter ihnen
> der Gedanke auf« – das genügt, um die Gemeinschaft zu zerstören.
> Darum ist es für jede christliche Gemeinschaft lebensnotwendig, dass

sie von der ersten Stunde an diesen gefährlichen Feind ins Auge fasst
und ausrottet.[73]

Das Bewusstsein, wie gefährdet eine Gemeinschaft durch vergleichendes
Denken ist, soll uns den Blick für ein liebevolles Miteinander öffnen
und vor dem »Leistungsprinzip« bewahren.

Bewusstsein dafür, dass die Menschen in einer Gemeinschaft unterschiedlich sind

Die jungen Männer, die sich in Zingst und Finkenwalde auf den Dienst
als Pastor vorbereiten, sind sehr unterschiedlich. Bonhoeffer hat einen
sehr genauen Blick dafür. In seinen Briefen an die Kirchenleitungen
beschreibt er die Stärken und Schwächen der Einzelnen, um einen
geeigneten Dienstort für sie zu finden. Das Bewusstsein
für die Unterschiedlichkeit hilft, den anderen so wahrzunehmen, wie er ist, und ihn nicht mit dem eigenen
Idealbild zu vergleichen. Es hilft, die Augen zu öffnen
und sich auf die Suche nach den wirklichen Stärken
des anderen zu machen. Außerdem bewahrt es davor,
in die Falle des vergleichenden Denkens zu tappen und
ständig zu überlegen, welche Position der andere im
Vergleich mit einem selbst einnimmt. Unterschiedliches kann nicht so
leicht miteinander verglichen werden. So bewahrt das Bewusstsein der
Unterschiedlichkeit – das Wissen um »Äpfel und Birnen« – davor, sich
auf Kosten des anderen zu produzieren. Wenn die Unterschiedlichkeit
keinen Vergleich zulässt, kann ich mich nicht als der »Bessere« darstellen.
Ich kann den anderen nicht durch Vergleichen für die eigene Selbst-
rechtfertigung und Selbstdarstellung missbrauchen. Das Wissen um die
Unterschiedlichkeit macht barmherziger im Umgang mit dem anderen.

> Das Bewusstsein für die Unterschied-lichkeit hilft, den anderen so wahrzu-nehmen, wie er ist, und ihn nicht mit dem eigenen Idealbild zu vergleichen.

Bewusstsein für die Sprengkraft menschlicher Worte

Bonhoeffer verfügt bereits vor der Ankunft in Zingst über einen breiten
Erfahrungsschatz aus vielen verschiedenen christlichen Gemeinschaften.
Studentengruppen in Berlin und New York. Kirchengemeinden in Berlin,
Barcelona und London. Arbeitsgemeinschaften in der Bekennenden
Kirche und in der Ökumene. Überall kommen Menschen zusammen.

Überall kommen vergleichende und richtende Gedanken auf und belasten die Gemeinschaft. Überall besteht die Gefahr, dass diese Gedanken ausgesprochen werden und Sprengkraft entfalten. Bonhoeffer wird eine Vielzahl von Worten gehört und vielleicht sogar selbst ausgesprochen haben, die wie Messerstiche gewirkt und Gemeinschaft zerstört haben. Vor diesem Hintergrund hat er seine jungen Männer gleich zu Beginn ihrer gemeinsamen Zeit aufgefordert, kein Wort über den anderen in dessen Abwesenheit zu sagen. Diese Regel gab eine gewisse Sicherheit im Miteinander. Und sie forderte heraus, sich in ehrlicher Kommunikation zu üben.

> *So wird es eine entscheidende Regel jedes christlichen Gemeinschaftslebens sein, die dem Einzelnen das heimliche Wort über den Bruder verbietet ... Unerlaubt bleibt das heimliche Wort über den anderen auch dort, wo es unter dem Schein der Hilfe und des Wohlwollens steht; denn gerade in dieser Deckung wird sich der Geist des Bruderhasses immer einschleichen, wenn er nach Schaden trachtet.[74]*

Das Bewusstsein für die Sprengkraft menschlicher Worte erhöht die Qualität und reduziert die Quantität der gesprochenen Worte.

Bewusstsein für Gottes Sicht auf den anderen

Bonhoeffer hat eine grundlegende und unvergleichliche Entdeckung gemacht, was geschieht, wenn wir nicht länger heimlich übereinander reden. Eine Entdeckung, die eng im Zusammenhang mit seiner Vorlesung über die Bergpredigt steht. Eine Entdeckung, die Nachfolge ganz praktisch beschreibt.

> *Wo diese Zucht der Zunge von Anfang an geübt wird, dort wird jeder Einzelne eine unvergleichliche Entdeckung machen. Er wird aufhören können, den anderen unaufhörlich zu beobachten, ihn zu beurteilen, ihn zu verurteilen, ihm seinen bestimmten beherrschbaren Platz zuzuweisen und ihm so Gewalt zu tun. Er kann nun den Bruder ganz frei stehen lassen, so wie Gott ihn ihm gegenübergestellt hat. Der Blick weitet sich, und er erkennt zu seinem Erstaunen über seinen Brüdern zum ersten Male den Reichtum der Schöpferherrlichkeit Gottes. Gott hat den anderen nicht gemacht, wie ich ihn gemacht hätte.[75]*

Bonhoeffer beschreibt hier den Übergang von der großen Enttäuschung über den anderen zu einer unvergleichlichen Entdeckung. Der Verzicht auf vergleichende Worte und das Schweigen über den anderen können den Blick für Gottes Sicht von ihm öffnen. Sie lassen ihn in einem ganz anderen Licht erscheinen. Dieses Bewusstsein öffnet uns eine Tür, dass wir den anderen wieder neu lieben lernen.

Bewusstsein für eine gereifte Sicht auf mich selbst

Die große Enttäuschung ist nicht nur eine Enttäuschung vom anderen, sondern – »wenn es gut läuft«, schreibt Bonhoeffer – auch von uns selbst. Die Bilder, die wir uns von uns selbst und dem anderen gemacht haben, geraten ins Wanken. So öffnet das Scheitern in einer Gemeinschaft in besonderer Weise den Blick auf die eigene Fehlerhaftigkeit und das eigene Versagen.

Die jungen Männer in Zingst und Finkenwalde sind immer wieder an ihre Grenzen gestoßen. Gerade an diesen Grenzen, die sie nicht als Helden, sondern eher als begossene Pudel überschreiten, sind die »Lernerfolge« besonders groß. Sie machen demütig. Das Bild, das der Einzelne von sich hat, erhält eine realistische Größe.

Für Bonhoeffer besteht die neue, gereifte Sicht auf sich selbst nicht nur darin, dass das eigene Bild auf die richtige Größe zurechtgestutzt wird. Er geht noch einen Schritt weiter: »Schließlich muss noch ein Äußerstes gesagt werden. Sich nicht für klug halten, sich herunter halten zu den Niedrigen, heißt ohne Phrase und in aller Nüchternheit: sich selbst für den größten Sünder halten.«[76]

Genau gegen dieses »Äußerste« habe ich mich immer gewehrt. Ich habe vor allem gesehen, wie dieser Satz missbraucht werden kann und auch wurde. Doch ich muss erkennen, dass er auch für mich gilt. Die tiefe Wahrheit, die sich hinter diesem »Äußersten« verbirgt, steht am Ende eines Weges, der uns von vermeintlichen Höhenflügen bis tief nach unten auf den Boden der Selbsterkenntnis führt.

Diesem »Äußersten« wird Bonhoeffer auch einige Jahre später in seiner *Ethik* nachspüren. Er erklärt den scheinbaren Gegensatz zwischen: »Wir sind eine neue Kreatur durch Christus«, und: »Wir sind die größten Sünder« durch das Zusammenwirken vom »Letzten« mit dem »Vorletzten«. Wir haben das »Letzte«, die Rechtfertigung des Sünders aus Gottes Gnade, gehört und geglaubt, aber wir leben in dieser Welt mit unserem Versagen noch im »Vorletzten«. Mit dieser Erklärung wehrt sich Bonhoeffer gegen die Radikalität, die nur das »Letzte« im Blick hat, und zugleich gegen die Kompromissbereitschaft, die sich nur auf das »Vorletzte« ausrichtet und das »Letzte« ausblendet. »Christliches Leben ist der Anbruch des Letzten in mir, das Leben Jesu Christi in mir. Es ist aber immer auch Leben im Vorletzten, das auf das Letzte wartet.«[77]

Das gereifte Bewusstsein und Verständnis dieses »Äußersten« ist die Grundlage der neu in den Blick genommenen Demut. Es ermöglicht ein ganz neues Miteinander, wo einer dem anderen dient. »Bis in diese Tiefe der Demut muss hinab, wer dem Bruder in der Gemeinschaft dienen will. Wie könnte ich auch dem in ungeheuchelter Demut dienen, dessen Sünde mir ganz ernsthaft schwerer erschiene als meine eigene.«[78]

Nur aus diesem gereiften Bewusstsein heraus können wir den anderen in der Gemeinschaft lieben und ihm dienen.

> Nur aus diesem gereiften Bewusstsein heraus können wir den anderen in der Gemeinschaft lieben und ihm dienen.

Nur aus diesem gereiften Bewusstsein heraus werden wir ihn nicht nach seiner Leistung und seinen Fehlern beurteilen, sondern Gottes Sicht über ihn annehmen.

Nur aus diesem gereiften Bewusstsein heraus können wir in einer guten und gesunden Art demütig von uns denken und leben.

Bonhoeffer selbst hat immer wieder das erlebt, was er beschreibt, hat diese Erkenntnisschritte auf dem Weg zur Demut durchschreiten müssen. Er hat also nicht nur eine Theorie aufgestellt und in seinen Vorlesungen über die Nachfolge eine theologische Grundlage dafür geliefert. Sein eigenes Scheitern hat zu einem veränderten Bewusstsein geführt. Immer wieder ist er Schritte auf den anderen zugegangen.

Entschuldigung beim »fünften Rad«

Der dritte Kurs in Finkenwalde, April bis Herbst 1936. Manches hat sich eingespielt. Es ist nicht mehr ganz so provisorisch wie noch am Anfang in Zingst. Dietrich Bonhoeffer startet zuversichtlich. Das Bruderhaus hat sich zusammengefunden und gibt der Arbeit im Seminar einen guten Rückhalt. Die Freundschaft mit Eberhard Bethge vertieft sich. Es ist alles auf einem guten Weg. Von den Auswirkungen des Kirchenkampfes bekommen sie hier nur wenig zu spüren. Noch. Hitler will vor und während der Olympischen Spiele im Sommer 1936 keine Unruhe.

Trotzdem läuft dieses Seminar etwas anders als die vorangegangenen. Eberhard Bethge wird von seiner sächsischen Heimatkirche zu einem Vertretungsdienst abberufen. Er fehlt in Finkenwalde. Besonders fehlt er seinem Freund Bonhoeffer. Der schreibt mehrfach in der Woche an ihn, um ihm von der Arbeit am Seminar zu berichten und die Dinge schriftlich zu reflektieren. Vieles erinnert hier schon an die umfangreichen Briefe, die er später aus dem Gefängnis an seinen Freund schreiben wird. Zusätzlich übernimmt er selbst – neben der inhaltlichen Arbeit mit dem neuen Kurs – die immer umfangreicher werdende Korrespondenz mit den ehemaligen Finkenwaldern und das Schreiben der Rundbriefe.

Die Bindung der Ehemaligen an das Seminar ist sehr eng. Sie schreiben von den Nöten und Problemen, die sie in ihrer Tätigkeit als Pastoren in den Gemeinden erleben. So berichtet Gerhard Vibrans, ein Vetter von Eberhard Bethge, von seiner Gemeinde in Schweinitz, dass von den 600 Einwohnern durchschnittlich 1,5 Menschen in den Gottesdienst kommen. Die Leute arbeiten dort lieber, als in die Kirche zu gehen. Doch der junge und motivierte Pastor möchte sich damit nicht zufriedengeben. Er hat einen Plan entworfen und fragt Bonhoeffer um Rat: »Nun will ich jeden Sonntag im Ornat einen Pilgergang durchs ganze Dorf machen, um den Leuten überhaupt erst mal zum Bewusstsein zu bringen, dass Sonntag ist. Die Gefahr des Missverstehens, des Clowns, der zum Zirkus einlädt, ist ja da, aber doch nicht so groß. Es ist ja ein rein äußerliches Mittel, ein ›Mätzchen‹. Darf man so etwas überhaupt mal versuchen?«[79]

Bonhoeffer redet ihm seine Aktion nicht aus. Er empfiehlt ihm zudem einen offenen Hirtenbrief an die Gemeinde. Wer nicht in die Kirche kommt, wird zumindest seine Post lesen. Es ist zu spüren, wie Bonhoeffer am Schicksal seiner Ehemaligen teilnimmt. Er schreibt außerdem an die verantwortliche Kirchenleitung und bittet sie, die Kräfte der jungen Pastoren weise einzusetzen. Schließlich besucht er Gerhard Vibrans und übernimmt eine Predigt.

Es ist jedoch nicht nur die Arbeit mit den aktuellen und ehemaligen Studenten, die Bonhoeffers Kraft beansprucht. Er wird in dieser Zeit auch verstärkt von der Leitung der Bekennenden Kirche für Dienste angefragt. So wird er gebeten, Vorträge in einer Veranstaltungsreihe der Bekennenden Kirche während der Olympiade am 5. August in Berlin zu halten. Bonhoeffer ist wenig begeistert. Er will lieber mit seinen Studenten in Finkenwalde arbeiten. Schließlich willigt er jedoch ein und referiert über die Bedeutung des Gebetes in der evangelischen Kirche.

Die Vorträge in Berlin sind eine vergleichsweise kleine zusätzliche Belastung im Gegensatz zu der zweiten Anfrage der Bekennenden Kirche. Er soll an der ökumenischen Konferenz in Chamby bei Genf teilnehmen, die vom 20. bis 25. August 1936 stattfindet. Fanö ist zwei Jahre her. Vieles hat sich seitdem verändert. Die Kräfteverhältnisse haben sich verschoben. Die Bekennende Kirche ist weit davon entfernt, als einzige deutsche Kirche anerkannt zu werden.

Bonhoeffer versucht, die Reise in den Süden so angenehm wie möglich zu gestalten. Freudig schlägt er seinem Freund Bethge, der kurz vor der Konferenz seinen

Vertretungsdienst beenden wird, vor, mit dem Auto in die Schweiz zu fahren und dort ein paar Tage Urlaub zu verbringen. Es ist zu spüren, wie er sich nach einer gemeinsamen Zeit mit dem Freund sehnt, um die vielfältigen Anforderungen der Arbeit einmal hinter sich zu lassen. Der Urlaubsplan ist wie das Licht am Ende des Tunnels. Endlich rauskommen. Auftanken. Es fällt Bonhoeffer leicht, den ursprünglichen Plan eines gemeinsamen Urlaubs mit Gerhard Vibrans in Flensburg aufzugeben. Was ist schon Flensburg gegen die Schweiz und die Chance, noch einen Abstecher nach Italien zu machen?

Sein Freund Bethge reagiert nicht ganz so euphorisch, wie Bonhoeffer gehofft hat. Er sorgt sich um seinen Vetter Gerhard Vibrans, dem er einen gemeinsamen Urlaub und Abstand von seiner schwierigen Gemeindearbeit gönnt. Er schlägt deshalb vor, zu dritt in die Schweiz zu fahren. Auf diese Idee reagiert Bonhoeffer sehr verhalten. Das helle Licht am Ende des Tunnels verliert etwas von seinem Glanz. Aus einer unkomplizierten Fahrt mit seinem engsten Freund wird eine Gruppenreise mit all den zu erwartenden Abstimmungsnotwendigkeiten und Komplikationen. Dazu gehören auch finanzielle Aspekte. Für den Urlaub im Ausland werden Devisen benötigt, die in Deutschland nur sehr schwer zu erhalten sind. Bonhoeffer muss sich das Geld in der Schweiz bei einem Bekannten leihen und findet es unangenehm, für drei Gäste darum zu bitten. Offen schreibt er seinem Freund Bethge: »Aber man muss sich klar sein (und Du musst die Verantwortung übernehmen!), dass jede Entscheidung, Planveränderung etc. zu dritt mehr Reibungen verursachen kann als zu zweit.«[80] Derjenige, der nur wenige Monate später über die Freuden des gemeinsamen Lebens schreiben wird, kennt eben auch die schwierigen Seiten und sehnt sich nach einem ganz einfachen, unkomplizierten Urlaub ohne großes Nachdenken und Rücksichtnahme.

Bonhoeffer ist mit seinen Kräften am Ende. Urlaubsreif. Bethge dagegen möchte gern noch andere zu dieser Reise einladen. Nach seiner Vertretungszeit in der fremden Gemeinde sehnt er sich offensichtlich nach einer größeren Gruppe. Er schlägt vor, auch noch seinen Bruder Hans mitzunehmen. Bonhoeffer ist irritiert. Er bringt immer neue Argumente gegen eine größere Reisegruppe vor. Das Auto macht ihm Sorgen. Wie soll es der Wagen über die Berge schaffen, wenn er schon jetzt im Flachland Probleme macht? Schließlich lenkt Bonhoeffer ein. Er weiß, wie gern sein Freund Bethge zumindest beim ersten Teil des Urlaubs seinen Vetter Gerhard mit dabeihaben möchte. So brechen sie zu dritt zur Reise in die Schweiz auf.

Die unterschiedlichen Vorstellungen lassen sich allerdings unterwegs nicht verbergen. Die Fahrt von Berlin in die Schweiz ist lang. Im Auto ist es sehr eng. Die Gespräche kreisen um die unterschiedlichen Erwartungen. Das christliche Miteinander der drei Freunde, die sich im ersten Kurs in Zingst und Finkenwalde kennengelernt haben, wird auf eine harte Probe gestellt. Bonhoeffer kann die Komplikationen, die es im Vorfeld bei der Planung gab, nicht vergessen. Gereizt spricht er sie an. Gerhard Vibrans spürt die Spannungen sehr genau, die seine Anwesenheit auslöst. Immer wieder bezeichnet er sich selbst als fünftes Rad am Wagen und beginnt sich zu fragen, warum er überhaupt mitgefahren ist.

Als die ökumenische Konferenz in Chamby beginnt, ist Gerhard Vibrans schon wieder auf dem Rückweg in seine Gemeinde. Dort wird er am Sonntag, den 23. August eine Denkschrift der Bekennenden Kirche von der Kanzel verlesen und eine lautstarke Auseinandersetzung mit einem nationalsozialistischen Lehrer führen. Nach den Komplikationen mit den Freunden steht Vibrans also gleich wieder in Auseinandersetzungen mit den Feinden.

Auch bei Bonhoeffer wirkt die Fahrt in die Schweiz nach. Er merkt, dass seine Entschuldigung bei der Verabschiedung von Vibrans nicht reicht. Noch während der Konferenz kommt es zu einem klärenden Gespräch mit Bethge und zu einem längeren Brief an Vibrans. Er drückt den Wunsch aus, dass die Spannungen nicht zwischen ihnen stehen bleiben. Offen und ehrlich schildert er den erschöpften Zustand, mit dem er die Reise angetreten ist, und die damit verbundene Gereiztheit, die er schon oft bei sich bemerkt hat. Er versichert nochmals, dass es ihm wirklich um die organisatorischen Schwierigkeiten der Reise ging und keine Ablehnung der Person dahintersteht. Schließlich bittet er den Freund abermals um Entschuldigung und ringt darum, die Beziehung zwischen ihnen zu bereinigen. »Ich bitte Dich nun, Dich darin wieder mit mir und mit uns zu vereinigen. Es wäre mir unerträglich, wenn etwas Ernstliches zwischen uns träte und bliebe. Schreib mir nur mit einem Wort – mehr ist nicht nötig –, dass Du auch so denkst. Darum bitte ich Dich.«[81]

Nach der Konferenz fahren Bethge und Bonhoeffer mit ihrem anfälligen Auto, für das sie extra Ersatzteile mitgenommen haben, über die Alpen nach Italien, um die notwendige Erholung zu suchen. Hier knüpft Bonhoeffer an die Erfahrungen seiner großen Italienreise aus dem Jahr 1924 an und versucht, seinem Freund die damals empfundene Begeisterung zu vermitteln. Die Spannungen vom Beginn der Reise sind überwunden. Das Thema ist wirklich »durch«. Noch im Tegeler Untersuchungsgefängnis erinnert sich Bonhoeffer an diesen Urlaub und das gemeinsame Eis, das sie an Bethges Geburtstag in Florenz gegessen haben. Es war das einzige Geschenk, das sie sich wegen ihrer stark geschrumpften Reisekasse leisten konnten.

Nach gut einer Woche sind sie schon wieder auf dem Rückweg. Die Arbeit ruft. Vom Gotthard schicken sie eine Ansichtskarte mit der Passstraße an die im Predigerseminar gebliebenen Brüder. »So sieht die Straße aus, auf der wir mit Höchstgeschwindigkeit und mit Ungeduld Euch wieder entgegeneilen. Gestern noch in fast unerträglicher nächtlicher Schwüle, heute mit Pullover und heißem Tee in den Bergen. Es geht uns gut. Wir freuen uns sehr auf Euch alle.«[82]

Auf dem Rückweg halten beide bei ihrem Freund Gerhard Vibrans an, um sich »des einen Wortes« persönlich zu versichern und von ihm zu hören, was aus den Auseinandersetzungen um die Kanzelabkündigung der Denkschrift geworden ist.

Bonhoeffers theoretische Erkenntnisse und praktische Erfahrungen mit dem gemeinsamen Leben konnten nicht verhindern, dass es zu einem Konflikt kam. Doch die anschließende Entschuldigung und die Bemühungen, die entstandenen Spannungen zu klären, sorgten dafür, dass der Beziehung kein ernsthafter Schaden zugefügt wurde. Es gibt Zeiten, in denen selbst erfahrene und reflektierende Menschen nicht so reagieren, wie sie es von sich selbst erwarten würden.

In einem Interview sagte Eberhard Bethge einmal über Dietrich Bonhoeffer:

> *Dietrich hat gewusst ... dass er vielleicht auch Menschen instrumentalisiert. Das hat er als seine größte Versuchung angesehen, die er überwunden hat, indem er eines Tages – und darin liegt, glaube ich, die Reife der Gefängnisbriefe – begonnen hat, seine Gaben für andere zu nutzen. Der »Mensch für andere«.*[83]

Bonhoeffers Dominanz hat also immer wieder die Gefahr von Konflikten mit sich gebracht. Auch für ihn war das gemeinsame Leben ein großes Übungsfeld. Gerade hier kommt er uns sehr nah. Er ist mit uns auf dem Weg. Seine Erfahrungen und Erlebnisse stoßen ein verändertes Bewusstsein in uns an. Ja – gemeinsames Leben ist anstrengend. Aber zugleich wächst auch die Hoffnung, dass sich aus den Komplikationen und Enttäuschungen heraus das Bewusstsein für eine echte, tiefe Gemeinschaft verstärken wird.

Auch wir sind immer wieder in der Gefahr, im Miteinander zu versagen. Auch wir brauchen immer wieder Korrektur. Auch wir brauchen immer wieder die Bereitschaft, unsere Fehler zu bekennen, und uns zu entschuldigen, die Bereitschaft, die Entschuldigung anderer anzunehmen, und die Fähigkeit, Konflikte hinter uns zu lassen. In dem Bekennen der eigenen Fehler und der Bereitschaft, das Bewusstsein zu verändern, findet der Durchbruch zu einem wirklichen Miteinander statt.

Dieses veränderte Bewusstsein kommt nicht von selbst. Es wächst auf dem Boden notwendiger Enttäuschungen und durch das Hören auf Gottes Wort. Bonhoeffer hat seine Seminaristen immer wieder zum Bekennen und zur Beichte der eigenen Fehler aufgefordert und es auch selbst praktiziert. Nur so können wir uns verändern und zu echter Gemeinschaft durchbrechen.

Stationen auf meinem Weg der Nachfolge

Je länger ich mit anderen unterwegs bin,
desto mehr lerne ich über die anderen und über mich,
desto mehr verstehe ich von Gottes Sicht auf den anderen und mich.
Je länger ich mit anderen unterwegs bin,
desto tiefer wird das gegenseitige Verstehen,
desto demütiger werde ich.

Kapitel 14

Der Dienst am anderen

Wenn man verstanden hat, wie notwendig Enttäuschungen sind, und Anstöße für ein neues Bewusstsein bekommen hat, ist die Grundlage für einen weiteren zentralen Aspekt des gemeinsamen Lebens gelegt: den Dienst am anderen.

Die Erfahrung der eigenen Fehlerhaftigkeit und das Bewusstsein, dass es gut ist, nicht immer die eigenen Pläne durchzusetzen, sondern auch zurücktreten zu können, sind eine wichtige Voraussetzung dafür, dem anderen in guter Weise dienen zu können. Bonhoeffer beschreibt den Kern dieser Erfahrung: »Wer lernen will zu dienen, der muss zuerst lernen, gering von sich selbst zu denken.«[84] So ist das Dienen eine natürliche Folge der neu gelernten Demut. Demut ohne Dienen bleibt eine Form von Hochmut. Erlebnisse wie die Fahrt in die Schweiz sind Lektionen für Bonhoeffer, bei denen er lernt, trotz all der Anerkennung nicht hochmütig zu werden, sondern auf dem Boden zu bleiben und sich unter die anderen zu stellen. Ein Balanceakt, der immer wieder schwierig ist und bei dem man immer wieder scheitert.

Wie sieht nun der Dienst am anderen aus? Wie können und sollten wir – aus dem Bewusstsein der eigenen Fehlerhaftigkeit heraus – dem anderen gegenübertreten und dienen?

Bonhoeffer unterscheidet vier verschiedene Dienste, die sich wie ein roter Faden durch das Miteinander in Zingst und Finkenwalde ziehen. Auch heute noch sind sie relevant und Anregungen für unser Miteinander.

Der Dienst des Zuhörens

»Wie die Liebe zu Gott damit beginnt, dass wir sein Wort hören, so ist es der Anfang der Liebe zum Bruder, dass wir lernen, auf ihn zu hören.«[85] Zuhören. So leicht gesagt, so schwer getan. Zuhören können wir nur lernen, wenn wir auch gelernt haben, zu schweigen. Wie viele Schwierigkeiten wären uns erspart geblieben, wenn wir im richtigen Moment die Ohren wirklich geöffnet, geschwiegen und zugehört hätten. Jesus hat es uns immer wieder vorgemacht. Er hat erst ganz bewusst zugehört und ist dann auf die Fragen und Probleme der Menschen eingegangen. So wächst aus dem ersten Dienst des Zuhörens ganz natürlich der Dienst des Helfens.

Der Dienst des Helfens

»Wir müssen bereit werden, uns von Gott unterbrechen zu lassen … Nur wo die Hände sich für das Werk der Liebe und der Barmherzigkeit in täglicher Hilfsbereitschaft nicht zu gut sind, kann der Mund das Wort von der Liebe und der Barmherzigkeit Gottes freudig und glaubwürdig verkündigen.«[86]

Menschen, die Bonhoeffer kennengelernt haben, beschreiben ihn als ausgesprochen hilfsbereit und großzügig. Von den Konfirmationsanzügen, die er seinen Konfirmanden in Berlin schenkte, bis zu der Fürsorge für die Probleme der Gefängniswärter, die ihn bewachten – Bonhoeffer hatte ein Ohr für die Fragen und ein Auge für die Not der anderen. Und er hatte die Bereitschaft, sich in seinem Zeitplan unterbrechen und Taten folgen zu lassen. Die Unterbrechungen durch die anderen waren für Bonhoeffer Unterbrechungen Gottes. So wurde sein Reden und Tun wirklich authentisch und glaubhaft.

. Wie viele Schwierigkeiten wären uns erspart geblieben, wenn wir im richtigen Moment die Ohren wirklich geöffnet, geschwiegen und zugehört hätten. Jesus hat es uns immer wieder vorgemacht. Er hat erst ganz bewusst zugehört und ist dann auf die Fragen und Probleme der Menschen eingegangen.

Der Dienst des Tragens

»Die Last des anderen tragen heißt hier, die geschöpfliche Wirklichkeit des anderen ertragen, sie bejahen und in ihrem Erleiden zur Freude an ihr durchdringen.«[87]

Das Tragen des anderen hat viele Formen. Manchmal ist der andere wirklich eine Last. Und gerade die Unterschiedlichkeit von Menschen kann sehr herausfordernd sein. Aber so wird auch deutlich, wie unser Weg durch Christi Weg vorgezeichnet ist. Auch er hat die Menschen in ihrer Andersartigkeit ertragen. Mehr noch. Er erträgt auch mich, wenn andere mich längst nicht mehr ertragen können.

Ein konkreter Weg, wie wir den anderen ertragen lernen, ist, dass wir für ihn beten. Die Fürbitte hilft dabei, den anderen mit Gottes Augen zu sehen. Im Gebet kann und wird uns Gott auch deutlich machen, wann und wie wir den vierten Dienst für den anderen leisten können.

Der Dienst mit dem Wort Gottes

»Wo nun der Dienst des Hörens, der tätigen Hilfe, des Tragens treu getan wird, kann auch das Letzte und Höchste geschehen, der Dienst mit dem Worte Gottes.«[88]

Dieser Dienst kann nur auf Grundlage der anderen Dienste in guter Art und Weise getan werden. Nur wer zuhört, kann auch reden. Nur wer wirklich bereit ist zu helfen, hat die Autorität, etwas zu sagen. Nur wer den anderen trägt, hat genug Liebe für ihn, um ihn richtig anzusprechen.

Bonhoeffer geht es bei diesem Dienst vorrangig darum, den anderen an den Erkenntnissen teilhaben zu lassen, die ein Christ aus Gottes Wort gewinnt. Sprachfähig zu bleiben über die Gedanken, die einem auf dem Herzen liegen, und das ganz natürliche Aussprechen dieser Gedanken als Dienst zu verstehen.

> Wo Christen zusammenleben, muss es irgendwann und irgendwie dazu kommen, dass einer dem anderen persönlich Gottes Wort und Willen bezeugt. Es ist undenkbar, dass von den Dingen, die jedem Einzelnen die Wichtigsten sind, nicht auch brüderlich gesprochen werden sollte. Es ist unchristlich, wenn einer dem andern den entscheidenden Dienst wissentlich versagt.[89]

Erkenntnisse aus Gottes Wort ganz natürlich weiterzugeben, war für Bonhoeffer selbstverständlich, wie man bis hin zu seinen Briefen aus dem Gefängnis sehen kann. Von diesem Dienst profitieren wir heute noch. Immer wieder werde ich so dazu herausgefordert, in Gesprächen eine Ebene tiefer zu gehen und geistliche Themen anzusprechen.

Wenn ich von diesen verschiedenen Diensten an anderen lese, wird mir bewusst, wie oft ich sie meinem Nächsten verwehrt habe. Ich habe nicht zugehört, nicht geholfen und nicht getragen. Und ich merke, wie oft meine Worte nicht von Gottes Wort geprägt sind. Ich spüre, dass Gott mir das zeigt, damit ich in einem neuen Bewusstsein auf andere zugehen und Gemeinschaft wagen kann.

Am Ende seiner Überlegungen zu den Konflikten im Miteinander lenkt Bonhoeffer den Blick auf einen Bibelvers aus dem Markusevangelium: »Wer groß sein will unter euch, der soll euer Diener sein« (Markus 10,43). Dieser Vers ist fast ein Kontrapunkt zu dem Vers aus dem Lukasevangelium, der den Ursprung von Konflikten beschreibt: »Es kam aber unter ihnen der Gedanke auf, wer von ihnen der Größte sei« (Lukas 9,46).

Wenn wir gemeinsam unterwegs sind, müssen wir lernen, das Spannungsfeld zwischen dem uns von Jesus ans Herz gelegtem Dienen und dem in uns wohnenden Hang zum Vergleichen immer wieder neu aufzulösen. Dieses Spannungsfeld beschreibt das Lernfeld des gemeinsamen Lebens. Dabei kommt es ganz konkret darauf an, sich in den verschiedenen Alltagssituationen des Miteinanders immer wieder für das Dienen und gegen das Vergleichen zu entscheiden.

> Das Dienen ist der Königsweg zu einem erfüllenden Miteinander.

Das Dienen ist der Königsweg zu einem erfüllenden Miteinander. Das Dienen auf Basis eines neuen Bewusstseins für Demut ist der Kern des gemeinsamen Lebens. Das Dienen ist ein Ausdruck dafür, dass die Wirklichkeit Christi in uns Gestalt gewinnt.

Stationen auf meinem Weg der Nachfolge

Zuhören, auch wenn es schwerfällt.
Zuhören, auch wenn die Zeit fehlt.
Zuhören, auch wenn ich es besser weiß.
Dienen, auch wenn es schwerfällt.
Dienen, auch wenn die Zeit fehlt.
Dienen, auch wenn ich Besseres zu tun hätte.
Lieben, auch wenn es schwerfällt.
Lieben, auch wenn die Zeit fehlt.
Lieben, weil auch ich geliebt bin.

Am Ende meiner Entdeckungsreise in Bezug auf die gemeinsame Nachfolge bei Bonhoeffer sind mir die Grundlagen des Miteinanders neu bewusst geworden. Christliche Gemeinschaft lebt:

- aus der Erkenntnis, dass sie nur durch Jesus Christus und in Jesus Christus existieren kann. Christus tritt in die Unmittelbarkeit unseres Miteinanders und bildet die verbindende Mitte zwischen uns.

- aus dem Hören auf Gottes Wort, das einen erkennbaren, spürbaren und breiten Raum in unserem persönlichen Leben und im Leben der christlichen Gemeinschaft einnimmt und gemeinsam voller Leidenschaft bewegt wird.
- aus dem Bekennen der eigenen Fehler und dem gereiften Bewusstsein über den anderen und sich selbst, das uns zu einer neuen Demut führt.
- aus der Bereitschaft, nicht bei den Enttäuschungen stehen zu bleiben, sondern dem anderen zu dienen und immer wieder Schritte auf ihn zu und mit ihm zu gehen.

Berlin. Diese Stadt nimmt im Leben von Dietrich Bonhoeffer eine zentrale Rolle ein. Hier hat er seine Wurzeln. Hier verbrachte er seine Jugend- und Schulzeit. Hier hat er an der Humboldt-Universität studiert und später als Dozent und Studentenpastor gearbeitet. Hier hat er seine Konfirmanden- und Studentengruppen geleitet und betreut.

Er hat sich immer mit dieser Stadt verbunden gefühlt. Sie hat ihn abgestoßen, aber auch angezogen. Hier hat er sein größtes Glück erlebt und hier hat er das Leid kennengelernt. Berlin ist die letzte große Station auf seinem Weg der Nachfolge.

Sein Freund Eberhard Bethge schreibt über die Bedeutung Berlins im Leben von Dietrich Bonhoeffer im Begleitheft zur Ausstellung, die sich im Elternhaus befindet: »Dietrich Bonhoeffer ist in Berlin weder

Berlin: Nachfolge mitten im Leben

geboren noch gestorben. Aber es ist die Stadt, in der er alle wichtigen Wendungen seines Denkens und Handelns vollzog, in welcher die Formeln entstanden, die aus seinen Werken zu Beginn und am Ende Aufsehen und Auseinandersetzung hervorgerufen haben.«

Auch auf meiner persönlichen Entdeckungsreise mit Bonhoeffer steht Berlin für eine wichtige Wendung des Denkens und Handels. Die Ausrichtung auf Nachfolge und Gemeinschaft wird erweitert und überlagert von einer spürbaren Sehnsucht nach Leben. Frischer Wind kommt auf.

Was begeistert mich wirklich? Was weckt meine Leidenschaft und lässt mich leben? Wie verträgt sich meine Sehnsucht nach Leben mit meinem Glauben? Wie kann ich ehrlich und lebendig – Bonhoeffer würde »mündig« sagen – glauben? Wie kann ich als Ganzer leben und glauben?

Bonhoeffer in Berlin

Im März 1940 endete das letzte Sammelvikariat mit acht Seminaristen. Ihre Zahl hatte sich wegen der Einberufungen deutlich reduziert. Schon wenige Tage danach schloss die Gestapo die illegale Ausbildungsstätte auf dem Sigurdshof. Selbst dieser abgelegene Winkel war vor ihrem Zugriff nicht sicher. »Die goldene Ära, die im Frühjahr 1935 in Zingst begonnen hatte, war zu Ende. Bonhoeffer konnte keine Pfarramtskandidaten mehr unterrichten«, schreibt der amerikanische Bonhoeffer-Biograf Metaxas.[90]

In den nächsten Monaten richtet sich Bonhoeffer wieder in seinem Dachgeschosszimmer im elterlichen Haus in Berlin ein. Er lässt sich seine Bücher aus den verschiedenen Ausbildungsstätten schicken und stellt sie in einem eigens angefertigten Bücherregal auf. Auch das Klavichord, das er 1938 in Kassel erworben hat, findet einen Platz in dem kleinen Zimmer mit den vielen Dachschrägen.

Am einzigen Fenster steht sein Schreibtisch. Einige Bilder hängen an der Wand: die Apostel von Dürer, die ihm seine Seminaristen nach dem ersten Kurs in Finkenwalde schenkten, ein Bild der London Tower Bridge, als Erinnerung an die Londoner Zeit, ein Ikonenbild und ein Landschaftsgemälde seines Vorfahren von Kalckreuth.

In diesem Dachgeschosszimmer vereint er vieles von dem, was ihm in den letzten Jahren wichtig geworden ist. Die Bücher, die ihm theologische Anstöße geben, und andere Literatur, die seinen Blick für die Geschichte und die Wahrnehmung des Lebens schärft. Die Musik, die ihn sein Leben lang begleitet. Aber auch Erinnerungen an die verschiedenen Reisen und Stationen seines Lebens sind hier zu finden. So drückt das Zimmer trotz der Enge eine wohltuende Weite und einen Reichtum an Erfahrungen aus. Es wird für Bonhoeffer zu einem Rückzugsraum in den Wirren und Gefahren der Zeit, auch weil es Teil eines Hauses ist, das Bonhoeffer in besonderer Weise geprägt und Sicherheit gegeben hat.

Nach dem Ende der Predigerseminare beginnt die Zeit der Reise- und Schreibaktivitäten. Von Juni bis August 1940 unternimmt er Fahrten für die Bekennende Kirche nach Ostpreußen. Er hält die Kommunikation mit der entlegenen Kirchenprovinz aufrecht und kann Predigtvertretungen übernehmen. Im September wird er jedoch mit einem Redeverbot wegen »volkszersetzender Tätigkeit« belegt. Außerdem unterliegt er einer regelmäßigen Meldepflicht an seinem Wohnort. Dadurch werden seine Möglichkeiten und sein Aktionsradius empfindlich eingeschränkt. Er wird von der Bekennenden Kirche für die wissenschaftliche Arbeit freigestellt.

Die Phase der konzentrierten Arbeit an seinem Buch über die Ethik beginnt. Ruhe dafür findet er in seinem Dachgeschosszimmer im Elternhaus, auf den pommerschen Landgütern der Familie von Kleist und im bayerischen Kloster Ettal.

Die Beschäftigung mit ethischen Fragen zeigt sehr deutlich, wie eng Bonhoeffers Lebenssituation und seine theologische Arbeit miteinander verwoben sind. »Inhaltlich musste die neue Lebensweise Bonhoeffer noch eindeutiger auf die Arbeit an den ethischen Problemen verweisen, und so verstärkte sie das Gefühl, sein Lebenswerk sollte eine theologische Ethik werden. Deshalb wurde er wohl auch fähig, den häufigen Wechsel vom Schreiben zum Reisen und umgekehrt ohne wesentliche Einbuße an Konzentration durchzuhalten. Das eine hatte mit dem anderen zu tun...«[91]

Bereits seit 1939 hatte Bonhoeffer Material zu diesem Thema gesammelt. Er interessierte sich für theologische, philosophische und literarische Ansätze der Ethik, um sich einen Überblick zu verschaffen und dann eigene Überlegungen zu entwickeln. Seiner Grundüberzeugung nach musste die Beschäftigung mit ethischen Fragen helfen, einen Raum zu schaffen, um »mit-leben zu lernen ... in der Fülle der konkreten Lebensaufgaben und -vorgänge mit ihrer unendlichen Mannigfaltigkeit der Motive«[92]. Dabei beschränkt sich das christlich motivierte ethische Handeln für ihn nicht auf den kirchlichen Raum, sondern findet in der Welt statt. Als er im April 1943 in seinem Dachgeschosszimmer in der Marienburger Allee verhaftet wird, befindet sich neben den Manuskriptseiten seiner Ethik ein Zettel mit dem Stichwort »Für die Welt da sein« auf seinem Schreibtisch. Diese »Losung« hat Bonhoeffer in seinen letzten Jahren beschäftigt und motiviert.

Durch seinen Schwager Hans von Dohnanyi hat Bonhoeffer schon über einen längeren Zeitraum Verbindungen zu Widerstandskreisen innerhalb der Wehrmacht. Im Haus Bonhoeffer herrscht ein hohes Maß an Vertrauen und Offenheit. Die Familie ist sich im Widerstand gegen das Hitlerregime einig und sieht auch die Notwendigkeit, aktive Schritte zu gehen.

Andere Kritiker des nationalsozialistischen Regimes sind im Laufe der Zeit in die innere Immigration gegangen und haben ihren Widerstand auf die eigenen vier Wände beschränkt. Sie haben kein Verständnis für aktive Schritte, wie es der Schriftsteller Hans Fallada in seinem Gefängnistagebuch aus dem Jahr 1944 ausdrückt: »Wir haben nichts so Lächerliches getan wie Verschwörungen zu schmieden und Putsche anzuzetteln, was man in völliger Verkennung der ernsten Lage im Ausland immer von uns erwartet hat. Wir waren nämlich keine Selbstmörder, deren Tod niemandem genutzt hätte. Aber wir waren das Salz der Erde – und wenn nun das Salz dumm wird, womit soll man´s salzen?«[93]

Bonhoeffer jedoch hatte ein weiter gefasstes Verständnis von dem Anspruch »Salz der Erde« zu sein. Für ihn schließt es das aktive Handeln für den anderen mit ein. Diesen Weg ist Bonhoeffer konsequent bis zu seinem Ende gegangen.

Dabei verläuft der Schritt von der illegalen Theologenausbildung zur illegalen Arbeit für den Widerstand schleichend. Sein Freund Eberhard Bethge nimmt im Rückblick wahr, dass sich Bonhoeffers Verhalten im Mai 1940 deutlich verändert hat. Er passt sich öffentlich dem nationalsozialistischen Verhaltensmuster an, um seine eigentlichen Aktivitäten im Widerstand nicht zu gefährden. Das Doppelleben beginnt. Er fällt

»dem Rad aktiv in die Speichen«, wie er es schon 1933 in einem Vortrag vor Berliner Pfarrern als mögliches Handeln gegenüber dem Staat bezeichnet hat.

Seine aktive Widerstandtätigkeit besteht darin, dass er seine ausländischen Kontakte in den Jahren 1941 und 1942 auf Reisen in den Süden (Schweiz und Italien) und den Norden (Schweden und Norwegen) nutzt, um die Regierungen der Kriegsgegner Deutschlands auf den Widerstand aufmerksam zu machen und sie zu bewegen, dem deutschen Volk Perspektiven für eine Zeit nach der Überwindung des Hitlerregimes aufzuzeigen. So soll die Bereitschaft zum Widerstand gefördert werden.

Parallel zur aktiven Mitarbeit im Widerstand ist er ein geistlicher Begleiter für die Menschen, die ihr Leben aufs Spiel setzen, um das Ende des mörderischen Regimes herbeizuführen. In seinen Schriften ermutigt er sie, indem er die Situation Deutschlands beschreibt, die nun zehn Jahre nationalsozialistischer Herrschaft hinter sich hat, und der Zeit einen kritischen Spiegel vorhält. Darüber hinaus hilft er ihnen, die ethischen Grundlagen ihres Handelns zu erkennen. Seine Beschäftigung mit der Ethik, die sich wie ein roter Faden durch die Zeit seiner aktiven Widerstandtätigkeit zieht, macht deutlich, wie dicht Denken, Schreiben und Handeln bei Bonhoeffer verbunden sind.

Während seiner aktiven Mitarbeit im Widerstand lernt Dietrich Bonhoeffer die junge, lebenslustige Maria von Wedemeyer näher kennen und verliebt sich in sie. In sein bewegtes, spannungsreiches Leben tritt ein neuer, vitaler Impuls. Spätestens jetzt ist Bonhoeffer »mitten im Leben« angekommen.

Im Frühjahr 1943 spitzt sich seine Situation dramatisch zu. Mitte Januar verlobt er sich mit Maria von Wedemeyer. Im März scheitern Attentatsversuche der Widerstandsgruppe auf Hitler und die Gestapo kommt auf ihre Spur. Bonhoeffer erlebt ein Wechselbad der Gefühle.

Am 31. März feiert die Großfamilie Bonhoeffer in der Marienburger Allee den 75. Geburtstag des Vaters. Inmitten von Hoffen und Bangen erlebt die Familie noch einmal einen besonderen Moment der Zusammengehörigkeit. Klaus Bonhoeffer drückt in seiner Tischrede die besondere Wertschätzung der Kinder für den Vater aus. Eberhard Bethge, der mit Bonhoeffers Nichte Renate Schleicher verlobt ist, hat mit den anderen die Kantate »Lobe den Herrn« eingeübt. Die Familie hat allen Grund zu loben und zu danken. Und doch ist da auch die Angst vor der Verhaftung nach der langen und risikoreichen Widerstandtätigkeit. Die Anwesenden sehen immer wieder auf die ruhige Marienburger Allee, um sich zu vergewissern, dass sie nicht überwacht werden. Doch an diesem Geburtstag überbringen die vorfahrenden Wagen nur positive Nachrichten. Der Jubilar erhält als ehemaliger Chefarzt der Berliner Charité sogar Glückwünsche und eine Medaille von Adolf Hitler. Derjenige, auf dessen Ende sie aktiv hinarbeiten, gratuliert dem Vater. Deutlicher lässt sich das Spannungsfeld, in dem sie leben, nicht beschreiben.

Nicht einmal eine Woche nach der Geburtstagsfeier des Vaters ist es so weit. Dietrich Bonhoeffer wird in seinem kleinen Dachgeschosszimmer verhaftet und ins Wehrmachtsuntersuchungsgefängnis nach Tegel gebracht. Die letzte Phase in seinem Leben beginnt. Er wird sein geliebtes Dachgeschosszimmer nicht wiedersehen.

Vieles, was sich in den nun folgenden zwei Jahren im Gefängnis ereignet, ist eine Fortsetzung dessen, was sich zuvor bereits in der Berliner Zeit angedeutet hat. Die konsequente Ausrichtung darauf, für die Welt da zu sein, bringt ihn dazu, kritische Anfragen an die religiöse Praxis zu stellen. Mitten in der Eingeschlossenheit des Gefängnisses öffnet er ein Fenster, das frischen Wind in sein Denken und seinen Glauben bringt, ohne dass er dabei das Grundvertrauen an die »guten Mächte« verliert. Er probiert neue Ausdrucksformen aus, indem er mit literarischen Arbeiten beginnt und Gedanken in Gedichten formuliert.

Das »Für die Welt«-Dasein lebt er konsequent auch im Gefängnis aus. Es hat Auswirkungen auf die, die mit ihm in Kontakt kommen. Er lebt mitten unter ihnen. Interessiert sich für sie. Versucht, zu helfen. So schreibt er für die Gefängnisleitung einen Bericht über die Erfahrungen bei Luftangriffen, um die Situation der Gefangenen zu verbessern. Außerdem hilft er auf der Krankenstation. Und in seinen Briefen interessiert er sich für das Leben der Menschen außerhalb der Gefängnismauern und versucht, sie zu begleiten.

Im Februar 1945 wird Bonhoeffer nach schweren Angriffen auf Berlin ins KZ Buchenwald verlegt. Er wird sein Berlin nicht mehr wiedersehen.

Teil 5

Sehnsucht nach Leben

Studienzimmer Bonhoeffers in Berlin

Wenn das Leben an seine Grenzen stößt, eingeengt, eingesperrt und abgeschnürt wird, ist die Sehnsucht nach Leben besonders stark zu spüren. Das gilt in besonderer Weise für Menschen, die im Gefängnis sind. Das Leben reduziert sich. Die Vielfalt der äußeren Eindrücke fällt weg. So wird deutlich, was trägt und was in der Lage ist, wirkliche Freude, Lebendigkeit und Erfüllung zu bringen. Es ist wie in einem Feuerofen, in dem alles Überflüssige weggebrannt wird. Das Leben wird in seiner Reinheit erkennbar.

Als Dietrich Bonhoeffer ein Jahr nach seiner Verhaftung realisiert, dass sein Prozessbeginn in weite Ferne gerückt war und er für lange Zeit im Gefängnis bleiben würde, beschreibt er in einem Brief an seinen Freund Eberhard Bethge seine – gerade hier im Gefängnis wahrgenommene – unbändige Sehnsucht nach Leben.

Ich finde, dass die ersten Frühlingstage etwas an mir reißen; das wird Dir ähnlich gehen. Wenn die Natur wieder zu sich zurückfindet, aber das eigene Leben und die geschichtlichen Gemeinschaften, in denen wir leben, noch in ungelöster Spannung verharren, dann empfinden wir den Zwiespalt besonders stark; oder eigentlich ist es wohl gar nichts anderes als Sehnsucht, und es ist vielleicht ganz gut, dass wir diese wieder einmal stark empfinden; von mir persönlich muss ich jedenfalls sagen, dass ich viele Jahre lang zwar nicht ohne Ziele und Aufgaben und Hoffnungen, in denen man ganz aufging, aber doch ohne persönliche Sehnsucht gelebt habe; und man ist dadurch vielleicht vorzeitig alt geworden. Alles ist dadurch zu »sachlich« geworden; Ziele und Aufgaben haben heute fast alle Menschen, alles ist ungeheuer versachlicht, verdinglicht, aber wer leistet sich heute noch ein starkes Gefühl, eine wirkliche Sehnsucht, wer macht sich die Mühe und wer verschwendet seine Kraft darauf, eine Sehnsucht in sich auszutragen, zu verarbeiten und ihre Früchte tragen zu lassen?[94]

Diese Sätze »reißen« auch an mir. »Starkes Gefühl«. »Wirkliche Sehnsucht«. Auch ich strecke mich dieser Sehnsucht entgegen, die Bonhoeffer beschreibt. Einer Sehnsucht, die nicht versachlicht, sondern verschwenderisch ist. Einer Sehnsucht, die nicht allgemeinen Zielen folgt, sondern persönlich ist. Einer Sehnsucht, die nicht vorzeitig altern lässt, sondern jung hält. Einer Sehnsucht, die nicht einfach dahinplätschert, sondern echte Spannung erzeugt. Einer Sehnsucht, die notwendige Schmerzen nicht nur aushält, sondern als Reichtum ansehen kann.

Diese Sehnsucht nach Leben stammt aus der gleichen Quelle wie die Sehnsucht nach Gott und die Sehnsucht nach Gemeinschaft. All diese Sehnsüchte gehören zusammen. Sie bedingen sich.

> Diese Sehnsucht nach Leben stammt aus der gleichen Quelle wie die Sehnsucht nach Gott und die Sehnsucht nach Gemeinschaft. All diese Sehnsüchte gehören zusammen. Sie bedingen sich.

Doch an dieser Stelle meldet sich in mir auch eine mahnende Stimme, die mir Angst machen will, bekanntes Land zu verlassen und neue Wege zu gehen. Könnte mich die Sehnsucht nach Leben nicht von Gott wegbringen, mich von der Gemeinschaft wegführen? Doch diese Angst will ich nicht haben. Das Fundament ist gelegt, die Angst ist unbegründet. Dennoch wird sie immer wieder geschürt. Sie engt mich ein und verhindert wirkliches Leben. Wer immer nur Angst hat, etwas zu verlieren, wird nie etwas riskieren. Er wird nie etwas gewinnen. Wer immer nur Angst hat zu fallen, wird nie einen Schritt vorwärtsgehen. Wer immer nur Angst hat, dessen Sehnsucht nach Leben bleibt ungestillt .

Aus dieser Sehnsucht heraus hat Bonhoeffer die »Polyphonie des Lebens« beschrieben. Es geht ihm um vitale Impulse, die das Leben spürbar machen. Lebendig, nicht sachlich. Vielstimmig, nicht monoton. Spannend, nicht langweilig. Bunt, nicht grau. Frisch, nicht abgestanden. Für ihn selbst sind diese vitalen Stimmen des Lebens, die sich zu einem Vielklang vereinen:

- die aufblühende Liebe zu seiner Verlobten Maria von Wedemeyer, die sein Herz in für ihn ungewohnter Weise bewegt,
- die Begeisterung für das, was die Seele erfreut: Bücher, Musik und auch wissenschaftliche Erkenntnisse, die den Horizont erweitern,
- die Verantwortung für das Leben der Mitmenschen und das leidenschaftliche Engagement für ihre natürlichen Rechte.

Aus diesen vitalen Impulsen und Stimmen entsteht in dem pulsierenden Umfeld von Berlin etwas Neues im Leben von Dietrich Bonhoeffer. Er lässt die Abgeschiedenheit der Insel und die Ruhe der ländlichen Umgebung hinter sich. Das Neue, das sich langsam im Verborgenen entwickelt hat, bricht sich Bahn:

- Neues Fühlen, das auch in schwierigen Zeiten bereit ist, der Stimme des Herzens zu folgen.
- Neues Handeln, das aktive Schritte für die Menschen unternimmt, die von einem mörderischen Regime unterdrückt werden.
- Neues Denken, das sich um eine nicht religiöse Interpretation biblischer Begriffe bemüht.

Ausgangspunkt dieser neuen Ansätze ist das Haus der Familie. In seinem Dachgeschosszimmer kommt Bonhoeffer dazu, seine weiteren Schritte zu planen. Hier kann er sich mit der Ethik beschäftigen. Hier trifft er sich mit den Widerstandskreisen. Hier denkt er über seine Gefühle zu Maria nach. Hier setze ich meine Entdeckungsreise fort.

In gespannter Erwartung fahre ich nach Berlin, um Bonhoeffers Elternhaus zu besuchen. Berlin-Charlottenburg, Marienburger Allee 43. Das Haus, in dem die Familie seit 1935 wohnte, dient heute als Erinnerungs- und Begegnungsstätte. Es steht Menschen offen, die aus ihrem hektischen Alltag ausbrechen und nach der Gegenwartsbedeutung Bonhoeffers fragen wollen. Und genau darum geht es mir. Zaghaft drücke ich die Klingel.

Ein freundlicher Mitarbeiter öffnet mir und beginnt mit der Führung. Wohnzimmer, Bibliothek, Küche. Vieles ist wieder so eingerichtet, wie es zur Zeit der Bonhoeffers war. Im Salon, Herrenzimmer und Wintergarten, die Karl Bonhoeffer, der renommierte Psychologe, als Warte-, Arbeits- und Sprechzimmer genutzt hat, ist eine Ausstellung eingerichtet worden. Sie versucht, Dietrich Bonhoeffer, den Theologen, Pfarrer und Widerstandskämpfer, in den vielfältigen Zusammenhängen seiner Biografie, seiner Theologie sowie der Zeit- und Kirchengeschichte der Jahre 1906-1945 in den Blick zu bekommen. Dabei soll nach Aussagen des Begleitheftes Dietrich Bonhoeffer nicht auf den Sockel eines Heiligen gestellt werden. Das Ziel ist es, den Weg eines Glaubenden nachzuzeichnen, der uns vor die Frage stellt: Was heißt es heute, als Christ glaubwürdig zu leben?

Beeindruckt gehe ich durch dieses Haus. Die Bedeutung des Ortes berührt mich. Welche Gespräche haben hier stattgefunden? Welche Entscheidungen wurden hier getroffen? Welche Gefühle sind mit diesem Haus verbunden?

Ich beginne, der Besonderheit dieses Ortes – dem »Genius Loci« – nachzuspüren. So wie auf Fanö, in Zingst oder New York. (Übrigens endete mein Nachspüren beim Union Theological Seminary schon an der Eingangstür. Ich bin kein Student und habe keinen Besuchstermin vereinbart. Auch bei der Abyssinian Baptist Church in Harlem musste ich draußen bleiben. Ich gehöre nicht zur Gemeinde und die wenigen Besucherplätze sind schon vergeben.)

Hier in der Marienburger Allee 43 werde ich eingelassen. Ein Freund hat mir diesen Besuchstermin ermöglicht und alles arrangiert. Einen ganzen Tag lang steht mir das Haus offen. Ich kann Eindrücke sammeln und verarbeiten.

So sitze ich nun im ehemaligen Wartezimmer des Vaters von Dietrich Bonhoeffer und warte darauf, in ein Gespräch einzutreten.

»Was führt Sie hierher?« Diese Frage würde der erfahrene Psychologe wohl am Anfang eines Termins stellen.

»Nun, ich bin seit einiger Zeit Ihrem Sohn auf der Spur und beschäftige mich mit den Fragen, die auch Ihren Sohn bewegten.«

Karl Bonhoeffer hätte sich wahrscheinlich ein leichtes Schmunzeln nicht verkneifen können. Väter fühlen sich immer auch etwas geschmeichelt, wenn die Kinder verehrt werden.

»Auf der Insel Fanö habe ich mich mit der Frage beschäftigt, was Nachfolge für mich ganz persönlich heißt. In Zingst, wo ihr Sohn mit seinen Seminaristen startete, bin ich der Frage nachgegangen, wie gemeinsames Leben heute gelingen kann. Und jetzt hier in Berlin frage ich mich, wie ich heute als Christ mitten in dieser Welt leben kann.«

Karl Bonhoeffer sieht mich verständnisvoll an. »Nun, da kann ich Ihnen wahrscheinlich nicht weiterhelfen. Da sollten Sie direkt mit meinem Sohn sprechen oder in seinen Schriften lesen und darauf vertrauen, dass Ihnen die für Sie richtigen Antworten deutlich werden.«

Er verabschiedet sich freundlich und ich bin wieder allein.

Leise Zweifel steigen in mir auf. Wer bin ich eigentlich, dass ich hier sitze und mich mit diesen Fragen beschäftige. »Wer bin ich?« Diese Frage begleitet mich. Diese Frage verbindet mich mit dem Sohn des Hauses. Diese Frage hat auch Bonhoeffer mit sich herumgetragen – bis zuletzt.

Ich bin kein Theologe. Ich bin ein Laie. Ich bin jemand, der sich leidenschaftlich mit einem Thema beschäftigen kann. Ich bin jemand, der Fragen nachspürt. Ich bin jemand, der sich infrage stellt. Ich bin jemand, der sich für die Menschen und das Leben um ihn herum interessiert. Der versucht, Zusammenhänge zu erkennen, und der neugierig ist.

Auch ich habe einige besondere Erinnerungen an Berlin. Wie in einem Film mit verschiedenen Szenen kommen mir Erlebnisse in den Sinn, die weit in meine Vergangenheit zurückreichen.

Ich sehe mich als Teenager auf einem unserer wenigen Familienurlaube. Voll pubertierend streife ich über den Kurfürstendamm. Ständig schlecht gelaunt. Keiner kann es mir recht machen. Meine Mutter voller Lebenslust und Lebensfrust. Eine explosive Mischung. In seinem Buch *Wolf unter Wölfen* beschreibt Hans Fallada Berlin als einen »Ort der Ruhelosen«. Recht hat er. Gerade in dieser Stadt kocht das hoch, was sonst verborgen ist. Das pulsierende Leben der Stadt steckt an. Der eigene verborgene Lebenshunger verlangt nach Nahrung.

Ich sehe mich kurz vor dem Mauerfall auf einem kleinen Baum am Brandenburger Tor. Mich reizt der Blick auf die andere Seite. Sorgenvoll sieht meine Frau mir zu. Sie erwartet unser erstes Kind und hat wenig Verständnis für meine Klettertour. Nur kurze Zeit später sind wir wieder in Berlin. Ich trage unseren Sohn auf dem Arm und wir versuchen, gemeinsam ein kleines Stück aus der Mauer zu ergattern, über die ich vor Kurzem noch mühsam hinübersehen wollte.

Ich sehe mich im Olympiastadion bei dem großen Lobpreiskonzert »Calling All Nations«. Hier an diesem Ort, wo sich 1936 das Hitlerregime selbst darstellte und feierte, werden Menschen aus allen Teilen des Landes und der Welt aufgerufen, dem wahren Gott und der wahren Macht die Ehre zu geben. Diese Stadt ist ein Ort der Gegensätze, die den Spannungsbogen des Lebens ausmachen.

Es ist ein bunter Berlinfilm, der vor meinem inneren Auge abläuft. Die Stadt ist ein Spiegelbild meiner Sehnsucht nach Leben. Voller Tatendrang und positiver Unruhe. Sie birgt aber auch viel negative Unruhe, Verwirrtheit und Verlorenheit in sich. Ich wehre mich dagegen, schwarz-weiß zu denken. Gut und böse. Positiv und negativ. Ich habe viel zu lange so gedacht. Der Film, der in meinem Inneren abläuft, ist in Farbe. Das Negative ist nicht einfach bunt angemalt. Es gehört dazu. Es ist Teil des Lebens in all seiner Vielfalt.

Und jetzt sitze ich in dieser Stadt an einem Ort, der in unruhigen und schlechten Zeiten ein Ort der Ruhe gewesen ist. Ein Ort, den »das Böse« nicht verändern konnte. Ein Ort, der »dem Bösen« widerstanden und das Gute bewahrt hat. Mich bewegt der Gedanke, dass dieser Ort mittendrin ist. Gar nicht weit vom Olympiastadion entfernt. Das zeigt mir, dass es möglich ist, mittendrin zu sein und doch ganz bewusst nicht mit den »Wölfen zu heulen«. Es gibt auch mittendrin die Möglichkeit, anders zu sein. In diesen Ruheräumen und Ruhezeiten mittendrin entsteht ein Denken, das frisch und frei ist, und es reift ein Leben, das Tiefe hat und wirklich authentisch ist.

Neben der Tür zum Garten hängt eine Fotografie. Bonhoeffer sitzt mit seinen Eltern im Garten des Hauses in der Marienburger Allee. Die beiden älteren Leute auf einer Gartenbank, der Sohn auf einem Klappstuhl neben ihnen. Ein weiterer Klappstuhl ist leer. Sie sitzen am äußersten Ende eines Weges, der vom Haus zur Grundstücksgrenze führt. Fast bedrohlich hohe Bäume umgeben sie. Sie wirken klein auf dem Foto, das von der Terrassentür der Bibliothek aus gemacht wurde. Eine enge Gemeinschaft in bedrohlicher Umgebung. Der Sohn und der Vater schauen dem Fotografen entgegen und die Mutter strahlt leicht abgewendet. Die drei sind unter sich. Sie haben sich etwas zu sagen. Der Sohn spricht über das, was ihn bewegt. Die Eltern hören ihm in der

> Es ist ein bunter Berlinfilm, der vor meinem inneren Auge abläuft. Die Stadt ist ein Spiegelbild meiner Sehnsucht nach Leben. Voller Tatendrang und positiver Unruhe.

Gelassenheit und Reife des Alters zu. Sie scheinen sich zu verstehen. Sie genießen die Gemeinschaft in der Abgeschiedenheit des Gartens.

Je länger ich das Bild betrachte, desto mehr spüre ich: Wie gern würde ich auf dem leeren Klappstuhl sitzen und einfach zuhören! Unwillkürlich denke ich an meine Eltern. Ich habe nie von ihrer Reife und Altersweisheit profitieren können. Mein Vater starb kurz vor meinem sechsten Geburtstag und meine Mutter ist früh an Alzheimer erkrankt. Mühsam habe ich einige Spuren meiner Eltern nachgezeichnet. Versucht zu verstehen, was sie gedacht haben und was sie mir in so einem abgeschiedenen Gartengespräch mit auf den Weg gegeben hätten.

Manchmal ertappe ich mich dabei, wie ich Parallelen ziehe. Bonhoeffer war nur zwei Jahre älter als mein Vater. Beide hatten ein betont gut gekleidetes Auftreten und einen lichten Haarschopf. Erst spät entdeckten sie ihre Liebe zu einer deutlich jüngeren Frau. Zuvor haben sich beide immer wieder mit Fragen der Nachfolge beschäftigt und die Gemeinschaft mit gleichgesinnten Brüdern gesucht. Das Buch von Thomas von Kempen über die *Nachfolge Christi*, das ich unter den wenigen Büchern meines Vaters gefunden habe, wurde auch von Bonhoeffer geschätzt. In den Briefen meines Vaters spüre ich Leidenschaft und Freude auf dem Weg der Nachfolge. »Gib mir, mein Sohn, dein Herz und lass deinen Augen meine Wege wohlgefallen« (Sprüche 23,26). Dieser Konfirmationsvers hat meinen Vater auf seinem Weg der Nachfolge geleitet. Er hat sich daran orientiert. Und er hat ihn mir als Taufspruch weitergegeben. Den gleichen Vers hat auch Bonhoeffer für sein Patenkind, den Sohn von Eberhard Bethge und dessen Frau Renate, vorgeschlagen.

Mühsam reiße ich mich aus den Gedanken an die Gespräche in diesem Haus los. Meine Zeit in der Marienburger Allee 43 geht zu Ende.

Ich schließe die Tür und gehe aus der kleinen Sackgasse zum verabredeten Treffpunkt mit meinem Freund, der mich abholen will. Das Bonhoeffer-Haus liegt ruhig. Es ist umgeben von kleinen Waldstücken und Sportanlagen. Ich werfe einen letzten Blick auf das Fenster des Dachgeschosszimmers, in dem Bonhoeffer lebte und das fast so etwas wie ein Ausguck ist. Von dort kann man die Umgebung beobachten. Auf die Welt außerhalb des Hauses sehen. Erst das Nachbarhaus, in dem die Schwester mit ihrer Familie wohnte, und dann den Rest der Stadt. Die übrigen Seiten des Hauses sind eher von Wald umgeben. Diesen offenen, neugierigen Blick auf die mich umgebende Welt will ich von meinem Besuch mitnehmen.

Am Ende der Marienburger Allee befindet sich die Heinz-Galinski-Schule. Eine jüdische Grundschule. Es ist gut zu sehen, dass jüdisches Leben hier in dieser Stadt – aus der alles Jüdische systematisch ausgelöscht wurde – nun wieder möglich ist. Die fröhliche Lebendigkeit der Kinder stimmt hoffnungsvoll. Und doch ist noch nicht alles gut. Die jüdischen Kinder können ihre Unbefangenheit nicht sorglos ausleben. Die Polizei ist vor Ort; Eltern holen ihre Kinder ab. Das jüdische Leben ist nach wie vor gefährdet. Der offene, neugierige Blick auf die Welt muss auch ein wachsamer Blick sein.

Der Besuch im Elternhaus Bonhoeffers hat mir eine Fülle von Eindrücken beschert. Wie ein Schwamm habe ich alles aufgesaugt und beginne ganz langsam zu sortieren. Im Zentrum der ganzen Eindrücke steht die äußerst vitale Sehnsucht nach Leben, die Bonhoeffer nach dem Ende seiner Zeit mit den Seminaristen beflügelt hat. Diese Sehnsucht nach Leben ist für mich untrennbar verbunden mit der Sehnsucht nach Gott und der Sehnsucht nach Gemeinschaft. Alle drei Facetten gehören zusammen.

Ich will mich auf diese Sehnsucht nach Leben einlassen und den vitalen Impulsen nachspüren, die Bonhoeffer für sich erlebte: Leidenschaft und Liebe, Begeisterung für das, was die Seele erfreut, und Verantwortung für das Leben der anderen. Das Fundament ist mit dem Bewusstsein für die Wirklichkeit Christi in meinem Leben und dem veränderten Bewusstsein für das gemeinsame Unterwegssein gelegt. Jetzt gilt es, auf diesem Fundament die Sehnsucht nach Leben zur Geltung zu bringen.

Der offene, neugierige Blick auf die Welt muss auch ein wachsamer Blick sein.

Kapitel 15

Leidenschaft und Liebe

Im Sommer 1942 verbringt Bonhoeffer einige Zeit bei Ruth von Kleist-Retzow, der engagierten Förderin des Finkenwalder Seminars. Hier kann er in Ruhe an seiner *Ethik* schreiben und sich von seinen Reisen erholen. Auch mit ihrer Enkelin Maria von Wedemeyer entwickeln sich lebhafte Gespräche. Die junge Frau sprüht mit ihren achtzehn Jahren vor Lebensfreude und Wissbegier. Sie will verstehen, was der Theologe denkt und worüber er schreibt. Keck stellt sie ihre Fragen. Ohne Angst vor dem Wissensvorsprung und der Stellung Bonhoeffers. Er hat Freude an der Lebendigkeit der jungen Frau und den Unterhaltungen mit ihr. Auch ihr Plan, später einmal Mathematik zu studieren, imponiert ihm. Maria von Wedemeyer verkörpert vieles von dem, was ihm in den letzten Jahren wichtig geworden ist.

Sie stammt aus einer Familie, die sich auf klaren Wertvorstellungen gründet. Sie ist offen dafür, ihren Horizont zu erweitern. Sie will nicht bei dem stehen bleiben, was sie erreicht hat. Sie stellt Fragen. Und schließlich ist sie jung, schön und sehr lebendig. Bonhoeffer spürt die Freude und den vielschichtigen Reiz, den das Zusammensein mit der jungen Maria auf ihn ausübt. Er spürt, wie er gern mehr Zeit mit ihr verbringen würde. Er spürt, wie diese junge Frau seine Sehnsucht nach Leben anspricht; ihr einen konkreten Ausdruck, ein junges frisches Gesicht und eine faszinierende, begehrenswerte Gestalt gibt. Sie weckt etwas in ihm, das er in den vergangenen Jahren nicht mehr gespürt hat. Er merkt, wie aufgekratzt und lebendig er in ihrer Nähe wird.

> Sie weckt etwas in ihm, das er in den vergangenen Jahren nicht mehr gespürt hat. Er merkt, wie aufgekratzt und lebendig er in ihrer Nähe wird.

Doch ihre gemeinsame Zeit ist nur kurz und Bonhoeffer beginnt darüber nachzudenken, ob eine Beziehung zwischen ihnen überhaupt im Bereich des Möglichen liegt. Er malt sich eine gemeinsame Zukunft aus und beginnt sich an diesem Bild zu erfreuen. Aber er weiß auch, wie kompliziert konkrete Schritte in diese Richtung werden würden. Er ist viel auf Reisen und hat eigentlich keine Kapazitäten für eine Beziehung. An seinen Freund Bethge schreibt er: »Wenn kein weiteres Zusammentreffen möglich ist, wird der schöne Gedanke einiger hochgespannter Minuten sich wohl wieder einmal im Reich der unerfüllten Fantasien auflösen, das sowieso schon ausreichend bevölkert ist.«[95]

Doch es gibt weitere Zusammentreffen – der Krankenhausaufenthalt von Ruth von Kleist-Retzow in Berlin macht sie möglich. Bonhoeffer sieht die junge Maria im Oktober wieder. Aus »hochgespannten Minuten« werden »hochgespannte Tage«. Aus »schönen Gedanken« werden »konkrete Absichten«. Das Unmögliche rückt in den Bereich des Möglichen. In der Liebe zu dieser jungen Frau wird seine Sehnsucht nach Leben konkret. Und das in einer Zeit, die nicht für Liebende gemacht zu sein scheint.

Während der Zeit in seinem Elternhaus versuche ich, die Spannung nachzuvollziehen, in der Bonhoeffer gelebt haben muss. Seine klare Sicht auf die Missstände seiner Zeit. Sein risikoreiches Engagement im Widerstand. Seine »hochgespannten« Momente mit der jungen Maria von Wedemeyer. Wie kann das alles in Einklang gebracht werden? Wie kann aus der »Polyfonie« der Eindrücke ein »harmonisches Ganzes« werden?

Vom frohen Ergreifen des Glücks

Es ist still im Haus Marienburger Allee 43 in Berlin. Der Vater ist unten in seinem Sprechzimmer. Die Mutter arbeitet in der Küche. Dietrich Bonhoeffer sitzt oben im Dachgeschoss an seinem Schreibtisch. Wie so oft in der vergangenen Zeit. Was für Gedanken hat er nicht schon zu Papier gebracht?! Was hat er hier nicht schon alles gelesen?! Er liebt die Atmosphäre im elterlichen Haus. Die Eltern strahlen in dieser unruhigen Zeit eine Ruhe und Gelassenheit aus, die ihm guttun. In ihrer Nähe fühlt er sich wohl. Er schaut aus seinem Dachfenster nach drüben. Im Haus seiner Schwester und ihres Mannes Rüdiger Schleicher ist niemand zu sehen.

Es ist kalt geworden in diesem Herbst des Jahres 1942. Im Garten kündigt sich der Winter an. Die Familie kann nicht mehr draußen sitzen. Die Gespräche finden jetzt im Wintergarten statt. Das ganze Haus ist für ihn so eine Art Wintergarten. Mitten im Winter, in dem sie jetzt seit 1933 leben, ist dieses Haus der Eltern ein Garten. Hier dringt die Kälte nicht ein. Er ist gerade dabei, etwas über die vergangenen zehn Jahre zu schreiben. Eine Art Rechenschaftsbericht. Was hat sich verändert in dieser Zeit? Aber er wagt auch den Blick nach vorne. Er will Mut für die Zukunft machen.

Es ist kalt geworden in diesen zehn Jahren. Einfach kalt. Zwischen den Menschen und in allen Bereichen des Lebens. »Ob es jemals in der Geschichte Menschen gegeben

176

hat, die in der Gegenwart so wenig Boden unter den Füßen hatten, – denen alle im Bereich des Möglichen liegenden Alternativen der Gegenwart gleich unerträglich, lebenswidrig, sinnlos erschienen ...?«[96], fragt er sich. In diesem Winter regiert Menschenverachtung und Dummheit. Aber auch Erfolg. Ja, leider auch Erfolg. Wo ist die Zivilcourage geblieben? Wo sind Menschen, denen er wirklich vertrauen kann?

Doch es gibt sie. Gott sei Dank, Gott sei Dank. Auf seinem Schreibtisch liegen viele Papiere nebeneinander. Hier sein Text: »Nach zehn Jahren«. Dort die Manuskriptseiten für sein großes Buch zum Thema Ethik. Wie sehr hat er sich darauf gefreut, gerade hier bei den Eltern – in aller Ruhe – an diesem Buch zu arbeiten. Gute, tiefe Gedanken. Gedanken, die im krassen Widerspruch zu allem stehen, was er außerhalb des Hauses zu lesen und zu hören bekommt. Wenn er an seiner Ethik arbeitet, vergisst er für eine Zeit die Kälte, die ihn umgibt. Aber wird dieses Buch jemals erscheinen? Werden die Gedanken jemals gedruckt werden?

Zwischen all den Papieren liegt ein Brief auf seinem Schreibtisch. Ein Brief von Maria von Wedemeyer. Der erste Brief jener jungen Frau, die so viel Lebendigkeit und Wärme in seine schweren Gedanken über die kalte Zeit gebracht hat. Maria sprüht vor Optimismus, Lebensfreude und Zukunftserwartung. Obwohl mehr als die Hälfte ihres Lebens in diesen Winter fällt. »Aber den Optimismus als Willen zur Zukunft soll niemand verächtlich machen, auch wenn er hundertmal irrt.«[97]

Doch der Optimismus ist in Gefahr. Maria hat nicht nur ihren Vater, sondern jetzt auch den Bruder im Krieg verloren. Und die Mutter möchte nicht, dass Bonhoeffer zur Trauerfeier kommt. Sie ist in Sorge »wegen einer dummen Familienquatscherei«, schreibt ihm Maria in ihrer jugendlich frischen Art.[98] Bonhoeffer liest Marias Brief wieder und wieder. Es ist der erste, den er von ihr erhalten hat. »Lieber Pastor Bonhoeffer!«

Sie versucht, in ihrem Brief die Einstellung ihrer Mutter zu erklären. Ist aber auch selbst verwirrt. Er sieht zum Haus seiner Schwester hinüber. Muss schmunzeln. Auch dort bahnt sich etwas an. Sein Freund Eberhard Bethge und seine Nichte Renate verstehen sich prächtig. Und auch dort fürchten die Eltern »Familienquatscherei«. Was soll er Maria als Antwort schreiben? Er freut sich, dass sie den Mut hatte, ihm zu schreiben. Sie möchte nicht, dass die Beziehung zwischen ihnen Schaden nimmt. Und selbstverständlich wird er den Wunsch der Mutter respektieren. Er wird nicht zur Trauerfeier fahren. Er weiß auch, dass jetzt nicht der Zeitpunkt ist, um die Dinge endgültig zu klären. So schreibt er: »... nur aus ruhigem, freiem, geheiltem Herzen kann etwas Gutes und Richtiges geschehen; das habe ich immer im Leben erfahren, und ich bitte Gott darum – verzeihen Sie, dass ich das so sage –, dass er uns das bald, recht bald schenken möchte, und dass er uns so wieder zusammenführt, bald, recht bald. Ob Sie das verstehen können? Ob Sie es nicht ganz ebenso empfinden – ich hoffe es, ja ich kann es mir gar nicht mehr anders denken ...«[99]

Immer wieder liest Bonhoeffer diese Zeilen. Er schaut aus dem Fenster. Er schaut auf die Bücher, die hinter ihm stehen. Normalerweise baut er gern Zitate in seine Schriften ein. Aber diesmal kann keines seiner geliebten Bücher ihm bei der Formulierung helfen. Er will nicht drängen. Aber er will auch Schritte gehen. Er beginnt zu zählen. Viermal hat er in einem Satz das Wort »bald« geschrieben. Zu oft? Zu selten? In seinen Gedanken über die vergangenen zehn Jahren hat er etwas zu Gegenwart und Zukunft geschrieben: »Uns bleibt nur der sehr schmale und manchmal kaum noch zu findende Weg, jeden Tag zu nehmen, als wäre er der letzte, und doch in Glauben und Verantwortung so zu leben, als gäbe es noch eine große Zukunft.«[100] Er hat den Glauben an diese große Zukunft nicht verloren. »Bald, bald«. Dieses Wort kann eigentlich nicht oft genug vorkommen.

Gerade in diesen kalten Zeiten ist es gut, nicht auf das Bald zu verzichten. Ist es gut, Zeichen der Hoffnung zu setzen. Sie einzufordern und zu ergreifen. In einem Brief zur Hochzeit einer seiner Finkenwalder Seminaristen hatte er erst vor Kurzem »das frohe Ergreifen des Glücks, wo Gott es uns noch schenkt ... als Zeichen echten und gesunden Glaubens ...«[101] begrüßt. Das »frohe Ergreifen des Glücks«. Die Formulierung kommt ihm wieder in den Sinn. Er möchte sein Glück so »bald« wie möglich ergreifen. In den Händen halten. Und nicht wieder hergeben.

Sein Antwortbrief mit dem Wunsch nach einem baldigen Wiedersehen liegt neben dem Text »Nach zehn Jahren«. So unterschiedlich die Texte auch sind – sie gehören zusammen. Diese Gedanken an sein Glück sind eine Antwort auf die Kälte der Zeit, die er erlebt und beschreibt. Es ist nicht verantwortungslos, an sein Glück zu denken, sondern es ist die gehorsame und verantwortliche Tat, zu der wir in der Nachfolge aufgerufen sind. In dem Text »Nach zehn Jahren« schreibt er: »Ich glaube, dass Gott aus allem, auch aus dem Bösesten, Gutes entstehen lassen kann und will. Dafür braucht er Menschen, die sich alle Dinge zum Besten dienen lassen. ... In solchem Glauben müsste alle Angst vor der Zukunft überwunden sein.«[102]

Er schickt den Brief ab und wartet voller Spannung auf eine Antwort. Sein erhofftes »Bald« wird wie so oft im Leben mit »Warte« beantwortet. Es ist Adventszeit. Er muss sich gedulden.

Mitte Januar hat die Zeit des Wartens ein Ende. Maria von Wedemeyer schickt ihr Ja auf Bonhoeffers zartes Drängen. Die Zukunft ist zum Greifen nah. Er sitzt an seinem Schreibtisch. Hat nur noch Augen für diesen Brief, den er eben bekommen hat. Er besteht für ihn eigentlich nur aus einem Wort. Es scheint das schönste Wort zu sein, das er in diesem engen Dachzimmer, das angefüllt ist mit Worten und Büchern, jemals gelesen, geschrieben und gesagt hat: »Ja.«

Immer wieder liest er den Brief. Sie hat wirklich Ja gesagt. Er hat eigentlich gar keine Frage gestellt. Er hat nur den Wunsch nach einem »baldigen Zusammentreffen« geäußert. Aus dem Bald ist ein Ja geworden. Er kann sein Glück kaum fassen. Er gehört nicht zu den Menschen, die mit dem Brief in der Hand durch das Haus laufen, um ihn jedem zu zeigen. Deshalb bleibt er am Schreibtisch sitzen und bringt seine Freude zu Papier. »Ich spüre und bin überwältigt von dem Bewusstsein, dass mir ein Geschenk ohnegleichen zugefallen ist ... das Herz tut sich auf und wird ganz weit und übervoll von Dankbarkeit und Beschämung und kann es noch gar nicht fassen – dieses ›Ja‹, das über unser Leben entscheiden soll.«[103]

Mitten im Winter ein Ja. Nicht »Bald«, sondern »Ja«. Mitten in der größten Krise ein Zeichen der Hoffnung. Mitten in der Angst ein Schritt voller Vertrauen auf einen guten Gott und voller Glauben an die Zukunft. Dieses schriftliche »Ja«, das Bonhoeffer am 17. Januar 1943 beantwortet, ist für die beiden von großer Bedeutung. Sie sehen es im Nachhinein als ihr offizielles Verlobungsdatum an.

Auch wenn die Kälte immer mehr zunimmt und ein gemeinsames Leben der beiden nicht stattfinden wird. Auch wenn sie sich nie wieder in Freiheit sehen oder sprechen werden. Bonhoeffers Leben ist ein Zeichen dafür, auch dann den Beginn neuen Lebens zu sehen, wenn unsere menschliche Hoffnung am Ende ist.

Die Liebe ist ein vitaler Impuls des Lebens. Die Liebe ist ein starkes Gefühl. Die Liebe ist ein Ausdruck der Sehnsucht nach Leben.

Nachdem Bonhoeffer schon mehr als ein Jahr im Gefängnis ist, gelingt es ihm, in dem Brief zum 20. Geburtstag seiner Verlobten Maria auszudrücken, was seine Liebe zu ihr ausmacht und was ihn so an ihr begeistert.

Du wirst 20 Jahre! Ich schäme mich ordentlich, daran zu denken, wie ahnungslos ich in diesem Alter noch war und damit zu vergleichen, wie Dein Leben demgegenüber schon durch wichtigste Erfahrungen und Aufgaben erfüllt ist. Ich glaubte damals noch, das Leben bestünde in Gedanken und Büchern, und schrieb mein erstes eigenes Buch und war, fürchte ich, recht stolz darauf. Aber welcher Mensch hat damals etwas von mir gehabt? Wem habe ich geholfen? Wen habe ich froh und glücklich gemacht? Was wusste ich in Wirklichkeit von den Dingen, über die ich schrieb? Und Du? Du schreibst glücklicherweise keine Bücher, sondern tust, weißt, erfährst, erfüllst mit dem wirklichen Leben das, wovon ich nur geträumt habe. Erkennen, Wollen, Tun, Empfinden und Erleiden bricht bei Dir nicht auseinander, sondern ist ein großes Ganzes, und eines wird durch das andere gestärkt und vollendet. Du weißt das selbst nicht und das ist das Allerbeste und vielleicht sollte ich es auch gar nicht sagen, darum vergiss es und bleibe immer das, was

Du bist, bleibe es für mich; denn das ist es, was ich brauche, was ich in
Dir gefunden habe, was ich liebe – das Ganze, Ungeteilte, wonach ich
Sehnsucht und Verlangen habe.[104]

Ich merke, wie diese Gedanken etwas in mir anstoßen. Nachfolge und Gemeinschaft mit anderen sind zentrale Grundlagen meines Lebens, aber sie sind noch nicht alles. Ein weiterer Bestandteil ist dieses vitale Empfinden des Lebens, das sich vor allem in der Liebe ausdrückt.

Die Liebe zu Maria ist eine der Quellen, aus denen Bonhoeffer die Kraft schöpfte, um die lange Zeit im Gefängnis zu überstehen und nicht in Resignation und Bitterkeit zu verfallen.

Gemeinsam mit meiner Frau lese ich die Brautbriefe von Dietrich Bonhoeffer und seiner Maria. Die Situation, in der diese Briefe geschrieben wurden, ist uns fremd, aber das Mitteilen, Mitfühlen, Mitdenken und Mitleben begeistern, und motivieren uns. Liebende handeln anders. Liebende leben anders. Auch wenn wir schon lange gemeinsam unterwegs sind: Die Liebe, die bleibt, ist immer noch ein vitaler Impuls, der die Sehnsucht nach Leben stillt. Die Liebe, die bleibt, hält immer noch Überraschungen bereit. Die Liebe, die bleibt, trägt. Die Liebe, die bleibt, schafft Beständiges, auch wenn die Nachfolge und die Gemeinschaft mit anderen in eine Krise geraten. Die Liebe, die bleibt, hält das Leben am Leben.

> Die Liebe, die bleibt, ist immer noch ein vitaler Impuls, der die Sehnsucht nach Leben stillt. Die Liebe, die bleibt, hält immer noch Überraschungen bereit. Die Liebe, die bleibt, trägt.

Liebe, die bleibt? Nicht jede Liebe bleibt. Es gibt auch bei der Liebe Enttäuschungen. Es gibt Krisen. Es gibt Zerbruch und Scheidung. Immer mehr. Dann kehrt sich der vitale Impuls ins Gegenteil. Lebenskraft wird entzogen. Es ist tatsächlich nicht so, dass jede Liebe unter Menschen bleibt. Leider. Auch Bonhoeffers Liebe zu Maria konnte nur eine kurze Zeit bleiben. Aber das, was die Liebe in der Zeit ihres Bestehens an Früchten zeigt, hat das Potenzial zu bleiben, zu überdauern und macht die Liebe so wertvoll.

Mich persönlich berührt die Leidenschaft und das Verständnis für die Liebe, die ich bei dem frisch verliebten Bonhoeffer wahrnehme. Der unschätzbare Wert des »Glücks«, das ich in Händen halte, wird mir wieder neu bewusst und erfüllt mich. Es ist nicht zu trennen von den geistlichen Erfahrungen der Nachfolge und dem gemeinsamen Unterwegssein mit anderen.

Natürlich muss an dieser Stelle auch angefügt werden, dass nicht jeder, der diese Zeilen liest, gerade ein überschwängliches Glück der Liebe in Händen halten wird. Vielleicht ist die Liebe nicht geblieben oder wurde nie erlebt. Aber trotz – oder gerade wegen – der menschlichen Nichtverfügbarkeit der Liebe ist sie ein wichtiger Impuls, der die Sehnsucht nach Leben zum Ausdruck bringt. Auch in der Liebe zu Kindern oder in Freundschaften.

Und es muss auch bedacht werden, dass die Liebe nicht der einzige Weg ist, um der Sehnsucht nach Leben nachzuspüren. Sie ist einer der drei vitalen Impulse, die ich bei Bonhoeffer wahrnehme und die seine Sehnsucht nach Leben beschreiben. Dieses Wissen um die anderen Wege bewahrt vor einer falschen Überhöhung der Liebe und lässt diejenigen, die diese Liebe nicht erleben, nicht auf dem Weg zurück.

Anders als bei den Themen »Nachfolge« und »Gemeinsames Leben« hat Bonhoeffer seine Erfahrungen mit der Liebe nicht mehr reflektieren und zusammenfassen können. Vielleicht ist diese Liebe auch gar nicht abschließend in einem Buch zu beschreiben. Sie bleibt immer auch ein Stück Geheimnis. Sie muss erfahren und gelebt werden. Sie kann nur durch einzelne Anstöße vorgelebt und weitergegeben werden. Sie bleibt aber immer auch ein Bild für die Liebe, die Gott der Vater zu seinen Kindern hat. Es stimmt, was der Titel eines Buches von Jörg Zink behauptet: Was bleibt, stiften die Liebenden.

Stationen auf meinem Weg der Nachfolge

Wenn wir Liebe erleben, spüren wir die vitale Kraft des Lebens.
Wenn wir Liebe erleben, wird das eigene Geliebtsein greifbar.
Wenn wir Liebe erleben, durchschreiten wir die Höhen und
    Tiefen gemeinsam.
Wenn wir Liebe erleben, greifen wir nach dem Glück,
    dem nichts mehr zu wünschen ist.
Wenn wir Liebe erleben, stiften wir das, was Bestand hat.

Kapitel 16

Begeisterung für das, was die Seele erfreut

Die Sehnsucht nach Leben zeigt sich bei Bonhoeffer auch in der Begeisterung für das, was die Seele erfreut. Schon seit seiner Jugend hat er einen sehr weiten Horizont. Auf seiner ersten großen Reise als Achtzehnjähriger nach Italien saugt er die Eindrücke, die sich ihm bieten, begeistert auf. Das antike Rom, den Katholizismus und auch das Leben in Nordafrika, das er bei einem kurzen Abstecher kennenlernt.

Seinen Studenten in Berlin und auch den Seminaristen in Finkenwalde versucht er nicht nur seine theologischen Erkenntnisse zu vermitteln, sondern auch seine Vorliebe für Musik und Literatur. Er spielt ihnen seine Gospelplatten aus Amerika vor und liest gemeinsam mit ihnen die Standardwerke der deutschen Literatur. Während seiner Zeit im Gefängnis ist es diese Begeisterung für Literatur und wissenschaftliche Bücher, die ihm Freude und Erfüllung bringt. So wird seine Sehnsucht nach Leben wenigstens ein bisschen gestillt — obwohl er im Gefängnis sitzt. Die Bandbreite seiner Bücher reicht von Adalbert Stifters Romanen bis zu Carl Friedrich von Weizsäckers Buch über das Weltbild der Physik.

Mich bewegt vor allem die Art und Weise, wie sich Bonhoeffer auf die literarischen Gestalten einlässt. Besonders der historische Roman *Witiko* von Adalbert Stifter begeistert ihn und regt ihn zu eigenem literarischen Schaffen an. An seine Eltern schreibt er im November 1942:

> *Die letzten 10 Tage stehen für mich ganz unter dem Eindruck des »Witiko«, der sich – nachdem ich Euch so lange mit Suchen danach gequält habe – hier in der Gefängnisbibliothek anfand, wo ich ihn wirklich nicht vermutet hatte! Mit seinen 1000 Seiten, die man nicht überfliegen kann, sondern mit viel Ruhe lesen muss, wird er wohl heute nicht allzu vielen Menschen zugänglich sein, und ich weiß daher nicht, ob ich ihn Euch empfehlen soll. Für mich gehört er zu den schönsten Büchern, die ich überhaupt kenne; dabei versetzt er einen in der Reinheit der Sprache und der Gestalten in ein ganz seltenes und eigenartiges Glücksgefühl.* [105]

Bonhoeffer lebt beim Lesen und Nachempfinden des *Witiko* im wahrsten Sinne des Wortes auf. Er ist nicht mehr in seiner Gefängniszelle in Tegel, sondern mit dem jungen Helden unterwegs. Seine Sehnsucht nach Leben wird eine Zeit lang gestillt. Auffällig ist, wie viele Verbindungslinien zwischen Witiko und Bonhoeffers Leben bestehen.

Am Anfang seiner Reise begegnet Witiko einer aufgeweckten jungen Frau, die mit ihren Eltern in der Abgeschiedenheit wohnt. Diese Begegnung wird von Stifter sehr symbolträchtig und anmutig geschildert, sodass Bonhoeffer sicherlich an seine ersten Zusammentreffen mit der jungen, kecken Maria von Wedemeyer – als er am Anfang seiner eigenen gefährlichen Missionen stand – gedacht hat. Im Buch fragt die junge Frau den Reiter Witiko: »Und bist du der rechte Mann, wie du sagst?« »Ob ich der rechte Mann bin«, antwortet der Reiter, »siehe, das weiß ich nicht; aber ich will in der Welt das Ganze tun, was ich nur immer tun kann.«[106]

Diese Sätze müssen für Bonhoeffer wie Paukenschläge gewesen sein. Denn genau diesem Anspruch fühlt er sich verpflichtet. Das Ganze tun und ganz sein – damit ist für Bonhoeffer der Kern angesprochen. Darum geht es ihm.

In einem Brief an seinen Freund Bethge versucht er, anhand des Beispiels von Witiko zu beschreiben, was damit gemeint sein kann: »Witiko ›tut das Ganze‹, indem er sich im wirklichen Leben zurechtzufinden sucht und dabei immer auf den Rat der Erfahrenen hört, also indem er selbst ein Glied des ›Ganzen‹ ist. Man wird nicht für sich allein ein ›Ganzer‹, sondern nur mit anderen zusammen.«[107]

> Das Ganze tun und ganz sein – damit ist für Bonhoeffer der Kern angesprochen. Darum geht es ihm.

Es ist zu spüren, dass Bonhoeffer das, was er liest, mit seinem Leben in Verbindung bringt. Er lebt mit den einzelnen Sätzen und Szenen. Er freut sich über die Menschen, denen er in den Büchern begegnet. Er macht sich gern mit ihnen auf den Weg. Dabei ist es für Bonhoeffer wichtig, diese Lese- und Lebensfrüchte zu teilen. Seine Verlobte Maria, sein Freund Bethge und seine Eltern – sie alle hören in den Briefen aus dem Gefängnis immer wieder von Witiko. Indem er seine Freuden an dem Buch und dem Titelhelden mit anderen teilt, vertieft er seine eigenen Erfahrungen und gibt mehr davon preis, wie er selbst empfindet, als wenn er direkt von sich schreiben würde.

Es ist aber auch die Freude an dieser anderen Form, mit der man Erkenntnisse und Botschaften, die einem wichtig sind, vermitteln kann. Die

Literatur entwickelt sich für Bonhoeffer zu einer alternativen Ausdrucksform zur Predigt oder zu seinen theologischen Büchern. Vielleicht ist
sie sogar ein Weg, um die Inhalte der Bibel und das Bild des christlichen
Lebens ganz anders darzustellen und zu vermitteln.

Gemeinsam mit seinem Freund Bethge macht er sich mit Leidenschaft
daran, diese neue Ausdrucksform auszuprobieren. Ein Roman- und ein
Dramenfragment sowie eine abgeschlossene Erzählung entstehen. Die
Herausgeberinnen dieser *Fragmente aus Tegel* weisen darauf hin, dass Bon-
hoeffer schon bei seiner Arbeit an der *Ethik* häufig sich ausschließende
Positionen darstellte:

> ... zum Beispiel Kompromisslösung und radikale Lösung, und gab nicht
> der einen Seite gegen die andere recht, sondern ließ die Spannung bestehen.
> Auch die beiden großen literarischen Fragmente von 1943/44 münden in
> eine derartige Konstellation. ... Es war Bonhoeffer wichtig zu zeigen,
> dass ernsthafte Spannungen ausgehalten werden müssen, statt sich mit
> kurzschlüssigen Lösungen zufriedenzugeben.[108]

Bonhoeffer versucht wie beim *Witiko* ein Bild zu entwerfen, wie dieses
»Reine und Ganze« aussehen und gelebt werden kann. Er beschreibt
literarisch die Ansätze und Gedanken, die er in seiner *Ethik* theoretisch
erörtert hat. Deshalb ist es nicht verwunderlich, dass in den Fragmenten
aus Tegel – genau wie beim *Witiko* – nicht die Handlung im Mittelpunkt
steht, sondern die Gespräche über die gegensätzlichen Positionen.

Beim Lesen und bei der Beschäftigung mit den Personen im Dramen-
und Romanfragment holt sich Bonhoeffer Menschen in seine Zelle, mit
denen er sich austauschen kann. Die literarischen Figuren durchleben
Szenen seiner eigenen Geschichte. Er verarbeitet und beschreibt seine
eigene Jugend und Erziehung. Und er schildert die bürgerliche Gesellschaft, die so nachhaltig in die Krise geraten ist, weil sie ihre Werte
nicht gegen die Bosheit und Gewalt verteidigt hat.

Bonhoeffers Fragmente aus dem Gefängnis in Tegel zeigen, wie ihm
die literarische Beschäftigung dabei hilft, sein eigenes reduziertes Leben
in der Zelle zu meistern und nicht zu verzweifeln. Echte Lebensfreude
beim Lesen und Schreiben, trotz der Enge und Bedrohung.

Eine parallele Spur

Parallel zu Bonhoeffer haben auch andere versucht, literarisch auf den Nationalsozialismus zu reagieren. So beschreibt Hans Fallada in dem schon erwähnten Roman *Wolf unter Wölfen* seinen Wolfgang Pagel als eine reine und ganze Person, die trotz aller Schwächen zur wahren Liebe fähig ist. Er entwirft mit seiner Titelfigur ein Gegenmodell zur herrschenden Ideologie, die Menschlichkeit als Schwäche versteht.

Im September 1944 wird Hans Fallada verhaftet. Er kommt in die Landesanstalt Neustrelitz-Strelitz, ein Gefängnis für »geisteskranke Kriminelle«. Nicht, weil er aktiven Widerstand geleistet hätte, sondern weil er – so wie Bonhoeffer in seiner Gefängniserzählung über den Gefreiten Berg schreibt – einmal eine »Dummheit gemacht hat«. Im betrunkenen Zustand hatte sich ein Schuss aus seiner Pistole gelöst, während seine geschiedene Ehefrau im Raum war. »Ohne Tötungsabsicht« gaben beide zu Protokoll. Er wurde trotzdem verhaftet. Fallada wird zum Leidensgenossen Bonhoeffers, auch wenn ihre Haftgründe sehr unterschiedlich sind. Er nutzt die Zeit im Gefängnis ebenfalls, um seine Situation und die Zeit zu verarbeiten. Er schreibt die Erzählung »Der Trinker« und bearbeitet damit das Problem, das ihn ins Gefängnis gebracht hat. Aber er schreibt auch eine geheime Abhandlung – zwischen die Zeilen seiner literarischen Texte –, wie er die Veränderungen des Lebens und der Menschen im Nationalsozialismus wahrnimmt.

Die Parallelen der Lebenssituationen von Bonhoeffer und Fallada interessieren und faszinieren mich. Zwei Menschen, die sich von ihrer Biografie und ihren prägenden Denkmustern sehr deutlich voneinander unterscheiden, sind von den damaligen Machthabern aus unterschiedlichen Gründen inhaftiert worden. Beide verarbeiten ihre Situation durch Schreiben. Beide beschreiben die Brutalität und Dummheit der Zeit in ähnlicher Art und Weise. Beide leben ihre eingesperrte Sehnsucht nach Leben durch literarische Betätigung aus.

Ganz beiläufig öffnet sich mir durch Hans Fallada eine parallele Spur. So wie Bonhoeffer beim Lesen von Stifters Büchern eine besondere Freude empfand und inspiriert wurde, macht mir das Lesen von Falladas Büchern und die Beschäftigung mit seinem Leben große Freude und wird mir zu einer »vitalen Quelle«. Ich stelle mir vor, wie es gewesen sein könnte, wenn sich die beiden in Berlin, während der Zeit, als Bonhoeffer seine spätere Verlobte bei den Krankenbesuchen ihrer Großmutter begleitete, getroffen hätten. Worüber wären sie ins Gespräch gekommen? Hätten sie sich verstanden?

Eine Berliner Begegnung

Anfang Oktober 1942 in Berlin. Der Herbst hat die angenehmen Sommertage abgelöst. Das Laub färbt sich allmählich braun. Die Tage werden kürzer. Die Restaurantbesitzer schließen ihre Außenterrassen und verlegen das Geschäft in die Gaststuben. Die Gäste, die es gewohnt waren, draußen gemütlich zu essen oder ein Bier zu trinken, müssen sich jetzt drinnen um einen der wenigen freien Plätze bemühen.

Ein gut gekleideter Mann mit schütter gewordenem Haar und einer randlosen, runden Brille geht durch eines dieser Lokale und sucht zwei freie Plätze. Es gibt keine leeren Tische mehr, aber bei einem etwas älteren Herrn sind noch zwei Stühle frei. Dieser trägt ebenfalls eine randlose Brille und hat ein Glas Wein sowie ein aufgeschlagenes, eng beschriebenes Notizbuch vor sich. Männer mit randlosen Brillen schreiben und lesen offensichtlich viel, denkt sich der Mann und spricht den »Artverwandten« an: »Entschuldigen Sie. Ist hier noch frei?«

Der Mann sieht von seinen Notizen auf. Er ist einige Jahre älter als der Fragesteller. Sein Gesicht ist kantiger. Die Züge wirken verhärtet vom Leben gezeichnet. Deutlich widerwillig sieht er auf die freien Plätze und sagt nach einer kurzen Pause. »Ich kann nicht erkennen, dass da jemand sitzt.«

Der Jüngere macht es sich auf einem der beiden Stühle bequem und beginnt, seine Augen durch die Gaststätte wandern zu lassen. Die spürbare Unruhe irritiert den Älteren. »Erwarten Sie noch jemanden?«

»Ja, meine Begleitung müsste gleich kommen. Sie besucht noch ihre Großmutter im nahe gelegenen Krankenhaus.«

Hoffentlich ist sie hübsch, denkt der Ältere, damit ich für die Ruhestörung entschädigt werde. Er wendet sich wieder seinen Notizen zu.

»Was darf es sein?«, fragt die vorbeieilende Bedienung den neuen Gast.

»Ich warte noch auf jemanden. Wir bestellen dann gemeinsam.« Die Bedienung wendet sich einem anderen Tisch zu.

»Es ist sehr voll hier.« Der Jüngere versucht, das Gespräch fortzusetzen. Etwas unwillig sieht der Ältere von seinen Notizen auf. Mit der Ruhe scheint es endgültig vorbeizusein. Ihm sind sowieso keine brauchbaren Gedanken gekommen. Er schlägt sein Notizbuch zu und lässt sich auf das Gespräch ein. Langsam beginnt er sich dafür zu interessieren, wer sich hinter der runden Brille verbirgt.

»Ja, die Leute mögen die Gaststätte, es ist ein besonderer Ort. Sie gehört dem Bruder des Führers.«

»Ich weiß«, sagte der Jüngere und hat dabei die Eingangstür fest im Blick. Über den Führer möchte er jetzt lieber nicht mit dem ihm unbekannten Herrn ins Gespräch kommen. »Sind sie häufiger hier?«

»Nur, wenn ich in Berlin meinen Verleger besuche. Ich wohne im Mecklenburgischen.«

»Sie sind Schriftsteller?«

»Ja, ein deutscher Schriftsteller. Rudolf Ditzen. Ich schreibe unter dem Pseudonym Hans Fallada. Und Sie?«

»Ich bin Theologe. Dietrich Bonhoeffer. Ein deutscher Theologe. Ganz ohne Pseudonym.«

Der Ältere schmunzelt. Er hat sich so etwas schon gedacht. Das runde, freundliche Gesicht des Theologen hat eine gewinnende Ausstrahlung. Nicht so wie die runden Gesichter der Nazis, die er zur Genüge studiert hat.

»Ich muss gestehen, dass ich noch nichts von Ihnen gelesen habe«, sagt der Jüngere etwas vorsichtig, um den Schriftsteller nicht zu kränken.

»Ach, das macht nichts. Ich lese ja auch nicht in dem Buch, das sie als Theologe am meisten interessiert.«

Jetzt schmunzelt der Jüngere. Er liebt solche Gespräche. »Vielleicht sollten wir einmal unsere Bücher tauschen.«

Der Ältere schaut den Jüngeren an. Dieser Theologe scheint ganz schlagfertig zu sein. »Ich weiß nicht so recht, ob mir ein Büchertausch gefallen würde. Meine Bücher handeln vom wirklichen Leben. Vom Leben der kleinen Leute. Die Bücher der Theologen scheinen mir davon doch recht weit entfernt zu sein.«

»Ja, damit haben Sie leider recht«, gibt der Jüngere unverhohlen zu. »Aber ich arbeite daran, dass sich das ändert.«

Mittlerweile hat er die Tür aus den Augen verloren und blickt seinen Gesprächspartner direkt an. Er ist es gewohnt, mit Älteren zu diskutieren und seine Gedanken präzise auszudrücken. »Die Theologie muss ihren Platz mitten im Leben haben. Sie muss etwas mit dem konkreten Alltag der Leute zu tun haben. Gerade mit dem der kleinen Leute.«

Aalglatt, denkt der Ältere. Theologen verstehen es doch immer wieder, sich aus einer Schlinge herauszuziehen und sich neu anzuschleichen. Trotzdem hat er seinen Spaß an dem Gespräch. »Herr Ober, können Sie mir noch einen Wein bringen? – Und darf ich Ihnen auch einen Wein bestellen?«, fragt er den Jüngeren.

»Nein, lieber nicht.«

Der Ältere schmunzelt. »Sehen Sie. Auch Theologen sollten lernen, das Leben zu genießen. Dann würden sie besser predigen.«

»Auch darin übe ich mich gerade«, sagt der Jüngere und blickt erneut zur Tür.

Um das Gespräch nicht versanden zu lassen, holt der Schriftsteller eine Geschichte aus seiner Erinnerung hervor, die ihn immer noch beschäftigt. Er liebt es einfach, Geschichten zu erzählen. »Was halten Sie als Theologe davon, wenn Menschen vor dem Abendmahl ihre Bekannten und Freunde abklappern und für bewusste und unbewusste Schuld um Vergebung bitten? Wohl wissend, dass sie gerade einen ihrer Bekannten auf übelste Art und Weise angeschwärzt haben. Und dass es ihn um Hab und Gut und vielleicht auch um sein Leben bringen könnte.«

Der Theologe überlegt nicht lange. »So ein Verhalten ist heuchlerisch und billig. Es hat mit dem Glauben, wie ich ihn verstehe, nichts zu tun. Die Leute werden auf diesem Weg ihre Schuld nicht los. Ich habe darüber vor fünf Jahren ein Buch geschrieben. Es handelt von der christlichen Nachfolge. Ich kann es ihnen gern einmal zukommen lassen.«

Der Ältere ist noch nicht zufrieden mit der Antwort. »Die Leute halten sich nicht an das, was die Theologen sagen. Ihr Leben geht einen anderen Gang. Sie leben als ›Wolf unter Wölfen‹. Sie zerfleischen sich gegenseitig. Das ist die Realität. Das ist das Leben. Darüber habe ich einmal ein Buch geschrieben. Es erschien übrigens auch vor fünf Jahren. 1937. Ich kann es Ihnen ebenfalls gern einmal zukommen lassen.«

Der Theologe nimmt seine runde Brille ab und reibt sich die Augen. Die Blicke zur Tür strengen ihn an. »Sie haben recht«, sagt er zu dem Schriftsteller, »das Leben der Leute hat sich von dem, was die Kirche und die Theologen sagen, entfernt. Es hat sich viel verändert. Die Leute sind mündig geworden. Wenn die Theologie den Menschen noch etwas sagen will, muss sie weniger religiös werden. Sie muss lebendig werden. Biblische Begriffe und Wahrheiten müssen neu interpretiert werden. Vielleicht sollten wir unsere Bücher tatsächlich einmal austauschen.«

In der Eingangstür erscheint eine junge Frau. Sie sieht sich suchend in der Gaststätte um. Als der Theologe sie bemerkt, steht er auf und holt sie an den Tisch. »Darf ich vorstellen — Fräulein von Wedemeyer. Gemeinsam kümmern wir uns um ihre Großmutter, die hier im Krankenhaus liegt.«

Der Schriftsteller steht auf und stellt sich vor. Er ist mehr als überrascht. Solch eine Begleitung hätte er dem braven und redegewandten Theologen nicht zugetraut. Die junge Frau ist höchstens achtzehn Jahre alt. Ähnlich wie die Hausmädchen, die seine Frau im Mecklenburgischen unterstützen und die er teilweise auch näher kennengelernt hat. Respekt. Dieser Theologe versteht es scheinbar doch, das Leben zu genießen. Die Ruhe, die er ausstrahlt, ist nicht gespielt. Nicht geheuchelt. Der Mann ist echt. So einen Charakter hätte ich gut unter meinen »Wölfen« einbauen können, denkt er sich. Aber wer weiß, was aus ihm geworden wäre. Wahrscheinlich wäre er von den »Wölfen« zerfetzt worden. Solche Leute haben da keine Chance. Trotzdem werden sie gebraucht. Sie helfen, den Blick für das Gute nicht ganz zu verlieren.

Der Theologe und seine junge Begleitung beginnen, sich über die kranke Großmutter zu unterhalten, und der Schriftsteller spürt, dass seine Zeit an dem gemeinsamen Tisch abgelaufen ist. Er steckt sich eine Zigarette an, ruft den Ober und zahlt. Beim Verabschieden versichern sich die beiden, – bei Gelegenheit einmal – das Buch des anderen zu lesen.

Das Buch des anderen, denkt der Theologe noch kurz. Welche Weite erleben wir, wenn wir die Bücher der anderen lesen und unseren Horizont erweitern?

Bei Gelegenheit, denkt der Schriftsteller. Was will ich nicht alles »bei Gelegenheit« machen? Solche Vorsätze sind wie geheuchelte Nachrufe. Hätte ich doch nur.

Beide haben das Buch des anderen nicht gelesen. Beiden blieb nicht mehr viel Zeit. Welche spannenden Türen öffnen sich, wenn wir uns tatsächlich für das »Buch des anderen« interessieren? Welche Schätze liegen darin vielleicht verborgen?

Ich merke, wie viel Freude ich daran habe, mich für Autoren und deren Bücher zu interessieren. Zusammenhängen zwischen Leben und Werk nachzuspüren und Bezüge zu meinem eigenen Leben herzustellen.

> Welche spannenden Türen öffnen sich, wenn wir uns tatsächlich für das »Buch des anderen« interessieren? Welche Schätze liegen darin vielleicht verborgen?

Ich folge dabei meiner Sehnsucht nach Leben. Ich erweitere meinen Horizont. Ich lerne, mich am anderen zu freuen. Ich strecke mich nach dem Reinen und Ganzen aus. Ich sauge die Inspiration auf, die ich vom Leben und den Gedanken der anderen erhalte.

Dabei ist es wichtig, zu verweilen. Nicht hektisch zu konsumieren und von einem Thema zum nächsten zu hetzen. Sich intensiv mit dem anderen zu beschäftigen, so wie sich Bonhoeffer immer wieder am *Witiko* und seinem Autor Adalbert Stifter erfreut hat und daraus etwas für sich selbst mitnehmen konnte. In das Leben der anderen einzutreten und dort eine Zeit lang zu verweilen. Dem anderen zuzuhören, mit ihm unterwegs zu sein. Um dann wieder eigene Wege zu gehen und der eigenen Sehnsucht nach Leben zu folgen.

Bonhoeffer hat sich zeit seines Lebens den vitalen Impulsen der Kunst, Literatur und Musik ausgesetzt. Er hat sich danach gesehnt, das aufzusaugen, was seine Seele erfreut. Von der Italienreise, die er als Achtzehnjähriger mit seinem Bruder unternahm, bis zu seiner Zeit im Gefängnis. Er konnte die Fülle der unterschiedlichen Impulse, die das Leben ausmachen, aufnehmen und verbinden. Damit wird mir Bonhoeffer zu einem Vorbild, die Vielfalt der vitalen Impulse, die meine

Seele begeistern, wahrzunehmen und mich daran zu freuen. Er macht mir Mut, mich darauf einzulassen.

Neben Kunst, Literatur und Musik können es natürlich noch ganz andere Impulse sein. Jeder von uns hat andere Dinge, die ihn begeistern. Der eine liebt es, die Natur zu erleben. Der andere spürt vitale Begeisterung beim Sport oder bei handwerklicher Betätigung. Andere kochen voller Leidenschaft, genießen das Miteinander mit Tieren oder können sich ganz dem gemeinsamen Spielen mit Freunden hingeben.

Es kommt darauf an, die eigenen vitalen Impulse wahrzunehmen und ihnen in aller Freiheit nachzugehen. Auch diese Begeisterung gehört zu dem Weg der Nachfolge. Das, was unserer Seele Freude macht, lenkt uns nicht ab, sondern lenkt unseren Blick auf den Ursprung der Begeisterung. Es ist ein Teil der Wirklichkeit Christi in unserem Leben.

Stationen auf meinem Weg der Nachfolge

Ich sehne mich nach vitalen Impulsen.
Ich will das Leben intensiv erleben.
Christus sagt: Ich bin das Leben.
In seiner Wirklichkeit wird meine Sehnsucht gestillt.
In seiner Wirklichkeit ist Raum für vieles, was mich begeistert.
In seiner Wirklichkeit wird mein Leben intensiv und ganz.

Kapitel 17

Verantwortung für das Leben der anderen

Noch ein dritter Aspekt gehört für Dietrich Bonhoeffer zu dem, was das Leben in seiner ganzen Fülle ausmacht: die Verantwortung für das Leben der anderen. Schon in frühster Kindheit hat er im Verhalten der Eltern ein hohes Maß an sozialem Engagement und Verantwortung für andere Menschen erlebt. Nach einer Kindergeburtstagsfeier während der Sommerferien im Haus in Friedrichsbrunn sieht die Mutter, in welch ärmlichen Verhältnissen die Familie einer der kleinen Geburtstagsgäste lebt. Sie ist tief berührt. Das Nebengebäude auf dem Bonhoeffer-Grundstück wird umgebaut und der Familie mietfrei zur Verfügung gestellt. Als Gegenleistung soll sie lediglich auf Haus und Garten achten, während die Bonhoeffers in Berlin sind.

> . Das Verhältnis zu Gott hat ganz natürliche Auswirkungen auf das Verhältnis zu den Mitmenschen. Nur so sind der Glaube und das Leben ganz.

Dieses soziale Verantwortungsbewusstsein ist für Bonhoeffer gelebter christlicher Glaube. Das Verhältnis zu Gott hat ganz natürliche Auswirkungen auf das Verhältnis zu den Mitmenschen. Nur so sind der Glaube und das Leben ganz. In seiner *Ethik* stellt er diesen Zusammenhang deutlich heraus:

> *Wir leben, indem wir auf das in Jesus Christus an uns gegebene Wort Gottes Antwort geben. Weil es ein auf unser ganzes Leben gerichtetes Wort ist, darum kann auch die Antwort nur eine ganze, mit dem ganzen Leben, wie es sich handelnd realisiert, gegebene sein ... Dieses Leben als Antwort auf das Leben Jesu Christi ... nennen wir »Verantwortung« ... Die Verantwortung für Jesus Christus vor den Menschen ist die Verantwortung für die Menschen vor Christus und nur darin die Verantwortung meiner selbst vor Gott und den Menschen.*[109]

Diese Zeilen hat Bonhoeffer in der ersten Hälfte des Jahres 1942 geschrieben. Ein Jahr später wird er verhaftet. Auch im Gefängnis lebt er diese Verantwortung für andere und merkt, wie sie sein Leben bereichert.

Mensch unter Menschen im Gefängnis

Die erste Zeit im Wehrmachtsuntersuchungsgefängnis Berlin-Tegel ist von Verhören geprägt. Sie erfordern höchste Konzentration, damit das eigene Leben und das Leben seiner Mitverschwörer nicht gefährdet wird. Ab August 1943 beginnt das Warten auf den Prozess. Bonhoeffer hat nun mehr Zeit und Ruhe. Er liest und schreibt viel. Aber er genießt es auch, mit anderen Kontakt aufzunehmen. An seinen Freund Bethge schreibt er über seine Bekanntschaften im Gefängnis im November 1943: »Ich habe mehrere sehr nette Leute kennengelernt.« Kurz hält er inne und überlegt, wie das kommt: Für ihn ist es egal, ob es sich um Bewacher oder Bewachte handelt. Er kann sich nicht dagegen wehren, sich für die Menschen zu interessieren. Nachzufragen. In den Gesprächen kann er nicht an der Oberfläche bleiben. Small Talk ist ihm schon immer fremd gewesen. Er beschäftigt sich mit den Schicksalen der Menschen, die ihn umgeben. Sie berühren ihn und lassen ihn nicht los. Er nimmt das, was er von den anderen gehört hat, mit in seine Zelle und denkt weiter darüber nach. Was bringt die Menschen in diese Situation? Was würde ihnen helfen, diese Situation zu überwinden?

Er schreibt weiter: »Die Zelle wird mir gereinigt. Dabei kann ich dem Reiniger etwas zu essen abgeben. Einer wurde neulich zum Tode verurteilt. Das hat mich sehr betroffen. — Man sieht in 7 ½ Monaten viel, besonders, was kleine Dummheiten für große Folgen haben können. Längere Freiheitsentziehung wirkt sich m.E. auf die meisten in jeder Hinsicht demoralisierend aus. Ich habe mir ein anderes System des Strafvollzugs ausgedacht, Prinzip: jeden auf dem Gebiet strafen, auf dem er etwas ausgefressen hat; z.B. ›unerlaubte Entfernung‹ mit Urlaubsentzug etc. … Warum gibt es im A.T. Gesetz eigentlich keine Freiheitsstrafen?«[110]

Kontaktmöglichkeiten ergeben sich nicht nur zu denjenigen, die seine Zelle reinigen oder mit denen er seine täglichen Spaziergänge auf dem Hof macht, sondern auch zu Menschen im Krankenrevier. Seine Bewacher finden immer wieder Vorwände, ihn dorthin zu holen, um mit ihm in Ruhe zu sprechen oder auch nur Schach zu spielen. Er wird Gesprächspartner und Spielpartner, aber auch Seelsorger. Er ist Mensch unter Menschen. Die Distanz baut sich immer mehr ab und er genießt es, sich ganz auf diese Menschen einzulassen, ganz bei ihnen zu sein.

Im November 1943 beginnen massive Nachtangriffe mit großflächigen Bombardierungen von Berliner Stadtteilen. Zur Angst vor der Strafe kommt für die Gefangenen die Angst vor den nächtlichen Bomben hinzu. Er selbst ist ruhig und zuversichtlich. Er hört zu. Tagsüber. Aber auch nachts. Gerade nachts sind Bewegungen und Stimmen im Gefängnis in Tegel zu hören. Nachts wird die Angst immer größer. »Wie kommt es, dass Sie so ruhig bleiben?« »Haben Sie denn gar keine Angst?« Immer wieder werden ihm diese Fragen gestellt.

In der Zeit der ersten Bombenangriffe verfasst er einige Gebete, die seinen Mitgefangenen helfen sollen, in ihrer besonderen Situation Worte für Gott zu finden. Es entstehen ein Morgen- und ein Abendgebet und ein Gebet für Menschen in besonderer Not. Diese Gebete erfreuen sich bei den Gefangenen, aber auch beim Wachpersonal großer Beliebtheit. Er findet Worte, die zu ihren Worten werden, weil er aus den Gesprächen weiß, was die Menschen wirklich bewegt. Weil er einer von ihnen ist. Aber er weiß auch, dass in vielen Situationen Worte allein nicht genug sind. Beim Nachdenken über die Lebenssituation der Menschen, die ihn umgeben, kommen ihm oft Gedanken, wie er konkret helfen kann. Das Netzwerk seiner guten Kontakte setzt er bewusst ein, da er die Bestrafungen der »kleinen Dummheiten« der Wehrmachtsangehörigen für unangemessen hält. Durch seine Kontakte verschafft er manchen Mitgefangenen eine juristische Beratung und teilweise sogar finanzielle Unterstützung, die mehrere Häftlinge vor dem Schlimmsten bewahren können.

Zusätzlich zu seinem Engagement für die Einzelnen versucht er, offensichtliche Ungerechtigkeiten, die er im Gefängnis in Tegel erlebt, selbstbewusst anzusprechen und vorzubringen. Er ist nicht der Gefangene, der ängstlich auf den Ausgang seines Verfahrens wartet. Sich seiner privilegierten Stellung bewusst, setzt er sich für die Menschen ein. So schreibt er nach den schweren Angriffen im November 1943 einen »Bericht über Erfahrungen bei Alarmen« und im April 1944 einen »Haftbericht nach einem Jahr in Tegel«. In beiden Berichten, die er für seinen Onkel Paul von Hase, den Stadtkommandanten von Berlin, verfasst, setzt er sich leidenschaftlich und fundiert mit der Lage und Behandlung der Gefangenen auseinander. Ungerechtigkeit und Fehlentwicklungen zulasten der Menschen kann er nicht einfach übersehen. Er wird unruhig und es drängt ihn, sich einzusetzen. Er kann nicht schweigen.

Bis zu seinem Tod versucht Bonhoeffer den Blick für die Not des anderen nicht zu verlieren und Mensch unter Menschen zu sein.

Im Gefängnis lebt Bonhoeffer genau das aus und vor, was er in seiner *Ethik* grundlegend beschrieben und im Mai 1944 in der Taufpredigt für sein Patenkind, den Sohn von Eberhard und Renate Bethge, noch einmal als Wesen des Christseins formuliert: »… unser Christsein wird heute nur in zweierlei bestehen: im Beten und im Tun des Gerechten unter den Menschen«[111]. Er selbst hat für die Mitgefangenen gebetet und sie zum Beten angeleitet. Ihnen Worte gegeben. Und er hat sich mitten unter ihnen – als Mitgefangener – für sie eingesetzt und das Gerechte in einer zutiefst ungerechten Umgebung getan.

Diese gerechte Tat unter den Menschen zieht sich überhaupt wie ein roter Faden durch sein kurzes, ereignisreiches Leben. Er hat sie quasi schon mit der Muttermilch aufgesogen. Sie gehört zum »Stil des Hauses Bonhoeffer«.

So engagiert er sich schon recht früh für die sozial benachteiligten Konfirmanden im Berliner Wedding. Er kümmert sich um die Eingliederung und Versorgung der deutschen Immigranten in London. Er setzt sich für seine Seminaristen in Finkenwalde ein und interessiert sich auch nach der Seminarzeit für ihren Lebensweg. Er hilft Verfolgten bei ihrer Flucht ins Ausland. Und schließlich sorgt er sich um seine Mitgefangenen und auch um das Gefängnispersonal. Sein Interesse, seine Neugier für die Menschen und seine unbefangene Offenheit führen ganz automatisch dazu, dass er für andere Menschen da ist. Er kann nicht unter ihnen sein, ohne für sie da zu sein.

> Bonhoeffer lebt auf, wenn er sich für andere Menschen einsetzen kann. Es ist für ihn ein Ausdruck seiner eigenen Sehnsucht nach Leben, seiner kraftvollen Vitalität und seiner Lebenslust. Und er hat auch eine zutiefst geistliche Motivation. Denn so nimmt er am Wesen Christi teil.

Bonhoeffer lebt auf, wenn er sich für andere Menschen einsetzen kann. Es ist für ihn ein Ausdruck seiner eigenen Sehnsucht nach Leben, seiner kraftvollen Vitalität und seiner Lebenslust. Und er hat auch eine zutiefst geistliche Motivation. Denn so nimmt er am Wesen Christi teil. Er wirkt an der Wirklichkeit Christi mit. Deshalb bedeutet der Glaube an ihn immer auch, ein Mensch für andere zu sein.

Diese natürliche Menschenorientierung und Verantwortung für den anderen fordert mich heraus. Wie lebe ich mit meinen Nächsten? Was ist mit meinem Gebet und meiner gerechten Tat? Nehme ich die Hilfsbedürftigkeit der Menschen in meinem Umfeld, in meiner Stadt wahr? Bewegt mich ihre Not, lässt sie mich unruhig werden? Erlebe ich die Lebensfreude, die aus der Hilfe für andere entspringt?

Es sind die Einzelnen, die Bonhoeffer in ihrer Not wahrgenommen hat. Und es ging ihm nicht um große Taten, sondern eher um die kleine, alltägliche Hilfe. Nicht das große Projekt. Nicht das große Rad. Manchmal waren es nur kleine Briefe, die er geschrieben hat, um anderen weiterzuhelfen. Manchmal ein Gebet. Und manchmal die konkrete Tat, damit die Jungen einen Konfirmationsanzug bekamen.

Den Schritt wagen

Ich denke an verschiedene Situationen, in denen ich mit Menschen im Gespräch bin. Es fällt mir leicht, einen Schritt in das Leben der anderen zu wagen. Den Gartenzaun der Oberflächlichkeit zu überwinden und mich umzuschauen. Aber was mache ich dann? Lasse ich mich dort häuslich nieder oder sehe ich zu, dass ich recht bald wieder »vom Acker« komme? Bin ich bereit, mich auf das Leben des anderen einzulassen? Kann ich ihnen Wertschätzung entgegenbringen? Verspreche ich, mich um die Fragen und Probleme des anderen zu kümmern? Spreche ich die Einladung aus, die mich Zeit kostet und möglicherweise Erwartungen weckt, die ich nicht erfüllen kann?

Ich sehe den alten Mann vor mir, der mir immer wieder die gleichen Geschichten erzählt. Lange Geschichten. Er freut sich, dass jemand zuhört, und will sein Glück so lange wie möglich genießen. Lasse ich mich auf ihn ein oder lasse ich seine Geschichten über mich ergehen? Höre ich seine Enttäuschungen und Erwartungen? Ich weiß, dass es mit ihm nicht einfach ist. Zu Hause, nach dem Gespräch, kommt mir plötzlich ein Gedanke, was ihm vielleicht helfen könnte. Ein kurzer Anruf. Ein kleiner Anstoß, der vielleicht eine gute Wirkung hat. Traue ich mich? Ich gehe den Schritt. Werde aktiv. Riskiere etwas. Schließlich merke ich, welche Freude mir die kleine Tat bringt.

Ich sehe die alleinerziehende Mutter vor mir. Eigentlich wollte ich nur nachfragen, wie es ihr geht. Plötzlich bin ich mittendrin. Es sprudelt nur so aus ihr heraus. »Das wolltest du sicherlich gar nicht alles hören?«, fragt sie nach einer gewissen Zeit. Ich bin überrascht von ihrer Offenheit. Aber – doch. Ich wollte es hören und freue mich über das Vertrauen, das sie mir entgegenbringt. Doch wie geht es weiter? Wird aus Small Talk ein echtes Gespräch? Meine Frau und ich laden sie ein. Hören zu. Sie kann uns ihre Lasten und Freuden mitteilen. Manche ihrer Erfahrungen haben unerwartete Parallelen in unserem Leben. Es wird ein echter Austausch, der uns gegenseitig bereichert.

Das ernsthafte Interesse an anderen wird zu einer Quelle echter Lebensfreude, die einen geistlichen Ursprung hat. Auch Christus hatte Interesse und Liebe für die Menschen. Immer wieder begeistert mich die Art und Weise, wie er auf den Einzelnen zugegangen ist. Er hat unter den Menschen und für die Menschen gelebt.

Wenn wir uns den Menschen nähern, nähern wir uns auch Christus. Und wenn wir uns Christus nähern, nähern wir uns auch den Menschen. Es geht nicht ohne. Wir können uns nicht Christus nähern, ohne uns auch den Menschen zu nähern. Jeder von uns hat Menschen um sich herum, die ihre eigene Geschichte mit sich tragen und die sich über unser Interesse und unsere Wertschätzung freuen. Jeder von uns kann wie der Gärtner im Gleichnis vom Feigenbaum (Lukas 13,6-9) das Potenzial im anderen sehen und sich gegen das vernichtende Urteil über den anderen aussprechen. Jeder von uns kann als Mensch unter Menschen leben. Jeder von uns kann beten und das Gerechte unter den Menschen tun.

Stationen auf meinem Weg der Nachfolge

Es geht um den Einzelnen – nicht um alle auf einmal.
Es geht um Zuhören und Beten – nicht um vollmundige Reden.
Es geht um die kleine Tat – nicht um das große Projekt.
Es geht um Lebensfreude – nicht um ein Pflichtprogramm.
Es geht um ein Leben als Antwort auf das Leben Jesu Christi.
Es geht um Verantwortung.

Teil 6

Mitten im Leben glauben

Im Hof des Wehrmachtsuntersuchungsgefängnisses Berlin-Tegel
zusammen mit gefangenen italinischen Offizieren, Frühsommer 1944

Dass er sich für Menschen interessiert und Verantwortung für andere übernimmt, hat Auswirkungen auf das geistliche Leben Bonhoeffers. Während es sich in der Abgeschiedenheit der Insel und der ländlichen Idylle von Zingst ganz natürlich ergab, dass er sich auf das Wort Gottes ausrichtete, macht sich die Komplexität der Stadt und des Lebens auch darin bemerkbar, dass es schwerer wird, sich auf Gottes Wort zu konzentrieren. Schon während seiner Reisetätigkeit beschäftigt er sich weniger regelmäßig mit der Bibel. Er spürt, dass er auch ohne die Regelmäßigkeit, die er von seinen Seminaristen mit Nachdruck eingefordert hat, auskommt. Trotzdem erlebt er die Freude und Frische, die von Gottes Wort ausgehen, wenn er ihm dann einmal Raum und Zeit gibt. Die Versuche, durch eine gesetzliche Regelmäßigkeit Schritte auf dem Weg des Glaubens zu gehen, werden Bonhoeffer zunehmend fremd. Es geht ihm immer mehr um einen Glauben, der darauf verzichtet, etwas »Religiöses« zu machen, sondern der die Diesseitigkeit und die Mündigkeit der Menschen im Blick hat.

Kapitel 18

Mündiger Glaube

Ich bin allein im Auto unterwegs. Um mich herum die endlose Weite der nordfriesischen Küstenlandschaft. Die Sonne taucht die Wiesen in ein saftiges Grün und lässt das Blau des Himmels leuchten. Entspannt fahre ich meinem Gesprächstermin entgegen. Ich genieße die Fahrt, denn ich habe genug Zeit. Hier in der Weite des Nordens gibt es keine Staus. Hier gibt es Windräder, Kühe und ab und zu kleine Dörfer. Sonst nur Weite. Im CD-Player meines Autos läuft Musik der Kölner Rockgruppe BAP. Ich kann unbekümmert mitsingen. Keiner hört mich. Ich bin allein.

Plötzlich horche ich auf. Eine Textpassage bleibt hängen. Ich kenne das Lied schon länger, aber irgendwie höre ich jetzt bewusster zu. Es rauscht nicht so vorbei wie die übrige Musik und die schöne Landschaft. Wie bei einem alten Plattenspieler, bei dem die Nadel hängen bleibt, höre ich immer wieder diese eine Textzeile: »Wer will schon nach Zahlen malen, wenn er weiß, wie es ohne geht? Wer will schon im Tunnel wohnen, wenn er weiß, was man vom Berg aus sieht?« Ich halte das Auto an. Höre den Text in aller Ruhe. Es geht um eine Frau, die anfängt, selbst zu denken, und die die Angst überwindet, etwas zu verlieren. Sie wird mündig.

Mündig werden ... Die Textzeile vermengt sich mit anderen Gedanken, die sich in meinem Kopf festgesetzt haben. Seit einiger Zeit beschäftigen mich Bonhoeffers Überlegungen zur Mündigkeit der Menschen und sein angekündigter Versuch, biblische Begriffe neu zu interpretieren. Mich fasziniert der Gedanke, frischen Wind in das Glaubensgebäude zu lassen. Das muss möglich sein, ohne das Fundament zu beschädigen und ohne den Boden unter den Füßen zu verlieren – wie Bonhoeffer schreiben würde. Einfach eine Tür öffnen und alles einmal durchpusten lassen. Einen frischen Geist hereinholen. Den Staub und den Mief rausblasen. Das Gute wird Bestand haben.

Glaube ohne Denkverbote. Glaube ohne Angst und ohne Abgrenzung. Glaube mit Freude und Weite. Grenzenloser Glaube. Mündiger

> Mich fasziniert der Gedanke, frischen Wind in das Glaubensgebäude zu lassen. Das muss möglich sein, ohne das Fundament zu beschädigen und ohne den Boden unter den Füßen zu verlieren.

Glaube. Wer will schon mit Grenzen glauben, wenn er weiß, wie es ohne geht?

Die Weite der Landschaft um mich herum beflügelt meine Gedanken. Ein Glaube, der sich abgrenzt, ist immer von der Angst geprägt, etwas zu verlieren. Und Angst ist eine schlechte Glaubensgrundlage. Wer will schon im Dunkeln wohnen, wenn er weiß, was man vom Licht aus sieht? Wie zur Bestätigung meiner Gedanken endet das Lied mit einem choralartigen Kirchengesang.

Ich beginne zu verstehen, was Bonhoeffer mit »mündig« meint. Es sind Menschen, die nicht mehr bereit sind, »nach Zahlen zu malen«, und dabei hoffen, dass es ein gutes Bild wird. Allerdings haben sie ja das Bild auf der Schachtel vor Augen. Deshalb wagen sie überhaupt, mit dem Malen zu beginnen.

Bonhoeffers Gedanken zum mündigen Menschen sind eng mit seiner persönlichen Entwicklung verbunden. Sein Leben hat sich gewandelt. Die Zeiten, in denen er mit seinen Seminaristen um das »wahre christliche Leben in der Nachfolge« gerungen hat, sind endgültig vorbei. Bonhoeffer stellt sich als Christ der Verantwortung, die er in dieser Welt für die Welt hat. Sein Freund Bethge wird diese Entwicklung später als die Wandlung vom Christen zum Zeitgenossen beschreiben: »Zeitgenosse an seinem Ort zu werden – das allein hieß nun Christ bleiben.«[112]

Die Veränderung seines Tagesablaufs durch die Reisetätigkeit und auch später im Gefängnis hat Auswirkungen auf seinen persönlichen Umgang mit dem Wort Gottes. Im Juni 1942 schreibt er an seinen Freund Bethge, dass er oft tagelang nicht in der Bibel liest:

Wenn ich dann wieder die Bibel aufschlage, ist sie mir neu und beglückend wie nie, und ich möchte nur einmal predigen. Ich weiß, dass ich nur meine eigenen Bücher aufzuschlagen brauche, um zu hören, was sich gegen dies alles sagen lässt. Ich will mich auch nicht rechtfertigen, sondern ich erkenne, dass ich »geistlich« viel reichere Zeiten gehabt habe. Aber ich spüre, wie in mir der Widerstand gegen alles »Religiöse« wächst. Oft bis zu einem instinktiven Abscheu – was sicher auch nicht gut ist. Ich bin keine religiöse Natur. Aber an Gott, an Christus muss ich immerfort denken, an Echtheit, an Leben, an Freiheit und Barmherzigkeit liegt mir sehr viel. Nur sind mir die religiösen Einkleidungen so unbehaglich. Verstehst Du? Das sind gar keine neuen Gedanken und Einsichten, aber da ich glaube, dass mir hier jetzt ein Knoten platzen soll, lasse ich den Dingen ihren Lauf und setze mich nicht zur Wehr.[113]

Bonhoeffer beschreibt hier einen persönlichen Prozess. Er entledigt sich der »religiösen Einkleidungen«. Er will sich nicht mehr selbst unter Druck setzen und sich nichts mehr vormachen. Er will befreit und mündig glauben. Er will offen sein für echte, unverfälschte Erfahrungen. Der Knoten, den Bonhoeffer in diesem Brief andeutet, löst sich während seiner Gefängniszeit immer mehr.

Keine Bibelstunde im Gefängnis

Die Zeit vergeht nur langsam im Wehrmachtsuntersuchungsgefängnis Tegel. Die Zelle 92 ist ihm fast so vertraut wie sein kleines Dachgeschosszimmer im Haus der Eltern. Der Raum ist zweimal drei Meter groß. Nicht mehr. Aber auch nicht weniger. Er ist mit einer Pritsche, einem Wandbrett, einem Schemel und einem Kübel eingerichtet. Kann man dabei überhaupt von Einrichtung sprechen? Bonhoeffer ist es gewohnt, mit wenigem auszukommen. Während der Zeit in Zingst und Finkenwalde hatte er auch eine eher einfache Einrichtung. Der Unterschied sind die Türen. Sie ließen sich von innen öffnen. Er konnte rausgehen und war in der Natur. Hier muss er warten, bis die Tür von außen geöffnet wird. Und wenn er dann nach draußen geht, bleibt er doch im Gefängnis. Die Freiheit ist ihm verwehrt.

Durch seinen Briefverkehr und die Sprechzeiten mit den Verwandten und Freunden bleibt er jedoch in Kontakt mit der Freiheit und dem Leben außerhalb seiner »zweimal drei Meter«. Die Briefe und die Sprechzeiten werden zu einer Nabelschnur für ihn. Sie versorgen ihn. Sie lassen ihn am Leben teilhaben. Sehnsüchtig nimmt er die Chance wahr, sich offen mit den Verwandten auszutauschen, als er die Möglichkeit bekommt, durch das Wachpersonal Briefe an der Zensur vorbeizuschmuggeln. »Teilhabe am wirklichen Leben« wird für ihn zu einem wichtigen Gut.

Doch diese Teilhabe sieht er in Gefahr, als Marias Mutter und die Großmutter eine Idee unterbreiten, wie die Sprechzeiten zwischen den Verlobten nutzbringender und gehaltvoller gestaltet werden könnten. Sie schlagen vor, dass er eine kurze Bibelauslegung machen und dann seiner jungen Verlobten Fragen stellen könnte. So würde die Sprechzeit der beiden zu einer »Bibelstunde« mit theologischer Grundausbildung. Er könnte seine Rolle als Lehrer ausleben und Maria könnte Stück für Stück die Wissenslücke zwischen ihnen schließen, um langsam theologisch auf Augenhöhe zu kommen.

Ärgerlich dreht Bonhoeffer seine Runden in seiner kleinen Zelle. Wie können die beiden nur auf so einen abwegigen Gedanken kommen? Verstehen sie denn gar nichts? Er will vom Leben hören und keine Vorträge halten. In seinem Ärger merkt er, wie sehr er sich in den letzten Jahren verändert hat. Vor Jahren hätte er vielleicht selbst diesen Vorschlag gemacht. Jetzt ärgert er sich. Er will nicht mehr zwischen theologischen Gesprächen und der Teilhabe am Leben unterscheiden. Beides gehört zusammen. *Theologie kann nur lebendig sein, wenn sie mitten im Leben verwurzelt ist. Dafür muss man das Leben kennen.* Als er sich über den Vorschlag beruhigt hat, schreibt er an seine Verlobte:

»Sieh mal, Maria, das alles geht so nicht und es wäre mir fremd und unnatürlich; wir dürfen aus der kurzen Zeit, die wir haben, nicht irgendetwas ›machen‹ – nein, das geht nicht. Es ist ja gar nicht so, dass ich irgendetwas ganz Besonderes, Großes, Wichtiges in dieser Stunde von Dir haben will, – wir wissen beide, was wir morgens und abends tun! – sondern ich will ganz einfach Dich, wie Du in Wirklichkeit und ohne Anstrengung und Bewusstheit bist, das ist viel ›wichtiger‹ und ›größer‹ als alles ›Wichtige‹ und ›Große‹; denn es ist das wirkliche Leben, wie es aus Gottes Hand quillt ... Als ob ich immerfort tiefsinnige, geistreiche Gespräche führen wollte! Gerade weil ich so genau weiß, dass wir im Fundamentalen schon eins sind, darum brauchen wir nicht immerfort von letzten Fragen zu sprechen, sondern können die Dinge des Lebens so wechselnd, wie sie nun einmal sind, an uns herankommen lassen und im Alltäglichen uns gegenseitig immer wieder finden. Die Stunden kommen noch, in denen wir von selbst auf das Fundamentale geführt werden. Aber nicht nur im Fundamentalen, sondern auch im Alltäglichen ist Gott.«[114]

Gespannt wartet er auf die Antwort seiner Verlobten. Er kann sich nicht vorstellen, dass ihre Lebenslust und Leidenschaft mit theologischem Unterricht während der kurzen Sprechzeiten gestillt werden können. Aus dieser jungen Frau quillt so viel Leben und so viel kreativer Geist. Sie ist sein Lehrmeister in Lebendigkeit. Sie hält ihn mit ihrer Lebenslust am Leben. So sehr er sich über den Vorschlag der Mutter und Großmutter geärgert hat, so sehr freut er sich über Marias Reaktion, als sie bei ihm eintrifft. Auch sie hat mehr Interesse, das Leben zu teilen, als tiefgründige Fragen zu bewegen. Grundsatzfragen, so wichtig sie auch sein mögen, wären in der ganzen Situation ein Fremdkörper. Auch sie sehnt sich nach Leben. Gemeinsamem Leben. Sie schreibt nicht ohne Ironie: »Ist es denn wichtig, dass wir da tiefschürfende Dinge reden ... mir ist es am allerwichtigsten, dass ich nun neben dir sitzen darf ... wir könnten ja auch schweigend nebeneinander sitzen, aber weil es eine Sprecherlaubnis ist, so reden wir eben.«[115]

Bei aller Freude über Marias Reaktion spürt er, dass es sich bei dieser kleinen Auseinandersetzung über die Gestaltung der Sprecherlaubnis um eine grundsätzliche Frage handelt. Sie beschäftigt ihn auch nach der Ablehnung des Vorschlags. An seinen Freund Bethge schreibt er, dass es ihm nicht darum geht, »tiefgründige Fragen zu erörtern, sondern mit einem Stück wirklichen Lebens in Berührung zu kommen«[116]. Weil er weiß, dass bei den grundsätzlichen »letzten Fragen« eine gute gemeinsame Basis besteht, will er sich lieber mit den »vorletzten Fragen« beschäftigen, die das wirkliche Leben betreffen. Das Leben und die Leidenschaft für das Leben werden für ihn immer wichtiger.

Kurz nach der Diskussion darüber, wie die Besuchszeiten gestaltet werden sollen, wendet sich Bonhoeffer in seinen Briefen an Eberhard Bethge wieder theologischen Fragen zu. Die »Entkleidung von dem allzu Religiösen« und die Entdeckung der Mündigkeit bewegen ihn sehr. Dabei kommt seine Leidenschaft für das Leben mit dem grundsätzlich Theologischen zusammen. Eine spannende Mischung!

Bonhoeffer ist jemand, der sich und anderen Fragen stellt. Davon wird sein Denken bestimmt. Eine ganz bestimmte Frage zieht sich dabei wie ein roter Faden durch sein Leben und seine Gedanken. »Was hat Jesus uns sagen wollen? Was will er heute von uns? Wie hilft er uns dazu, heute treue Christen zu sein?« Diese Fragen stellt er 1937 im Vorwort seines Buches *Nachfolge*. Sie bewegen ihn jedoch auch im April 1944 im Briefwechsel mit seinem Freund Bethge: »Was mich unablässig bewegt, ist die Frage, was das Christentum oder auch wer Christus heute für uns eigentlich ist.«[117]

Für Bonhoeffer gibt es keine dauerhafte, allgemeingültige Antwort auf diese Frage. Er stellt sie sich immer wieder neu. »Wer ist Christus heute für mich und was will Christus heute von mir?« Beide Aspekte sind eng miteinander verwoben. Es ist die Frage nach »Christus« und die Frage nach dem »Heute«. Wenn man beides miteinander bedenkt, erstarrt man nicht im Theoretischen, sondern bleibt gedanklich beweglich. Die Frage nach »Christus« muss immer wieder vor dem sich verändernden Hintergrund des »Heute«, vor den sich verändernden Situationen des Lebens gestellt werden.

»Wer ist Christus heute für mich und was will Christus heute von mir?« Mir wird deutlich, wie zentral diese Fragestellung auch für mich ist und wie oft ich sie mir in der letzten Zeit gestellt habe. Sie drückt für mich die Lebendigkeit meines Glaubens aus. Wenn ich vergesse, diese Frage zu stellen, oder mich davor scheue, mich ihr auszusetzen, dann ist mein Glaube in der Gefahr, das Leben aus dem Blick zu verlieren. Ganz bewusst fließen in meiner morgendlichen Einstimmung auf den Tag daher Gottes Wort und mein Alltag im Schreiben des Tagebuches zusammen. Die Frage: »Wer ist Christus heute für mich und was will Christus heute von mir?« steht dabei immer im Vordergrund. Es geht mir nicht um Wissensvermehrung über biblische Texte, sondern um konkrete Impulse für mein Leben und Hilfestellungen für die Lebenssituationen, die mich beschäftigen.

Im Jetzt glauben

Bonhoeffer beschreibt das »Heute« seiner Zeit mit den Begriffen »Mündigkeit des Menschen« und »Polyfonie – Vielstimmigkeit des Lebens«. Er beobachtet, dass die Menschen nicht mehr in gleicher Weise »als Erstes« nach Gott fragen, wie das noch vor einigen Jahren der Fall war. Das »religiöse Apriori«[118] besteht nicht mehr. Es ist eine religionslose Zeit angebrochen. Man sucht Gott nicht mehr als Problemlöser. Der Gott, der als »Deus ex Machina« auf übernatürliche Weise Menschen hilft, wenn sie nicht weiterwissen, ist arbeitslos geworden. Nicht nur die Zeit ist also religionslos geworden. Auch der Mensch scheint gut ohne Gott zurechtzukommen.

Bonhoeffer beklagt diese Entwicklung nicht. Er beschreibt sie und stellt sich der veränderten Situation. Doch er fragt nach den Konsequenzen. »Wer ist Christus heute für mich und was will Christus heute von mir?« Er flieht nicht in eine Besserung versprechende »Jenseitigkeit«, wo alle Missstände des Heute behoben sind. Er plädiert stattdessen für eine mutige »Diesseitigkeit«, in der sich der Glaube und die Kirche den Veränderungen des Lebens stellen. Keine Abschottung von der Welt. Kein isoliertes heiliges Leben. Sondern mitten in der Welt – mitten im Leben – immer mehr lernen, mit Christus als Mensch und als Christ zu leben.

Nach dem Scheitern des Attentats vom 20. Juli 1944 scheint Bonhoeffer zu ahnen, dass sich seine Lage verschlechtern wird. Er beginnt, seine theologischen Gedanken zu »sortieren«, und schickt Bethge am 3. August 1944 ein Konzept, einen ersten »Entwurf für eine Arbeit«. Sie soll drei Kapitel enthalten: zunächst eine Bestandsaufnahme des Christentums, in der die Mündigkeit und Religionslosigkeit des Menschen sowie die Hilflosigkeit der Kirche beschrieben werden. Das zweite Kapitel soll der Frage »Was ist eigentlich christlicher Glaube?« nachgehen. Und schließlich sollen im dritten Kapitel die Folgerungen aus den ersten beiden Kapiteln für die Kirche und das christliche Bekenntnis geschildert werden.

Bonhoeffer hat diese Schrift, die nicht über 100 Seiten lang werden sollte, nicht mehr vollenden können. Es ist bei einem Entwurf geblieben. Die zugrunde liegenden Gedanken sind in den Briefen an

> Keine Abschottung von der Welt. Kein isoliertes heiliges Leben. Sondern mitten in der Welt – mitten im Leben – immer mehr lernen, mit Christus als Mensch und als Christ zu leben.

seinen Freund Bethge nur fragmentarisch angedeutet. Diese Schrift ist genauso wie das Leben Bonhoeffers ein Fragment, eine unvollendete Arbeit. Aber darin liegt gerade ein Teil des »Besonderen«, das von Bonhoeffers Gedanken und Leben ausgeht. Bereits im Februar 1944 schrieb er an seinen Freund: »Es kommt wohl nur darauf an, ob man dem Fragment unseres Lebens noch ansieht, wie das Ganze eigentlich angelegt und gedacht war und aus welchem Material es besteht.«[119]

Das Fragmentarische gehört zu den Gedanken und dem Leben Bonhoeffers. In erster Linie ist er ein Fragesteller. Er hat die Menschen und die Zeit sehr genau beobachtet und er hatte den Mut, diese Beobachtungen auszusprechen und Fragen zu formulieren. Die Beantwortung hat er offengelassen. Wenn er auf all seine Fragen eine Antwort gegeben hätte, wären sie zwangsläufig an seine Zeit und Situation gebunden gewesen. Sie wären irgendwann überholt gewesen.

So sehr Bonhoeffers Beobachtungen über die Religionslosigkeit der Menschen und der Zeit im Jahr 1944 Gültigkeit hatten, so sehr gelten sie auch noch heute. So sehr Bonhoeffers Fragen damals wichtig waren, so sehr betreffen sie uns auch heute noch.

»Wer ist Christus heute für uns und was will Christus heute von uns?« Auf diese Frage müssen wir eine Antwort finden. Diese Antwort wird immer eine persönliche Antwort sein. Es ist eine Antwort, die eng mit unserem eigenen Weg der Nachfolge zusammenhängt und die jeder selbst formulieren muss. Sie ist nicht bei Bonhoeffer zu finden noch bei einem anderen Menschen, der den Weg zuvor gegangen ist. Man findet sie nur, wenn man die Wirklichkeit Christi in seinem Leben Gestalt werden lässt. Während sich die Stationen des Weges beschreiben lassen, muss die persönlichen Antworten jeder für sich selbst entdecken. Das ist das Komplizierte auf dem Weg der Nachfolge, aber auch das Spannende und das überaus Lebendige. So bedeutet »im Jetzt glauben«, eine persönliche Antwort auf die Frage: »Wer ist Christus heute für mich und was will Christus heute von mir?« zu finden. Mit seinem Hinweis, dass das Wesen des Christseins heute im Beten und im Tun des Gerechten unter den Menschen liegt, hat Bonhoeffer eine erste Spur gelegt, die jeder persönlich aufnehmen kann.

Stationen auf meinem Weg der Nachfolge

Wer ist Christus heute für mich?
Was will Christus heute von mir?
Ich will mir diese Fragen stellen. Immer wieder.
Ich merke, wie schwer es ist, Antworten zu finden.
Ich merke, wie groß die Sehnsucht hinter diesen Fragen ist.
Ich merke, wie wichtig das Fragen für meinen Glauben ist.

Kapitel 19

Anders vom Glauben sprechen

Parallel zur Arbeit an den theologischen Texten sucht Bonhoeffer weiterhin nach anderen Ausdrucksformen. Er setzt seine Versuche aus dem Frühjahr 1944 fort und schreibt seine Gedanken in Gedichtform auf. Hier findet er einen Weg, »anders« über das zu sprechen, was ihn bewegt. Er findet eine Sprache, die nicht erschlägt, sondern den »mündigen Leser« einlädt, über das Gelesene nachzudenken. Das Gedicht »Stationen auf dem Weg zur Freiheit«[120] entsteht kurz nach dem »Entwurf für eine Arbeit« und ist der Versuch, die biblischen Begriffe »Zucht«, »Tat«, »Leiden« und »Tod«, die für Stationen auf seinem Weg der Nachfolge stehen, im Blick auf sein eigenes Leben zu interpretieren.

Zucht

Am Anfang des Weges stehen Sehnsucht und Lernbereitschaft. Wer keine Sehnsucht hat und nichts mehr lernen will, wird sich nie auf den Weg machen. Um die Sehnsucht in die richtigen Bahnen zu lenken, damit sie nicht »bald hierhin, bald dorthin führt«, ist eine gewisse Disziplin oder auch Zucht erforderlich. Bonhoeffer hat seit seiner frühesten Kindheit den Wert von klaren Grenzen, Disziplin und strenger Erziehung erlebt und schätzen gelernt. Diese Erfahrungen prägen auch seine erste Station auf dem Weg zur Freiheit. Zuerst geht es für den Menschen darum: »gehorsam das Ziel zu suchen, das ihm gesetzt ist. Niemand erfährt das Geheimnis der Freiheit, es sei denn durch Zucht.«

Zucht. Der Begriff ist sperrig. Altmodisch und überholt. Heute sprechen wir eher von geistlichen Übungen oder den Disziplinen der Nachfolge und meinen damit die positive Ausrichtung auf ein Ziel. Zucht ist uns somit allerdings nicht unbekannt, auch wenn andere Begriffe genutzt werden. Oft werden Bilder aus dem Sport gebraucht. Wir müssen trainieren, um die Ausdauer für die lange Strecke der Nachfolge zu haben. Wir müssen zielorientiert sein, um anzukommen. Immer den Blick nach vorne richten.

> Wir müssen trainieren, um die Ausdauer für die lange Strecke der Nachfolge zu haben. Wir müssen zielorientiert sein, um anzukommen. Immer den Blick nach vorne richten.

Mit dieser ersten Station bestätigt Bonhoeffer noch einmal, was er in seinen Büchern *Nachfolge* und *Gemeinsames Leben* zum Ausdruck gebracht hat. Der Gehorsam steht am Anfang des Weges. Hier ist es sehr wichtig, sich treu auf Gottes Wort auszurichten.

Egal wie man die Station letztlich nennt – es ist nur die erste Station. Es geht weiter. Man darf hier nicht stehen bleiben, sonst wird es eng und langweilig. Man würde sich die Freiheit rauben, die man eigentlich erreichen will.

Tat

»Nicht das Beliebige, sondern das Rechte tun und wagen ...« Aus der gehorsamen Orientierungsphase wächst unwillkürlich die Tat. Es geht gar nicht anders. Beim Schreiben dieser Zeilen wird nicht nur Stifters *Witiko* einen Besuch in Bonhoeffers Zelle gemacht haben, sondern es werden ihm auch viele der Gedanken, die er in seiner *Ethik* beschrieben hat, durch den Kopf gegangen sein.

Das »Rechte« mit ganzem Herzen tun – darum ist es Bonhoeffer immer gegangen. Bei seinem sozialen Einsatz für Jugendliche in Berlin, bei seinen Bemühungen im Kirchenkampf, bei der Ausbildung junger Theologen und schließlich auch bei seinen konspirativen Reisen für den Widerstand. Gerade einem Mann wie Bonhoeffer ist diese Station der Tat besonders nah. Getragen von der Gewissheit, von Gott zu dieser oder jener Sache gerufen zu sein, lebt er seine Nachfolge in der Tat aus. Er steht »seinen Mann« mitten im Geschehen. Und das ist auch gut so.

Doch irgendwann kommt auch die Tat an ihr Ende. Die Kraft lässt nach. Die Macht der Gewohnheit macht Fehler. Vor allem in der Mitte des Lebens machen viele diese Erfahrung. Wenn sich die Nachfolge dann nur durch Disziplin und Tat definiert, kann der Weg ein abruptes Ende finden. Die Tat ist nicht alles. Es wird eine Zeit geben, in der wir nichts mehr tun können und an unserer Ohnmacht leiden. Wer dann an der Tat festhält, sie verteidigt, um sich schlägt, wird umso mehr leiden.

Leiden

Nach der Freude über die rechte Tat klingt bei der nächsten Station vieles von dem an, was Bonhoeffer in seinen letzten Monaten bewegte.

»Wunderbare Verwandlung. Die starken tätigen Hände sind dir gebunden. Ohnmächtig einsam siehst du das Ende deiner Tat.«

Offen und realistisch beschreibt er seine Empfindungen und Erkenntnisse während seiner Inhaftierung, vor allem nach dem Scheitern des Attentats vom 20. Juli 1944. Die »Freiheit«, die durch die rechte Tat entsteht, ist noch nicht die letzte Station. Sie ist nur eine Zwischenstation, ist nicht Ziel des Weges. Die Tat wandelt sich in Leid. Unverständlich. Ungerecht. Ungewollt. Aber es ist so. Im Leid lernt der Mensch, der sich auf diesen Weg zur Freiheit begeben hat, dass er nicht alles im Griff hat und dass es letztlich darauf ankommt, auf Gott zu vertrauen. Das Leid als Teil des Weges anzunehmen und daraus zu lernen. Die ursprünglich starken Hände sind schwach geworden. Dünnhäutig. Doch da ist eine Stimme, die sagt: »Du darfst auch schwach sein.« Ja, es stimmt. Trotzdem fällt es schwer, die Ohnmacht zu akzeptieren. Schließlich wächst die Einsicht, dass auch diese Erfahrungen zum Weg der Nachfolge gehören. So öffnet sich für Augenblicke schon ein Spalt der Tür, die am Ende des Weges steht. Der Mensch lernt, loszulassen und zu vertrauen.

Tod

Und schließlich beschreibt er nach all den »vorletzten Stationen« auch die »letzte Station« auf dem Weg zur Freiheit: »Sterbend erkennen wir nun im Angesicht Gottes dich selbst.«

Bonhoeffer geht es jedoch nicht um die Angst vor der »letzten Station«, sondern er legt seinen Blick auf die Erkenntnis, die damit verbunden ist. Diese löst Aufregung und Freude aus. Es ist zu ahnen, was er damit meint, wenn er am Ende seines eigenen Lebens sagt: »Das ist das Ende – für mich der Beginn des Lebens.«[121] Aus diesen Worten spricht keine fragwürdige Todessehnsucht, sondern die »Erkenntnis« eines Mannes, der seinen Weg ganz bewusst geht. Nach dem Scheitern des Attentats weiß er, dass eine andere Freiheit auf ihn wartet. Er nimmt diesen »schweren Kelch« als konsequente Fortsetzung seines Weges an.

Gerade in diesen letzten Versen verbindet sich für Bonhoeffer seine theologische Erkenntnis mit seiner eigenen Lebenssituation. Sein Glaube ist mitten in seinem Leben angekommen. Er hat ein Ja zu seinem Weg gefunden. Er ist ihm nicht ausgewichen, obwohl er dazu die Gelegenheit hatte, nein, er wollte ihn bis zum Ende gehen, weil er wusste, dass das Ende nicht das Letzte ist.

»Eine mühselig gefundene, so kühne wie schwierige theologische Erkenntnis ist umgesetzt in das Wort einer Einfalt, die jeden berühren muss. Ein ganzes Leben ist eingebracht, auf seine Summe gebracht, das seine Vollendung vor Augen hat. Einer, der im ›Sturm des Geschehens‹ stand, hat das Zentrum des Orkans gefunden, wo Stille herrscht«, schreibt Johann Christoph Hampe in einer Interpretation dieses Gedichtes über die Stationen auf dem Weg zur Freiheit.[122]

Wie bereits erwähnt hat Bonhoeffer den Entwurf seiner Arbeit nicht vollendet. Er hat nicht ausformuliert, was er unter der »nicht religiösen Interpretation biblischer Begriffe« versteht. Aber er hat mit diesen letzten Gedichten einen eigenen Versuch hinterlassen, wie seine theologischen Erkenntnisse, die untrennbar mit seinem eigenen Leben verbunden sind, in neue, ganz einfache Worte zu fassen sind, die auch den »mündigen Menschen« der heutigen Zeit noch erreichen können.

Und er geht bei seinen Bemühungen, eine andere Ausdrucksform zu finden, noch einen Schritt weiter. Er interpretiert nicht nur biblische Begriffe in Gedichtform, sondern legt auch biblische Texte in Gedichtform aus. Er stellt seine Lebenssituation mitten in den biblischen Text hinein. »Der Tod des Mose« und »Jona« entstehen. Es sind die letzten Gedichte, die er im Wehrmachtsuntersuchungsgefängnis schreibt. Im September 1944 werden belastende Akten, die Bonhoeffers Schwager Hans von Dohnanyi angelegt und versteckt hat, in einer Außenstelle der Wehrmacht in Zossen bei Berlin gefunden. Bonhoeffers Beteiligung an den Umsturzbemühungen wird offensichtlich und sein Ende zeichnet sich ab. Er stellt sich mit Mose, der auch auf seinen Tod wartet, auf einen Berg und sieht in das weite Land seines eigenen Lebensweges und auf den Weg seines Volkes. Und er begibt sich mit Jona auf ein Schiff und beschäftigt sich mit der Rolle des Sturms, der über dem Land tobt und das Leben der Menschen bedroht.

Kurz nach dem Verfassen dieser Gedichte wird Bonhoeffer in das Kellergefängnis des Reichssicherheitshauptamtes in der Prinz-Albert-Straße in Berlin verlegt. Ein Ort, der zu Recht als »Hölle auf Erden« bezeichnet und von Hans Fallada in seinem Buch *Jeder stirbt für sich allein* eindrucksvoll beschrieben wird. Der regelmäßige Kontakt zu den Angehörigen bricht ab. Nur wenige Briefe und das Gedicht »Von guten Mächten« finden noch den Weg aus dieser Hölle hinaus. In diesem letzten Gedicht Bonhoeffers wählt er einen Ton und Worte, die mitten in das Leben von

Menschen hineinsprechen – egal, in welcher Situation sie sich gerade befinden mögen, auch heute noch. Es gelingt ihm, die Summe seiner Erkenntnisse, die er persönlich während der Stationen seines Lebens durchlebt hat, so zu formulieren, dass Herzen bewegt werden.

Beim Nachdenken über Bonhoeffers Lebensweg entdecke ich Spuren und Parallelen, die mich auf meine eigenen Wurzeln verweisen. Mein Vater, der nur zwei Jahre nach Bonhoeffer geboren wurde, hat ähnliche Stationen auf seinem Weg durchleben müssen. Er ist als Orthopädieschuhmachermeister gehorsam den Weg der Nachfolge gegangen und hat versucht, das »Rechte zu tun und zu wagen«. In späten Jahren hat er – wie Bonhoeffer – sein unerwartetes Glück froh ergriffen und eine deutlich jüngere Frau geheiratet. Nach nur wenigen Ehejahren ist er unheilbar an Leukämie erkrankt. Eine Zeit des Leidens begann. Ohnmächtig musste er erleben, wie das Glück vor seinen Augen zerrann. Meine Mutter hat mir immer wieder berichtet, dass er die »schlechten Zeiten« genauso aus Gottes Hand nehmen wollte wie die guten. Er hat darum gerungen. Gekämpft. Genau an dieser Stelle entscheidet sich die Tragfähigkeit unseres Glaubens. Mein Vater hat seine Leidenszeit bewusst durchschritten, obwohl er noch viel hätte »tun« wollen. Gerade mit mir, seinem einzigen Kind. Sein Glaube hat ihn durchgetragen und wird mir immer mehr zum Vorbild. Er hat die letzte Station durchschritten und das Ziel seines Weges erreicht. Meine Mutter hat mir versichert, dass er im Sterben die Augen geöffnet und eine neue Freiheit erkannt hat. Dabei strahlte schon etwas von Gottes Angesicht auf ihn ab.

Nur wenige Wochen vor seinem Tod bekam mein Vater zu seinem 60. Geburtstag von einem Freund Bonhoeffers Text »Von guten Mächten« geschickt. Ich weiß nicht, wie diese Worte über die guten Mächte und den schweren, bitteren Kelch in das Leben meines todkranken Vaters hineingesprochen haben, der nur acht Jahre verheiratet sein und nur sechs Jahre das »Vaterglück« erleben durfte. Aber ich weiß, wie mich Bonhoeffers Worte über seinen Weg bewegen und auf meinem Weg begleiten.

Mit seinen Gedichten ist es Bonhoeffer gelungen, eine Sprache zu finden, die ganz anders vom Glauben spricht. Er nimmt den Leser oder Zuhörer an die Hand, um ihm Begriffe in einer Sprache näherzubringen, die auch wirklich verstanden wird und zum Nachdenken anregt. Was ist mit meiner Disziplin in der Nachfolge? Wie wichtig ist mir die Tat? Wie gehe ich mit dem Leiden um? Welches Bild habe ich vom Tod?

Darüber hinaus sind die Begriffe, die Bonhoeffer beschreibt, untrennbar mit seinem eigenen Leben verbunden. Er spricht nicht über eine allgemeine christliche Thematik, sondern über sein Leben und die geistlichen Erfahrungen, die er macht. Wir können seine Gedanken über die Stationen auf dem Weg und die guten Mächte nicht von Bonhoeffers Leben trennen. Das macht die Texte so authentisch und die Sprache so anders.

> Was ist mit meiner Disziplin in der Nachfolge? Wie wichtig ist mir die Tat? Wie gehe ich mit dem Leiden um? Welches Bild habe ich vom Tod?

Damit gibt Bonhoeffer uns ein konkretes Beispiel dafür, wie sich unser Sprechen über unseren Glauben verändern kann, wenn das, was wir sagen, durch und durch von dem durchdrungen ist, was wir erleben. Wenn unsere Sprache und unser Glaube mitten im Leben verwurzelt sind. Bonhoeffer hat gezeigt, dass unsere Worte nicht oberflächlich werden, wenn sie unser Leben einbeziehen. Wenn unser Leben von der Wirklichkeit Christi geprägt ist, gewinnt es – genauso wie unsere Sprache – eine Tiefe, die den Menschen um uns herum nicht verborgen bleiben wird.

Stationen auf meinem Weg der Nachfolge

Zucht. Tat. Leiden. Tod.
Vier Worte, mehr nicht.
Und doch: viel mehr.
Erste Hälfte, zweite Hälfte.
Beide Hälften gehören ganz eng zusammen.
Gehorsam und aktiv. Mündig und befreit.
Eines wächst aus dem anderen.
Christi Weg und mein Weg verbinden sich.

Kapitel 20

Als Ganzer glauben

Je länger mein Weg mit Bonhoeffer wird, desto deutlicher werden die einzelnen Stationen. In der Abgeschiedenheit der Insel habe ich die Grundlagen meines Glaubens ganz neu in den Blick bekommen. In der beschaulichen ländlichen Idylle haben mich die Freuden und Leiden des gemeinsamen Lebens bewegt. Und jetzt bin ich – um einige Erfahrungen reicher und demütiger – mitten im Leben angekommen. Ich habe leidvoll erleben müssen, dass ich nicht alles im Griff habe und dass der Boden unter den Füßen ins Wanken geraten kann. Meine Grenzen sind mir mehr als deutlich geworden. Manches Erstarrte ist in Bewegung geraten. Manches, woran ich meinte, festhalten zu müssen, konnte ich loslassen. Manche Enge ist überwunden. Ein frischer Wind ist zu spüren.

An diesem Punkt des Weges kann ich mich sehr gut damit identifizieren, was Bonhoeffer aus dem Gefängnis an Bethge schreibt:

> *Wenn man völlig darauf verzichtet hat, aus sich selbst etwas zu machen ... dann wirft man sich Gott ganz in die Arme, dann nimmt man nicht mehr die eigenen Leiden, sondern das Leiden Gottes in der Welt ernst, dann wacht man mit Christus in Gethsemane, und ich denke, das ist Glaube, das ist [Umkehr, Buße]; und so wird man ein Mensch, ein Christ.* [123]

In seiner schwersten Stunde, als die Hoffnung auf Befreiung nach dem Scheitern des Attentats auf den Nullpunkt gesunken ist, erlebt Bonhoeffer sich Christus besonders nah. Er hat diese Stunde nicht herbeigesehnt, aber er durchlebt sie bewusst. Jetzt kann er durch seinen eigenen Lebensweg den Weg Christi, den Weg der Nachfolge, verstehen und interpretieren. Jetzt kann er eine Antwort darauf geben, wer Christus für ihn heute ist. In dieser Stunde befindet sich Gethsemane mitten in Berlin. Am Ende des Briefes schreibt er: »Ich bin dankbar, dass ich das habe erkennen dürfen, und ich weiß, dass ich es nur auf diesem Wege habe erkennen können, den ich nun einmal gegangen bin. Darum denke ich dankbar und friedlich an Vergangenes und Gegenwärtiges.«

Mitten im Leben glauben

Mitten im Leben anzukommen und zu glauben, bedeutet, die Stationen des eigenen Lebens vor dem Hintergrund und im Licht der biblischen Wahrheiten wahrzunehmen. Dabei geht es nicht um eine Interpretationsleistung, um intellektuelles Verstehen oder Wissen, sondern darum, den Zusammenhang meiner Lebenswirklichkeit mit den biblischen Offenbarungen zu erkennen.

Es sind Durchbrüche auf unserem spirituellen Weg, »bei denen wir in Berührung kommen mit dem, was uns wirklich trägt … und bei denen wir diese Punkte verbinden und die großen Linien entdecken«, schreibt der katholische Franziskanerpater Richard Rohr.[124] Wenn ich die Stationen des Lebens und die in ihnen verborgenen biblischen Offenbarungen erkenne, dann wird mein Lebensweg mit dem geistlichen Weg der Bibel zusammengeführt und ich kann die große Linie Gottes in meinem Leben entdecken. Meine eigene Geschichte ist in Gottes große Geschichte eingewoben. Meine Wirklichkeit wird durch seine Wirklichkeit gestaltet. Sein Ziel ist es, dass ich mit ihm eins bin und dass ich mich in das verwandle, was ich im Ursprung war: ein »Ganzer, der das Gerechte tut«.

- Mitten im Leben glauben heißt, immer wieder einen Blick auf die Durchbrüche und Offenbarungen Gottes in meinem Leben zu bekommen.
- Mitten im Leben glauben heißt, nicht bei den ersten Stationen – auf der Hälfte des Weges – stehen zu bleiben, sondern auch die zweite Hälfte des Weges im Glauben zu gehen.
- Mitten im Leben glauben heißt, als »Ganzer« zu glauben.

In diesem Bestreben, das Ganze zu tun und ein Ganzer zu sein, wird Stifters Romanfigur Witiko immer wieder zu einem faszinierenden Vorbild für Bonhoeffer. Nachdem seine Eltern ja vergeblich versucht hatten, ihm dieses Buch zu besorgen, muss es für ihn ein besonderes Zeichen gewesen sein, als er es schließlich in der Gefängnisbibliothek fand. An diesem Ort voller Not und Ungerechtigkeit stößt er auf ein Buch, das einen ganzen und gerechten Menschen beschreibt.

Das Ganzsein hat für Bonhoeffer vor allem eine geistliche Dimension. Es ist nur aus dem Einssein mit Gott heraus zu verstehen. Nur so werden wir ganz Mensch und Mitmensch, weil Gott in Christus und damit auch in uns ganz Mensch und ganz Mitmensch wurde. Richard Rohr weist in diesem Zusammenhang auf die Gefahr einer verkürzten Sicht des Ganzseins hin. Dabei bezieht er sich auf einen Vers aus der Bergpredigt (Matthäus 5,48): »Darum sollt ihr vollkommen sein, wie euer Vater im Himmel vollkommen ist«, der auch für Bonhoeffer von zentraler Bedeutung war.

> *Unser Ziel ist nicht das persönliche oder private Ganzsein, das eindeutig unmöglich ist und das die westliche Zivilisation dennoch nun schon seit etlichen Jahrhunderten den Individualisten als erreichbares Ziel anbietet. Das macht den Kern unseres Problems aus und hat meiner Überzeugung nach die massive Abkehr vom Christentum gefördert. Worauf der vorangestellte Text aus dem Matthäusevangelium verweist, wohin er führt und beruft, ist das Geheimnis des Einsseins mit Gott – nichts weniger.[125]*

So wird das Ganzsein, das sich als Einsseins mit Gott versteht, zum eigentlichen und wahren Ziel unseres geistlichen Weges der Nachfolge. In seiner *Ethik* formuliert Bonhoeffer es so: »Als ganze Menschen, als denkende und handelnde Menschen, sind wir in Christus von Gott geliebt, mit Gott versöhnt. Als ganze Menschen, denkend und handelnd, lieben wir Gott und die Brüder.«[126]

Am Anfang meines ganz persönlichen Weges steht ein Bild. Das Bild eines Jungen, der auf einer Bank sitzt und jemanden kennenlernt, dem er nachfolgen will. Im Laufe meines Weges habe ich vieles über mich, das Miteinander mit anderen und die Nachfolge gelernt. Und es hat sich etwas verändert. Meine Nachfolge, mit ihren Höhen und Tiefen, mit Stärken und Schwächen, mit Taten und Leiden, mit Widerstand und Ergebung, hat sich immer mehr mit dem verbunden, dem ich nachfolge. Ich durchlebe die Stationen, die er vor mir gegangen ist. Aus dem Jungen ist ein Mann geworden.

Der Mann auf der Bank

Der Mann auf der Bank ist älter und reifer. Aber: Er ist immer noch unterwegs. Er hat noch Leidenschaft und Sehnsucht. In ihm lebt noch vieles von dem, was ihm in jungen Jahren wichtig war.

Immer wieder erinnert er sich an das Bild seiner Jugend: diese Geschichte von dem Jungen auf der Bank. Er sieht sich mit all seiner Traurigkeit von damals auf der Bank sitzen. Und er hat den bemitleidenswerten Mann noch vor Augen, der an ihm vorüberzog. Er hat das »Komm her zu mir« im Ohr und freut sich darüber, dass er dem Mann damals nachgefolgt ist. Er hat erlebt, wie er so erfrischt wurde, wie der Mann es ihm versprochen hat. Und er erlebt es immer noch.

Ab und zu sucht er jetzt in seinen reiferen Jahren eine Bank auf, um zur Ruhe zu kommen. Um mit seinem Weggenossen zu sprechen. Um mit ihm eins zu sein. In letzter Zeit drängt sich in seinen Bankmomenten jedoch immer wieder ein bestimmtes Bild auf: das Bild des Gelähmten, der getragen werden muss. Es hängt mit den schmerzhaften Erfahrungen der letzten Jahre zusammen. Er merkt, dass er nicht alles selbst regeln kann und dass er nicht alles im Griff hat. Er spürt seine Ohnmacht und sein eigenes Versagen. Die Unbekümmertheit und der Hochmut aus den scheinbar erfolgreichen Jahren sind verflogen. Er ist gelähmt. Aber irgendwie auch getragen.

So kommen seine Gedanken immer wieder zu der Geschichte zurück, in der »ziemlich beste Freunde« einen Gelähmten zu Jesus bringen (Markus 2,1-12). Er sieht sich in diesem gelähmten Mann. Seine Unbefangenheit, seine Beweglichkeit und seine Tatkraft sind verschwunden. Er kann nicht mehr so wie früher. Er ist nicht mehr so wie früher. Eigene Fehler und Entwicklungen, die er nicht verstehen kann und will, haben ihn gelähmt. Und er spürt, wie diese Veränderungen ihn bitter machen. Er hadert mit sich und seinem Weg.

Trotz allem ist da dieses Gefühl, dass er getragen wird. Er hat Freunde, die ihn während dieser schweren Wegstrecke begleiten. Sie zeigen ihm ihre Wertschätzung. Mehr noch – sie tragen ihn. Sie ertragen ihn. In seinen ruhigen Bankmomenten wird ihm gleichzeitig deutlich, dass sein Getragensein noch tiefer geht. Die Erfahrungen und Einsichten der letzten Zeit tragen ihn ebenfalls. Sie sind wie Freunde, mit denen er unterwegs ist. Über deren Gegenwart er sich freut. Sie bringen ihn voran. Wenn er sich diesem Bild öffnet, kann er wirklich sehen, wie die

Freunde ein Tuch an den vier Ecken festhalten und ihn tragen. Zwei vorne und zwei hinten.

Einer der Freunde, die vorne gehen, sieht etwas verwegen aus. Er fällt auf. Braun gebrannt. Offenes Hemd. Längere Haare. Der ewig jugendliche Liebhaber. Dieser Freund heißt **Sehnsucht**. Er ist immer etwas unruhig. Freudig erregt. Kribbelig. Hungrig. Er sehnt sich nach neuen Erfahrungen und Abenteuern. Er sehnt sich nach mehr. »Das kann doch nicht alles sein. Da muss es doch noch mehr geben«, ist sein Lieblingsspruch. Er weiß, dass er das, wonach er sucht, nicht bei sich selbst findet. Deshalb hat er seine Augen immer weit geöffnet. Er ist meistens einen Schritt voraus. Es ist nicht leicht, mit ihm gemeinsam unterwegs zu sein. Die anderen drei müssen Schritt halten, damit das Tuch nicht in Schieflage gerät. Manchmal pfeifen sie Sehnsucht auch zurück. »Hey, nicht so stürmisch.« Aber Sehnsucht ist sehr wichtig. Ohne Sehnsucht läuft gar nichts. Ohne Sehnsucht würde der Gelähmte – so komisch es auch klingen mag – keinen Schritt vorankommen.

Der Freund, der das Tuch auf der anderen Seite trägt, wirkt eher nach innen gekehrt, fast schon in sich versunken. Seine Kleidung ist schlicht und unauffällig. Sie will eher etwas verbergen als etwas deutlich machen. Er geht bedächtig. Er liegt oft einen Schritt zurück. Aber er bleibt dran. Dieser Freund heißt **Geheimnis**. Er kann gut damit leben, nicht auf jede Frage eine Antwort zu finden. Er will nicht alles verstehen, sondern er will sich an allem freuen. Das größte Geheimnis, das er in sich trägt, ist das Einssein. Mit sich, mit anderen und mit Gott. Einssein – darauf kommt es ihm an. Diesem Geheimnis spürt er nach.

Immer wieder hilft er dem Mann, wenn ihn die Fragen quälen. »Psst. Geheimnis«, haucht er dem Mann ins Ohr und gibt ihm damit zu verstehen, dass er durch nichts in der Welt sein inneres Einssein gefährden soll. Manches muss man einfach stehen lassen und ertragen. Seine Art ist ein Gegengewicht zu dem forschen Auftreten von Sehnsucht. Kaum zu glauben, aber die beiden verstehen sich sehr gut.

Einer der Freunde, die hinten tragen, geht trotz des Gewichts des Getragenen sehr aufrecht. Die Last scheint ihm nichts auszumachen. Er wirkt selbstbewusst und stark. Aber nicht hochmütig und arrogant. Er kennt seine Stärken und auch seine Schwächen. Und er bildet sich auf beides nichts ein. Er weiß, dass ihm seine Kraft geschenkt wurde. Und er weiß, dass seine Schwächen die Grundlage seiner Stärken sind. Dieser Freund heißt **Demut**. Seine Kleidung ist an einigen Stellen schmutzig und löchrig. Und wenn man genau hinsieht, erkennt man sogar einige Wunden. Er ist oft den unteren Weg gegangen. Durch die Täler des Lebens und nicht auf dem Höhenwanderweg. Häufig ist er hingefallen. Aber er ist immer wieder aufgestanden. Er hat gelernt, dass er trotzdem gebraucht wird. Er ahnt, dass er vielleicht gerade durch sein Hinfallen und seine Wunden die Stärke bekommen hat, um den Gelähmten zu tragen. Er redet nicht viel. Aber wenn er von sich erzählt, spricht er oft über Gnade. Ja, Gnade. Darauf kommt es ihm an.

Schließlich ist da noch der vierte Freund. Ihn kann man weder anhand seiner Kleidung noch anhand seines Gangs beschreiben. Doch sein Gesicht hat eine Ausstrahlung, der man sich nicht entziehen kann. Es ist mehr als Lächeln und Freundlichkeit. Es ist mehr als Offenheit und Verständnis. Er ist irgendwie ganz präsent. Wenn er den Gelähmten ansieht, den sie gemeinsam tragen, dann spürt man eine große Herzlichkeit und Zuneigung. Dieser Freund heißt **Liebe**. Seine Ausstrahlung ist nicht aufgesetzt, keine Maske. Sie hat ihre Wurzeln ganz tief in der Persönlichkeit des Freundes und kommt von innen. Er hat Freude an dem, was er tut. Er tut es jetzt und hier und aus ganzer Überzeugung. Er redet wenig über Gestern und Morgen. Bei ihm steht die Gegenwart im Vordergrund. Und noch etwas ist zu erkennen. Er liebt das, was er tut. Die Liebe ist seine Grundmelodie. Die Liebe strahlt aus. Und das hat Auswirkungen auf den Freund, der getragen wird, und die anderen, die mit ihm tragen.

So wie dieser vierte Freund in der Beziehung zu den anderen auflebt, so sind auch die anderen miteinander verbunden. Keiner kann ohne den anderen. Sehnsucht und Liebe könnten es allein nicht schaffen. Sie brauchen Geheimnis und Demut. Selbst wenn nur einer fehlen würde, wären sie zu wenig. Sie gehören zusammen. Nur gemeinsam haben sie die Kraft zu tragen.

Diese vier Freunde sieht der Mann ganz deutlich vor sich, als er auf seiner Bank über seine letzten Jahre nachdenkt. Sie tragen ihn. Immer noch. Aber nicht nur während einer schweren Wegstrecke. Dieses Tragen hat ein Ziel. Eine konkrete Person. Die vier Freunde bringen ihn zu jemandem, der ihn aus seiner Lähmung befreien wird. Er sieht es deutlich vor sich. Aber er scheut sich, zu einfache Sätze zu formulieren. »Psst. Geheimnis«, hört er einen seiner Freunde sagen. Ja. Es steckt ein tiefes Geheimnis darin, wie ihn dieser Mann, zu dem er von seinen Freunden gebracht wird, von der Lähmung befreit.

Ihm wird deutlich, dass seine Freunde einen ungewöhnlichen Weg gewählt haben. Es ist ein schwerer und langer Weg. Sehnsucht treibt sie immer wieder an. Sie haben ein gemeinsames Ziel und kennen die Richtung: Sie bringen ihn zu Jesus. Oder besser: Sie lassen ihn zu Jesus hinunter. Zu Jesus kommt er nicht, wenn er nach oben schaut, sondern wenn er sich nach unten orientiert. Zu Jesus wird man hinabgelassen und nicht hinaufgebracht.

Der Gelähmte hat sich immer gegen dieses »nach unten« gewehrt. Seine Blickrichtung ging immer nach oben. Es ist sein Freund Demut, der ihn daran erinnern muss. »Da oben wirst du Jesus nicht finden. Er ist unten bei den anderen Menschen. Nur da kann er dir wirklich helfen. Nur dort wirst du erleben, wie nah er dir gerade in deinen schweren Tagen ist.« Und sein Freund Liebe ergänzt und strahlt dabei auf seine ihm eigene Art: »Bei den anderen Menschen wirst du seine große Liebe zu dir erleben. Da wirst du dich von ihr anstecken und befreien lassen.«

Unten bei den anderen Menschen. Diese Wegbeschreibung wird er nicht mehr vergessen.

Auch die Art und Weise, wie Jesus reagiert, als er sich ihm nähert, wird ihm immer in Erinnerung bleiben. Er sieht auf die vier Freunde. Er sieht die Leidenschaft von Sehnsucht, das tiefe Verständnis von Geheimnis, die gereifte Art von Demut und die Ausstrahlung von Liebe. Er sieht die Freude und den Glauben, der die vier Freunde antreibt. Und er sieht, wie der Gelähmte durch den Weg mit den vier Freunden geprägt und verwandelt wurde.

Jesus sieht sie an. Er nimmt die Freunde und den Gelähmten als besondere Gemeinschaft wahr. Es ist ein durchdringender, erkennender Blick. Der Gelähmte sieht, wie Jesus ihn ansieht. Ein Moment des gegenseitigen Sehens und Erkennens.

Und dann spricht Jesus mitten in diesem wunderbaren Moment voller Klarheit und Erkenntnis die entscheidenden Worte, die die ganze Spannung auflösen und eine unendlich befreiende Wirkung haben. »Mein Sohn, deine Sünden sind dir vergeben.« Genau diese Worte hat sich der Gelähmte ersehnt. Diese Worte braucht er. Diese Worte kann ihm kein anderer zusprechen. Auch seine Freunde nicht. In diesem Moment spürt er, was ihn eigentlich gelähmt hat. Es sind die Vorwürfe, die er sich

Da oben wirst du Jesus nicht finden. Er ist unten bei den anderen Menschen. Nur da kann er dir wirklich helfen. Nur dort wirst du erleben, wie nah er dir gerade in deinen schweren Tagen ist.

selbst gemacht und die er von anderen wahrgenommen hat. Doch die Spirale von Vorwürfen und Versagen ist von den befreienden Worten durchbrochen. Er spürt, wie neue Kraft in ihm aufkeimt. Er hat sich auf dem Weg mit den Freunden verwandelt. Und Jesus hat das erkannt und mit seinen Worten einen endgültigen Schlussstrich gezogen. Er hat ihn endgültig befreit.

Eigentlich braucht es gar keine weiteren Worte von Jesus. Er könnte sofort aufstehen. Aber er braucht etwas Zeit, um alles zu verarbeiten. Jesus kommt ihm zuvor. Er gibt ihm noch einen letzten Anstoß. »Steh auf. Nimm das Tuch, in dem du gelegen hast. Und geh.« Jetzt gibt es kein Halten mehr. Er steht auf. »Nimm das Tuch, in dem du gelegen hast.« Der Mann nimmt das Tuch. Legt es zusammen. Dabei sieht er einen Abdruck, wo er gelegen hat. Doch es ist nicht sein Abdruck. Es ist der Abdruck eines Menschen, der in diesem Tuch gelitten hat. So wie Jesus ihn eben in dem Tuch gesehen und erkannt hat, so erkennt er jetzt den leidenden Jesus in diesem Abdruck. Jesus hat mit ihm zusammen gelitten. Er hat mit ihm in dem Tuch gelegen. Er ist ihm in seinem Leiden unbeschreiblich nah gewesen. »Psst. Geheimnis«, würde sein Freund jetzt sagen. Der Mann nimmt das Tuch mit dem Abdruck. Er hält es ganz nah an seinem Herzen und geht.

Auch der gereifte Mann verlässt seine Bank. Er behält das Bild der Geschichte in seinem Herzen. Aber es ist mehr als nur ein Bild. Er trägt diesen Jesus, der ihn aus seiner Lähmung befreit hat, in seinem Herzen. Gemeinsam mit seinen Freunden macht er sich auf den Weg. »Lass uns endlich los«, sagt Sehnsucht. »Psst. Nicht so laut«, mahnt Geheimnis. Demut und Liebe lächeln sich verständnisvoll an und nehmen den Mann von der Bank in ihre Mitte. »Hauptsache, wir machen uns gemeinsam auf den Weg.«

Befreit

Es ist die persönliche Begegnung mit der Wirklichkeit Christi und das Hören auf seine Worte, die den Mann auf der Bank von dem befreit haben, was ihn belastet. Er ist mit seiner ganzen Geschichte zu Jesus gekommen und hat einen Durchbruch für sich persönlich erlebt, der die Brüche in seinem Leben wieder verbunden hat.

Jeder kommt mit einer anderen Geschichte. Jeder hat andere Brüche, die er mit sich herumträgt. Jeder hat die Sehnsucht, dass diese Brüche wieder geheilt werden und er ein Ganzer wird. Jeder hört andere Worte, die in seine Situation hineinsprechen. Der eine hört: »Mein Sohn, deine Sünden sind dir vergeben« (Markus 2,5) und spürt die Befreiung, die von diesen Worten ausgeht. Andere hören: »Friede sei mit euch« (Johannes 20,26) und erleben die Ruhe, die in ihr unruhiges Leben eintritt. Und manche werden nur ihren Namen hören, so wie Maria (Johannes 20,16), und sich durch und durch erkannt und geliebt wissen.

> Jeder hat die Sehnsucht, dass diese Brüche wieder geheilt werden und er ein Ganzer wird. Jeder hört andere Worte, die in seine Situation hineinsprechen.

Es kommt darauf an, mit allem, was belastet – mit unserer ganzen Wirklichkeit – in die Begegnung mit Jesus zu gehen und dann auf seine Worte zu hören und seine Wirklichkeit in unserem Leben Gestalt werden zu lassen. Er liebt diese Begegnungen und wird uns ganz persönlich ansprechen. Er wird mit seiner Wirklichkeit unser Denken und Sprechen prägen. Und er wird uns als Ganze auf den weiteren Weg schicken.

Stationen auf meinem Weg der Nachfolge

Sehnsucht. Geheimnis. Demut. Liebe.
Vier Worte, mehr nicht.
Und doch: viel mehr.
Vier Freunde, die mich begleiten.
Vier Freunde, die mich ermahnen.
Vier Freunde, die mich tragen.
Vier Freunde, die mich zu ihm bringen.

Am Ende meiner Entdeckungsreise in Bezug auf die Nachfolge steht wie bei Bonhoeffer ein tieferes Verständnis für die Freiheit, in der ich lebe. Auch Bonhoeffer hat seinen Weg – auf dem ich ihn ein Stück begleiten konnte – als einen Weg zur Freiheit verstanden. Leben heißt unterwegs sein. Dieses Grundverständnis ist bei ihm im Laufe der Jahre immer mehr gewachsen. Konkret beschreibt er diese Sicht auf das Leben nach den Erfahrungen seines kurzen Amerikaaufenthaltes in einer Meditation über den Psalm 119, der ihm besonders am Herzen lag: »Wir sollen uns nun einmal als solche verstehen lernen, die auf den Weg gestellt sind und nun nicht mehr anders können, als ihn zu gehen … Mit Gott tritt man nicht auf der Stelle, sondern man beschreitet einen Weg«.[127]

Durch die Beschäftigung mit diesem Psalm gewann Bonhoeffer ein neues Grundvertrauen in die Führungen Gottes auf dem Weg zur Freiheit, wie der Bonhoeffer-Biograf Ferdinand Schlingensiepen es auf dem Kirchentag 2013 in Hamburg in einer Diskussionsrunde über Dietrich Bonhoeffer beschrieb. Auf dem Weg müssen wir

erst einmal ganz verlernen: »ich will« zu sagen, ehe Gott durch den Heiligen Geist uns lehrt, es neu und richtig zu sagen. Das »Ich will« kann gerade in Sachen der Frömmigkeit das größte Unheil anrichten – »Ich will fromm sein, ich will heilig sein, ich will die Gebote halten« – wir müssen erst einmal von Grund auf verstanden haben, dass auch in diesen Dingen nicht unser Wille, sondern allein Gottes Wille gilt, wir müssen auch unserem frommen Ich absagen, damit Gott sein Werk an uns tun kann. Sonst folgt unserem »ich will« ganz gewiss der Bankrott. Wenn wir aber durch Gottes Gnade aufgehört haben, »ich will« zu sagen, wenn wir durch Gottes neuen Anfang mit uns in Jesus Christus auf seinen Weg gebracht worden sind – allem unserem »ich will« und »ich will nicht« zum Trotz –, dann fängt der Heilige Geist selbst an in uns zu sprechen und wir sagen ganz neu und ganz anders als bisher: »ich will«.[128]

Es geht nicht darum, das »ich will« zu verschweigen oder zu unterdrücken. Es geht darum, es neu auszusprechen und zu leben. So wird am Ende meines Unterwegsseins mit Bonhoeffer das neue »ich will« zum Kern dessen, was ich in allen Höhen und Tiefen des Weges gelernt habe. In diesem neuen »ich will« klingt ein sehnsüchtiges, leidenschaftliches und befreites »ich höre« mit an, das gespannt ist, wohin der Weg weiter führt.

Epilog:

Buchenwald und Flossenbürg

Torinschrift
KZ Buchenwald

Mein Weg auf den Spuren von Dietrich Bonhoeffer endet dort, wo sein Weg auf dieser Welt ein Ende fand: in Buchenwald und Flossenbürg.

Ich stehe vor dem Tor des ehemaligen Konzentrationslagers Buchenwald. Ein Ort unvorstellbaren Grauens. »suum cuique. Jedem das Seine.« Dieser Spruch ist als Torinschrift zu lesen. Allerdings nur von innen. Er galt nur den Opfern, nicht den Tätern.

Bonhoeffer wurde am 7. Februar 1945 von Berlin nach Buchenwald verlegt und in einem Kellergefängnis außerhalb des Lagers gefangen gehalten. Ob er wusste, dass dieser Spruch am Eingangstor angebracht war? Ob er wusste, dass der Bekenntnispfarrer Paul Schneider, dessen Ermordung ihn 1939 sehr bewegt hatte, in dem Arrestbau, der zu diesem Torgebäude gehörte, gequält worden war und dennoch seine Predigten auf den davorliegenden Appellplatz gerufen hat?

Man weiß es nicht, doch in jedem Fall war Bonhoeffer »suum cuique« sehr wichtig. Er hat diese Worte als Überschrift eines Kapitels seiner *Ethik* ausgewählt und bezieht sich damit auf das natürliche Recht des Einzelnen, das daher rührt, dass Gott den Menschen als Einzelnen geschaffen hat. Hier in Buchenwald bezieht sich der lateinische Spruch hingegen nicht auf das natürliche Recht des Einzelnen, sondern auf seine – aus Sicht der Unterdrücker – verdiente Strafe. Der gleiche Spruch beschreibt also je nach Sichtweise ein Recht oder eine Strafe.

Bonhoeffer versteht sein »suum cuique« als Plädoyer für die Vielfalt und Polyfonie des Lebens. Diese Vielfalt soll von niemandem eingeschränkt werden. Nichts soll uns in unserem von Gott gegebenen natürlichen Lebensdrang behindern. Er hat uns als Individuen geschaffen. Er hat uns befreit. Dieses natürliche Recht stößt nur da an Grenzen, wo wir das natürliche Recht, das der andere ebenso hat, verletzen. Die Befreiung des Einzelnen ist somit nur in der Bindung an die Befreiung des anderen möglich. Dieser Spagat aus Befreiung und Bindung kann gelingen, wenn wir die Melodiegrundlinie der Liebe Gottes, die sich in Jesus Christus gezeigt hat, zum Klingen bringen. Bei aller Leidenschaft für die Vielfalt der einzelnen Töne wollte Bonhoeffer immer den unvergleichlichen Klang dieser Melodiegrundlinie hörbar machen.

Mir persönlich macht das »suum cuique« noch etwas anderes deutlich. In der letzten Zeit habe ich mich dem Leben Bonhoeffers zu nähern versucht und viele Anstöße von ihm erhalten. Ich war mit Bonhoeffer unterwegs, eine Station nach der anderen. Das war und ist mein Weg. Fast schon ein Pilgerweg. Ein Weg des Hörens auf das, was Gott mir an den Stationen zu sagen hatte. Aber: Mein Weg ist nicht der Weg der anderen. Jeder hat seinen eigenen Weg. »suum cuique. Jedem das Seine.«

> Die Befreiung des Einzelnen ist somit nur in der Bindung an die Befreiung des anderen möglich. Dieser Spagat aus Befreiung und Bindung kann gelingen, wenn wir die Melodiegrundlinie der Liebe Gottes, die sich in Jesus Christus gezeigt hat, zum Klingen bringen.

Aschepyramide
im KZ Buchenwald

In Flossenbürg bewegen mich die letzten Tage vor Bonhoeffers Tod am
9. April 1945. Immer wieder muss ich an die Verse aus Jesaja 53 und
die Notwendigkeit des Leidens denken. Bonhoeffer schrieb am 18. Juli
1944 an seinen Freud Bethge:

> *Nicht der religiöse Akt macht den Christen, sondern das Teilnehmen am*
> *Leiden Gottes im weltlichen Leben. Das ist die [Umkehr, Buße], nicht zuerst*
> *an die eigenen Nöte, Fragen, Sünden, Ängste zu denken, sondern sich in den*
> *Weg Jesu mit hineinreißen lassen, in das messianische Ereignis, dass Jesaja*
> *53 nun erfüllt wird![129]*

Bonhoeffer konnte unmittelbar vor dem Attentat auf Hitler nicht wissen,
wie konkret dieses »in den Weg Jesu mit hineinreißen lassen« und der
Text aus Jesaja 53 wenige Monate später für ihn werden sollten.

Am 3. April, dem Dienstag nach dem Osterwochenende, wird Bonhoeffer mit anderen Gefangenen aus Buchenwald abtransportiert. Eine
Fahrt ins Ungewisse beginnt. Am Sonntag, den 8. April, befinden sich
die Gefangenen in einem Schulgebäude in Schönberg bei Passau. Einer
der Mitgefangenen bittet Bonhoeffer, eine Morgenandacht über den

Losungstext dieses Sonntags zu halten. Es ist ein Teil des fünften Verses aus Jesaja 53: »Durch seine Wunden sind wir geheilt.« Während er über das »in den Weg Jesu mit hineinreißenlassen« aus Jesaja 53 spricht, sind seine Henker schon auf dem Weg. Unmittelbar nach der Andacht wird er nach Flossenbürg gebracht. Dort beginnt noch am gleichen Tag ein Standgericht. In den Morgenstunden des 9. April wird er hingerichtet. Er hat sich »in den Weg Jesu mit hineinreißen lassen«. Er hat alle Stationen auf seinem Weg der Nachfolge durchschritten und die Freiheit erreicht.

Seine sterblichen Überreste werden im sogenannten Tal des Todes verbrannt und seine Asche wird unter der Asche von vielen anderen Menschen verstreut. Heute thront über dieser Aschepyramide eine Kapelle, die aus Steinen der ehemaligen Wachtürme des Lagers errichtet wurde. Der Spruch, der in dieser Kapelle, unter einer Bonhoeffer-Büste, steht, verdeutlicht mir, wie wir uns heute in den Weg Jesu mit hineinreißen lassen können: »im Beten und Tun des Gerechten«.

An meinen Stationen auf dem Weg der Nachfolge habe ich viele gute Anstöße erhalten. Sie sind wie Perlen an einer Kette, die ich jetzt auf meinem weiteren Weg bei mir trage. Auf Fanö habe ich den Ruf in die Nachfolge ganz neu gehört. Ja, ich bin gemeint. In Zingst habe ich die Freude und Zerbrechlichkeit erlebt, wenn man gemeinsam unterwegs ist. In Berlin wurde mir die Vielfalt des Lebens und die Bedeutung einer verbindenden Melodielinie deutlich. In New York habe ich die Einsamkeit und das Gefühl, nicht dazuzugehören, verspürt. In Friedrichsbrunn wurden mir die Prägungen der Kindheit und des Elternhauses neu bewusst. In Buchenwald und Flossenbürg wuchs im Angesicht der Menschenverachtung die Erkenntnis, wie Christsein heute gelebt werden muss: »im Beten und im Tun des Gerechten unter den Menschen«.[130]

Ich war unterwegs mit Bonhoeffer. Ich bin jetzt und werde auch in Zukunft unterwegs sein. Die Reisebegleiter werden sich ändern, aber der Weg der Nachfolge wird auch weiterhin ein kreatives und befreites Unterwegssein bleiben. Es gilt, der Sehnsucht nach Gott, der Sehnsucht nach dem Miteinander mit anderen und der Sehnsucht nach Leben nachzuspüren und sich auf die Entdeckungsreise der Nachfolge einzulassen. Es gilt, das »ich will« in einer neuen Art und Weise auszusprechen und auf dem Weg weiterzugehen. »Es geht voran oder man ist nicht mit Gott. Gott kennt den ganzen Weg, wir wissen nur den nächsten Schritt

> An meinen Stationen auf dem Weg der Nachfolge habe ich viele gute Anstöße erhalten. Sie sind wie Perlen an einer Kette, die ich jetzt auf meinem weiteren Weg bei mir trage.

und das letzte Ziel. Es gibt kein Stehenbleiben, jeden Tag, jede Stunde geht es weiter. Wer seinen Fuß auf diesen Weg gesetzt hat, dessen Leben ist eine Wanderschaft geworden.«[131]

Dieser Weg wird immer wieder Veränderungen mit sich bringen. Er wird auch immer wieder schwere Wegstrecken mit sich bringen. Aber er ist unvergleichlich erfüllend und spannend. Und er führt zu einem guten Ziel.

Wenn Sie weitere Anstöße zum Unterwegssein in Form von kleinen Geschichten und Artikeln bekommen möchten, besuchen Sie www.unter-wegs-sein.de, die Webseite von Martin Schramm. Dort können Sie auch Kontakt mit ihm aufnehmen und finden Informationen zu seinem ersten Buch *Lauffeuer*.

Dank

An meine Familie und meine Freunde, die mich auf meiner Reise mit
Bonhoeffer begleitet haben.

An Ulrich Eggers, der mich auf den Zusammenhang zwischen Fanö
und Dietrich Bonhoeffer aufmerksam gemacht hat.

An die »Inklings«, die Kasseler Autorengruppe, die zugehört, mitgedacht
und ermutigt haben.

An Silke Gabrisch und Hans-Werner Durau von SCM R.Brockhaus für
das entgegengebrachte Vertrauen und die Unterstützung.

An denjenigen, der mir vor Jahren das Buch *Nachfolge* geschenkt hat.

Verwendete Literatur

Primärliteratur

Dietrich Bonhoeffer; Maria von Wedemeyer, Ruth-Alice von Bismarck
    und Ulrich Kabitz (Hrsg.): Brautbriefe Zelle 92: 1943-1945,
    München: C.H. Beck´sche Verlagsbuchhandlung, 1992.
Dietrich Bonhoeffer: Ethik.
    Gütersloh: Gütersloher Verlagshaus, 3. Aufl. TB 2010
Dietrich Bonhoeffer: Gemeinsames Leben.
    Gütersloh: Gütersloher Verlagshaus, 39. Aufl. TB 2012.
Dietrich Bonhoeffer: Nachfolge.
    Gütersloh: Chr. Kaiser/Gütersloher Verlagshaus, 2. Aufl. TB 2005.
Dietrich Bonhoeffer: Von guten Mächten: Gebete und Gedichte.
    München: Chr. Kaiser Verlag, 5.Aufl. 1985
Dietrich Bonhoeffer: Widerstand und Ergebung.
    Gütersloh: Gütersloher Verlagshaus, 1. Aufl. TB 2011.
Dietrich Bonhoeffer Werke Band 7.
    Gütersloh: Chr. Kaiser/Gütersloher Verlagshaus, 1994.
Dietrich Bonhoeffer Werke Band 11.
    Gütersloh: Chr. Kaiser/Gütersloher Verlagshaus, 1994.
Dietrich Bonhoeffer Werke Band 13.
    Gütersloh: Chr. Kaiser/Gütersloher Verlagshaus, 1994.
Dietrich Bonhoeffer Werke Band 14.
    Gütersloh: Chr. Kaiser/Gütersloher Verlagshaus, 1996.
Dietrich Bonhoeffer Werke Band 15.
    Gütersloh: Chr. Kaiser/Gütersloher Verlagshaus, 1998.
Dietrich Bonhoeffer Werke Band 16.
    Gütersloh: Chr. Kaiser/Gütersloher Verlagshaus, 1996.
Dietrich Bonhoeffer Werke Band 17.
    Gütersloh: Chr. Kaiser/Gütersloher Verlagshaus, 1999.

Sekundärliteratur

Eberhard Bethge: Dietrich Bonhoeffer.
    Gütersloh: Chr. Kaiser/Gütersloher Verlagshaus, 5. Aufl. 2005.
Hans Fallada: In meinem fremden Land. Berlin: Aufbau Verlag, 2009.
Magnus Malm: Gott braucht keine Helden. Witten: SCM R.Brockhaus, 3.Aufl. 1998.
Eric Metaxas: Bonhoeffer. Holzgerlingen: SCM Hänssler, 2011.
Richard Rohr: Ins Herz geschrieben. Freiburg im Breisgau: Herder Verlag, 2008.
Uwe Schulz: Was wären wir ohne Dietrich Bonhoeffer? Basel: Brunnen Verlag, 2013.
Adalbert Stifter: Witiko. München: Deutscher Taschenbuch Verlag, 3.Aufl. 2001.
Wolf-Dieter Zimmermann: Wir nannten ihn Bruder Bonhoeffer.
    Berlin: Wichern-Verlag, 1995.

Anmerkungen

1 Dietrich Bonhoeffer, Widerstand und Ergebung.
© 1998, Güsterloher Verlagshaus, Gütersloh,
in der Verlagsgruppe RandomHouse GmbH.

2 Dietrich Bonhoeffer Werke Band 13.
Gütersloh: Chr. Kaiser/Gütersloher Verlagshaus, 1994, S.129.

3 Dietrich Bonhoeffer Werke Band 14.
Gütersloh: Chr. Kaiser/Gütersloher Verlagshaus, 1996, S.852f.

4 Dietrich Bonhoeffer, Nachfolge.
Gütersloh: Chr. Kaiser/Gütersloher Verlagshaus, 2. Aufl. TB 2005, S.47.

5 Wolf-Dieter Zimmermann, Wir nannten ihn Bruder Bonhoeffer.
Berlin: Wichern-Verlag, 1995, S.23.

6 Dietrich Bonhoeffer, Nachfolge, S.45.

7 Dietrich Bonhoeffer, Nachfolge, S.21.

8 Eberhard Bethge, Dietrich Bonhoeffer.
Gütersloh: Chr. Kaiser/Gütersloher Verlagshaus, 5. Aufl. 2005, S.248ff.

9 Dietrich Bonhoeffer Werke Band 16.
Gütersloh: Chr. Kaiser/Gütersloher Verlagshaus, 1996, S.325.

10 Dietrich Bonhoeffer Werke Band 11.
Gütersloh: Chr. Kaiser/Gütersloher Verlagshaus, 1994, S.353.

11 Dietrich Bonhoeffer, Nachfolge, S.50.

12 Dietrich Bonhoeffer, Nachfolge, S.88.

13 Dietrich Bonhoeffer, Nachfolge, S.89.

14 Dietrich Bonhoeffer, Nachfolge, S.52.

15 Magnus Malm, Gott braucht keine Helden. Witten: SCM R.Brockhaus,
3. Aufl. 1998, S.52.

16 Magnus Malm, Gott braucht keine Helden, S.57.

17 Dietrich Bonhoeffer, Nachfolge, S.147.

18 Dietrich Bonhoeffer Werke Band 13, S.128f.

19 Dietrich Bonhoeffer, Nachfolge, S.100.

20 Dietrich Bonhoeffer, Nachfolge, S.100.

21 Dietrich Bonhoeffer, Widerstand und Ergebung.
Gütersloh: Gütersloher Verlagshaus, 1. Aufl. TB 2011, S.513f.

22 Dietrich Bonhoeffer, Nachfolge, S.111f.

23 Dietrich Bonhoeffer Werke Band 13, S.476.

24 Dietrich Bonhoeffer Werke Band 13, S.171.

25 Dietrich Bonhoeffer, Nachfolge, S.121.

26 Dietrich Bonhoeffer, Nachfolge, S.140.

27 Eberhard Bethge, Dietrich Bonhoeffer, S.526.

28 Eberhard Bethge, Dietrich Bonhoeffer, S.451.

29 Dietrich Bonhoeffer, Nachfolge, S.147.

30 Dietrich Bonhoeffer, Nachfolge, S.153f.

31 Dietrich Bonhoeffer Werke Band 13, S.189.

32 Dietrich Bonhoeffer, Nachfolge, S.158.

33 Dietrich Bonhoeffer, Nachfolge, S.160.

34 Dietrich Bonhoeffer, Nachfolge, S.168.

35 Eberhard Bethge, Dietrich Bonhoeffer, S.37.

36 Dietrich Bonhoeffer, Nachfolge, S.171f.

37 Dietrich Bonhoeffer, Nachfolge, S.175.

38 Dietrich Bonhoeffer Werke Band 14, S.107ff.

39 Dietrich Bonhoeffer, Nachfolge, S.181.

40 Dietrich Bonhoeffer, Nachfolge, S.182.

41 Dietrich Bonhoeffer Werke Band 13, S.203.

42 Dietrich Bonhoeffer, Nachfolge, S.191.

43 Eberhard Bethge, Dietrich Bonhoeffer, S.481.

44 Eberhard Bethge, Dietrich Bonhoeffer, S.491.

45 Dietrich Bonhoeffer Werke Band 14, S.72.

46 Dietrich Bonhoeffer Werke Band 14, S.70f.

47 Eberhard Bethge, Dietrich Bonhoeffer, S.505.

48 Eberhard Bethge, Dietrich Bonhoeffer, S.491.

49 Dietrich Bonhoeffer Werke Band 14, S.71.

50 Dietrich Bonhoeffer Werke Band 14, S.75.

51 Eberhard Bethge, Dietrich Bonhoeffer, S.528.

52 Dietrich Bonhoeffer Werke Band 14, S.77f.

53 Eberhard Bethge, Dietrich Bonhoeffer, S.536.

54 Dietrich Bonhoeffer Werke Band 15.
   Gütersloh: Chr. Kaiser/Gütersloher Verlagshaus, 1998, S.225f.

55 Dietrich Bonhoeffer Werke Band 15, S.227.

56 Dietrich Bonhoeffer Werke Band 15, S.230f.

57 Dietrich Bonhoeffer Werke Band 14, S.171.

58 Dietrich Bonhoeffer Werke Band 15, S.107.

59 Dietrich Bonhoeffer Werke Band 15, S.232f.

60 Dietrich Bonhoeffer Werke Band 15, S.234.

61 Dietrich Bonhoeffer Werke Band 15, S.240.

62 Dietrich Bonhoeffer, Gemeinsames Leben.
   Gütersloh: Gütersloher Verlagshaus, 39. Aufl. TB 2012, S.18.

63 Dietrich Bonhoeffer, Gemeinsames Leben, S.28ff.

64 Dietrich Bonhoeffer, Gemeinsames Leben, S.34.

65 Dietrich Bonhoeffer, Gemeinsames Leben, S.34.

66 Dietrich Bonhoeffer Werke Band 14, S.947f.

67 Dietrich Bonhoeffer, Gemeinsames Leben, S.37.

68 Dietrich Bonhoeffer, Gemeinsames Leben, S.36.

69 Dietrich Bonhoeffer, Gemeinsames Leben, S.38.

70 Dietrich Bonhoeffer, Gemeinsames Leben, S.102.

71 Dietrich Bonhoeffer, Gemeinsames Leben, S.25.

72 Dietrich Bonhoeffer, Gemeinsames Leben, S.23f.

73 Dietrich Bonhoeffer, Gemeinsames Leben, S.77.

74 Dietrich Bonhoeffer, Gemeinsames Leben, S.78.

75 Dietrich Bonhoeffer, Gemeinsames Leben, S.79.

76 Dietrich Bonhoeffer, Gemeinsames Leben, S.81.

77 Dietrich Bonhoeffer, Ethik. Gütersloh: Gütersloher Verlagshaus,
3. Aufl. TB 2010, S.160.

78 Dietrich Bonhoeffer, Gemeinsames Leben, S.82.

79 Dietrich Bonhoeffer Werke Band 14, S.172.

80 Dietrich Bonhoeffer Werke Band 14, S.208.

81 Dietrich Bonhoeffer Werke Band 14, S.229.

82 Dietrich Bonhoeffer Werke Band 14, S.234.

83 Uwe Schulz, Was wären wir ohne Dietrich Bonhoeffer?
Basel: Brunnen Verlag, 2013, S.42.

84 Dietrich Bonhoeffer, Gemeinsames Leben, S.80.

85 Dietrich Bonhoeffer, Gemeinsames Leben, S.82.

86 Dietrich Bonhoeffer, Gemeinsames Leben, S.84f.

87 Dietrich Bonhoeffer, Gemeinsames Leben, S.86.

88 Dietrich Bonhoeffer, Gemeinsames Leben, S.87.

89 Dietrich Bonhoeffer, Gemeinsames Leben, S.88f.

90 Eric Metaxas, Bonhoeffer. Holzgerlingen: SCM Hänssler, 2011, S.443.

91 Eberhard Bethge, Dietrich Bonhoeffer, S.793.

92 Dietrich Bonhoeffer, Ethik, S.372f.

93 Hans Fallada, In meinem fremden Land. Berlin: Aufbau Verlag, 2009, S18f.

94 Dietrich Bonhoeffer, Widerstand und Ergebung, S.389f.

95 Dietrich Bonhoeffer Werke Band 16, S.325.

96 Dietrich Bonhoeffer, Widerstand und Ergebung, S.20.

97 Dietrich Bonhoeffer, Widerstand und Ergebung, S.36.

98 Dietrich Bonhoeffer / Maria von Wedemeyer, Brautbriefe Zelle 92.
München: C.H. Beck'sche Verlagsbuchhandlung, 1992, S.274.

99 Dietrich Bonhoeffer / Maria von Wedemeyer, Brautbriefe Zelle 92, S.275.

100 Dietrich Bonhoeffer, Widerstand und Ergebung, S.35.

101 Dietrich Bonhoeffer Werke Band 17.
Gütersloh: Chr. Kaiser/Gütersloher Verlagshaus, 1999, S.140f.

102 Dietrich Bonhoeffer, Widerstand und Ergebung, S.30.

103 Dietrich Bonhoeffer, Brautbriefe Zelle 92, S.279.

104 Dietrich Bonhoeffer / Maria von Wedemeyer, Brautbriefe Zelle 92, S.167ff.

105 Dietrich Bonhoeffer, Widerstand und Ergebung, S.182.

106 Adalbert Stifter, Witiko. München: Deutscher Taschenbuch Verlag,
3.Aufl. 2001, S.28.

107 Dietrich Bonhoeffer, Widerstand und Ergebung, S.303f.

108 Dietrich Bonhoeffer Werke Band 7.
Gütersloh: Chr. Kaiser/Gütersloher Verlagshaus, 1994, S.13.

109 Dietrich Bonhoeffer, Ethik, S.253ff.

110 Dietrich Bonhoeffer, Widerstand und Ergebung, S.195f.

111 Dietrich Bonhoeffer, Widerstand und Ergebung, S.435.

112 Eberhard Bethge, Dietrich Bonhoeffer, S.762.

113 Dietrich Bonhoeffer Werke Band 16, S.325.

114 Dietrich Bonhoeffer / Maria von Wedemeyer, Brautbriefe Zelle 92, S.152f.

115 Dietrich Bonhoeffer / Maria von Wedemeyer, Brautbriefe Zelle 92, S.155.

116 Dietrich Bonhoeffer, Widerstand und Ergebung, S.375.

117 Dietrich Bonhoeffer, Widerstand und Ergebung, S.402.

118 Dietrich Bonhoeffer, Widerstand und Ergebung, S. 403.

119 Dietrich Bonhoeffer, Widerstand und Ergebung, S.336.

120 Dietrich Bonhoeffer, Widerstand und Ergebung, S.570ff.

121 Eberhard Bethge, Dietrich Bonhoeffer, S.1037.

122 Dietrich Bonhoeffer, Von guten Mächten: Gebete und Gedichte.
    München: Chr. Kaiser Verlag, 5.Aufl. 1985, S.62.

123 Dietrich Bonhoeffer, Widerstand und Ergebung, S.542.

124 Richard Rohr, Ins Herz geschrieben. Freiburg im Breisgau: Herder Verlag,
    2008, S.13.

125 Richard Rohr, Ins Herz geschrieben, S.292.

126 Dietrich Bonhoeffer, Ethik, S.341.

127 Dietrich Bonhoeffer Werke Band 15, S.501ff.

128 Dietrich Bonhoeffer Werke Band 15, S.514f.

129 Dietrich Bonhoeffer, Widerstand und Ergebung, S.535f.

130 Dietrich Bonhoeffer, Widerstand und Ergebung, S.435.

131 Dietrich Bonhoeffer Werke Band 15, S.508.

Bildnachweise

Christoph Schrodt

Nur wer kniet, kann aufrecht stehen

Beten mit neuer Perspektive

Was möchten Sie mit Ihrem Gebet bezwecken? Soll es Gott zu etwas bewegen? Christoph Schrodt ist überzeugt: Es geht vielmehr darum, dass Gott uns bewegt und an seinen Plänen beteiligt. Dies tut er durch seinen Heiligen Geist, der uns im Gebet führt und leitet. Das Buch lädt ein, diese Dimension neu zu entdecken, denn darin liegt die echte Chance, den Gebetsfrust zu überwinden. Mit vielen persönlichen Beispielen und praktischen Gebetsübungen zeigt der Autor, wie wir Freundschaft mit Gott erleben und näher an sein Vaterherz gezogen werden.

Gebunden, 13,5 x 20,5 cm, 208 S.
Nr. 226.555

SCM R.Brockhaus

Ulrich Eggers
Ehrlich glauben
Warum Christen so leicht lügen

Mal ehrlich: Auch Christen lügen! Manchmal bewusst, meistens unbewusst und intuitiv. Ulrich Eggers, der Chefredakteur des Magazins AUFATMEN, analysiert, warum das so ist. Wie können wir unsere frommen Fassaden einreißen? Seine These: Christen müssen aus der Unfreiheit eines Doppellebens mit Heiligenschein herausfinden. In 50 sehr persönlichen Impulsen, jeweils mit Fragen zum Weiterdenken, wird deutlich, wie echte Freiheit in Christus aussehen kann.

**Gebunden, 13,5 x 20,5 cm,
224 S., mit Schutzumschlag
Nr. 226.551**

SCM R.Brockhaus

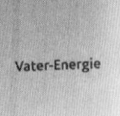